Robert C

Né en 19 … gue
social ar … la
persuasion … Il
enseigne c … a.
Son ouvr … (First,
1990 ; nou … en 2004), qui reprend ses recherches sur la persuasion par le marketing, a été publié dans 27 langues et a été un best-seller du *New York Times*.

ÉVOLUTION

Des livres pour vous faciliter la vie !

Thierry JANSSEN
Écouter le silence à l'intérieur
Itinéraire spirituel pour s'éveiller à l'essentiel

Marie-Jeanne TROUCHAUD
Donnez confiance à votre enfant

Isabelle FILLIOZAT
Amour, sexe, les réponses aux questions des ados

Aurore WIDMER
70 pierres pour retrouver l'harmonie

Gabriella BENNETT
Le Livre du Coorie
Entre paysages sauvages et coin du feu : le bonheur made in Scotland

Sébastien BOHLER
Le Bug humain
Pourquoi notre cerveau nous pousse à détruire la planète et comment l'en empêcher

Meik WIKING
L'Art de se créer de beaux souvenirs
Comment créer et garder en mémoire les moments heureux

Guy FINLEY
La Magie relationnelle
Plus d'amour que de peur

Harvard Business Review
Réveillez le leader qui est en vous
Dix leçons infaillibles pour progresser, s'imposer et manager ses équipes

Harvard Business Review
L'Essentiel pour convaincre

Robert Cialdini

Influence
et
manipulation

« Pour les spécialistes du marketing, l'un des livres les plus importants de la décennie. »

Édition révisée et augmentée

FIRST

Titre original :
INFLUENCE
The Psychology of Persuasion
publié par William Morrow,
un département de Harpercollins Publishers Inc.

MIXTE
Papier issu de sources responsables
FSC® C003309

Pocket, une marque d'Univers Poche, est un éditeur qui s'engage pour la préservation de son environnement et qui utilise du papier fabriqué à partir de bois provenant de forêts gérées de manière responsable.

ISBN : 978-2-266-22792-6

Introduction

Je peux bien le dire aujourd'hui : j'ai toujours été un gogo. Aussi loin que je me souvienne, j'ai toujours été la cible rêvée des vendeurs, quêteurs et solliciteurs de toute espèce. Certes, les mobiles de ces gens n'étaient pas toujours inavouables. Certains d'entre eux – représentants d'organisations charitables par exemple – avaient les meilleures intentions du monde. Il n'empêche. Avec une régularité inquiétante, je me suis vu prendre des abonnements à des revues qui ne m'intéressaient pas ou des billets pour le bal des éboueurs. C'est sans doute cette longue expérience de victime qui m'a poussé à m'intéresser à la persuasion : quels sont les facteurs qui poussent un individu à accepter une proposition ? Et quelles sont les techniques les plus efficaces pour amener ce consentement ? Comment se fait-il qu'une requête formulée d'une certaine façon soit rejetée alors que, formulée d'une autre façon, elle sera satisfaite ?

C'est pourquoi, étant chercheur en psychologie sociale, je me suis mis à étudier la psychologie de la persuasion. Ma recherche a d'abord pris la forme d'expériences réalisées, pour la plupart, dans mon laboratoire et avec mes étudiants comme sujets d'expérience. Je voulais savoir quels sont les principes psychologiques qui influent sur notre tendance à satisfaire une requête. À l'heure actuelle, les psychologues connaissent bien ces principes, leur nature et leur mode d'action. Pour ma part, j'ai défini ces principes comme les armes de l'influence et je décrirai les plus importants d'entre eux dans les chapitres suivants.

Je me suis cependant rendu compte, après un temps, que le travail expérimental, quoique nécessaire, n'était pas suffisant. Il ne me permettait pas d'estimer l'importance de ces principes en dehors de mon champ d'expérience à l'Université. Pour comprendre pleinement la psychologie de la persuasion, il me fallait élargir mon champ d'investigation. J'allais m'intéresser aux professionnels de la persuasion : aux gens qui savaient si bien tirer parti – à mes dépens – de ces principes. Ces professionnels savent ce qui est efficace et ce qui ne l'est pas ; c'est la loi de la sélection naturelle. Leur métier est de nous faire consentir, et c'est de notre consentement qu'ils vivent. Ceux qui ne savent pas faire dire oui disparaissent rapidement ; les autres survivent et prospèrent.

Bien évidemment, les professionnels de la persuasion ne sont pas seuls à connaître et utiliser ces principes pour arriver à leurs fins. Tous, nous les employons et nous y succombons tour à tour dans nos rapports quotidiens avec nos voisins, nos amis, nos partenaires amoureux ou nos enfants. Mais les praticiens de la persuasion possèdent beaucoup plus que l'intuition confuse que nous avons tous en la matière. J'ai donc, lors des trois années suivantes, complété mes études expérimentales d'une immersion systématique dans le monde des professionnels de la persuasion : vendeurs, quêteurs, escrocs et publicitaires.

Mon but était d'observer, de l'intérieur, les techniques et les stratégies les plus efficaces et les plus usuelles chez les professionnels de la persuasion. Cette observation a parfois pris la forme d'enquêtes auprès des praticiens eux-mêmes ou auprès de l'ennemi naturel (la police, ou les organisations de consommateurs) de certains d'entre eux. Dans d'autres cas, elle a porté sur un examen approfondi des écrits qui transmettent, d'une génération à l'autre, les techniques de persuasion, c'est-à-dire les manuels de vente et autres.

La plupart du temps, cependant, j'ai eu recours à l'observation directe par participation. La participation est une méthode dans laquelle le chercheur se fait en quelque sorte espion. En déguisant son identité et ses intentions, il va infiltrer le milieu qui l'intéresse et devenir membre à part entière du groupe à étudier. Ainsi, quand j'ai voulu me renseigner sur les tactiques de persuasion des sociétés proposant des encyclopédies (ou des aspirateurs, ou des portraits-souvenirs, ou des cours de danse), j'ai répondu à des annonces offrant une formation de vendeur et j'ai appris leurs méthodes. Avec des moyens similaires, mais adaptés, j'ai pu infiltrer des agences de publicité, de relations publiques et des organismes faisant appel au public afin d'examiner leurs techniques. Les exemples proposés dans cet ouvrage proviennent souvent de mon expérience en tant que faux professionnel de la persuasion, ou aspirant praticien, dans un certain nombre d'organismes dont la vocation est de nous amener à dire oui.

Ces trois années d'observation directe m'ont appris

en particulier une chose. Bien qu'il y ait des milliers de tactiques différentes pour faire dire oui, on peut les classer en six catégories. Chacune de ces catégories correspond à un principe fondamental de psychologie auquel est soumis le comportement humain, et qui donne sa force aux tactiques employées. Le livre est construit sur cette classification, chaque chapitre correspondant à un des principes. Ces principes – cohérence, réciprocité, preuve sociale, autorité, sympathie, et rareté – sont analysés tour à tour dans la perspective de leur fonction dans la société et de leur détournement par un professionnel : leur pouvoir considérable est utilisé pour suggérer un achat, un don, une concession, un vote, un consentement, etc. Il mérite d'être observé que, parmi ces six principes, je n'ai pas inclus la loi du simple intérêt matériel, selon laquelle nous cherchons tous à obtenir le maximum au moindre prix. Non pas que je considère cette motivation sans grande influence sur nos choix. Je ne détiens pas non plus la preuve que les professionnels de la persuasion en ignorent le pouvoir, bien au contraire. Sur le terrain, j'ai souvent constaté qu'ils recouraient (parfois en toute honnêteté, parfois non) à la méthode très convaincante du : « Je vous fais un prix, vous faites une affaire. » Si je ne consacre pas de chapitre particulier à la loi de l'intérêt matériel, c'est pour la simple raison que son rôle va de soi, et qu'il suffit de l'identifier sans la décrire en détail. Enfin, chaque principe possède une capacité particulière à provoquer un consentement automatique, c'est-à-dire à amener les gens à dire oui sans réfléchir préalablement. Tout indique qu'avec le rythme frénétique de la vie moderne et la surabondance de l'information, cette forme de consentement non réfléchi jouera un rôle de plus en plus important à l'avenir. Il sera donc plus que jamais indispensable pour nos sociétés de comprendre le pourquoi et le comment de l'influence conditionnée.

Depuis la première parution d'*Influence et manipulation*, quelques années ont passé. Dans l'intervalle se sont produits des faits qui ont leur place, selon moi, dans cette nouvelle édition. Nous en savons davantage aujourd'hui sur le processus de persuasion ; les pages qui suivent reflètent donc les progrès effectués dans l'étude de ce phénomène.

En plus de cette mise à jour générale, j'ai apporté à ce livre une nouvelle rubrique, née des réactions de mes lecteurs. Ces personnes m'ont écrit pour relater comment les principes évoqués dans l'ouvrage se sont vérifiés à leurs dépens (ou à leur avantage). Leurs témoignages, qui figurent à la fin de chaque chapitre, montrent combien il est facile et fréquent, dans la vie quotidienne, d'être victime du processus d'influence.

Je remercie ceux qui, de façon directe ou par l'intermédiaire de leurs formateurs, ont contribué à cette rubrique Témoignages : Pat Bobbs, Mark Hastings, James Michaels, Paul R. Nail, Alan J. Resnik, Daryl Retzlaff, Dan Swift et Karla Vasks. J'invite de nouveaux lecteurs à me faire part de nouveaux exemples, à insérer éventuellement dans une future édition.

Robert B. Cialdini

1

Les armes de l'influence

Il faut rendre les choses aussi simples que possible, mais pas plus.

Albert EINSTEIN

J'ai reçu un jour un coup de téléphone d'une amie qui venait d'ouvrir un magasin de bijoux indiens en Arizona. Il venait de se produire quelque chose d'étonnant ; elle pensait qu'en tant que psychologue je pourrais lui en fournir l'explication. Il s'agissait d'un certain lot de bijoux de turquoise qu'elle avait eu beaucoup de mal à vendre. La saison touristique battait son plein, le magasin ne désemplissait pas, les bijoux de turquoise étaient de bonne qualité pour le prix qui en était demandé. Pourtant, ils ne se vendaient pas. Mon amie avait essayé plusieurs des « trucs » habituels pour s'en défaire. Elle avait essayé d'attirer l'attention sur ces pièces en les plaçant sur des présentoirs centraux, sans résultat. Elle avait même demandé à ses vendeuses d'essayer de « placer » ces bijoux, en vain.

Enfin, devant s'absenter pour une tournée d'achats, elle laissa, en désespoir de cause, une note à l'intention de sa première vendeuse : « Tout ce présentoir, prix x 1/2 » ceci dans l'espoir de se débarrasser, même à perte, de ces articles encombrants. À son retour, quelques jours plus tard, elle ne fut pas étonnée de constater que tous ces articles avaient été vendus. Quelle ne fut pourtant sa surprise lorsqu'elle s'aperçut que, parce que son employée avait pris le « 1/2 » mal gribouillé pour un 2, tout le lot était parti au double du prix original !

C'est alors qu'elle m'appela. Je pensais comprendre ce qui s'était passé, mais je lui dis que, pour expliquer le phénomène, il fallait que je lui raconte une petite histoire. Cette histoire n'est pas de moi ; il s'agit des mères dindes et cela touche à cette science relativement nouvelle qu'est l'éthologie, l'étude des animaux dans leur environnement naturel. La dinde est une bonne mère, aimante, attentive, protectrice. Elle s'occupe avec dévouement de ses petits, les réchauffe, les nettoie, les rassemble sous son aile. Mais sa façon de faire est bien étrange. On peut dire que tous ces soins maternels se déclenchent sous l'effet d'une seule chose : le « tchip-tchip » émis par les poussins dindonneaux. Les autres caractéristiques des poussins, comme leur odeur, leur contact, leur aspect, semblent jouer un rôle mineur dans le processus de maternage. Si le poussin émet le « tchip-tchip », sa mère s'occupera de lui ; sinon, elle s'en désintéressera, ou même, elle le tuera.

L'effet déterminant de ce son sur les mères dindes a été illustré de façon spectaculaire par le comportementaliste animal M.W. Fox. Il décrit une expérience où entraient en jeu une dinde et un putois empaillé[1].

Pour une dinde, le putois est l'ennemi naturel ; à son approche, elle devient furieuse, pousse des cris, l'attaque à coups de bec et de griffes. Les chercheurs ont constaté que même un putois empaillé, tiré par une ficelle en direction d'une mère dinde, déclenchait une attaque furieuse et immédiate. Pourtant, quand le même simulacre empaillé contenait un magnétophone diffusant l'enregistrement du « tchip-tchip » des dindonneaux, la mère, non seulement acceptait la venue du putois, mais le plaçait sous son aile. Si l'on arrêtait le magnétophone, le faux putois déclenchait de nouveau une violente attaque de la dinde.

Combien ridicule nous semble une dinde dans cette situation. Elle accueille son ennemi naturel pourvu qu'il fasse « tchip-tchip » et maltraite ou tue ses propres petits qui ne font pas « tchip-tchip ». On dirait un automate, ayant ses instincts maternels sous le contrôle de cet unique son. Les éthologues nous apprennent que ce genre de chose est loin d'être particulier à la dinde. Ils ont commencé à identifier des schémas de comportement réguliers et purement mécaniques chez un grand nombre d'espèces.

Ces schémas fixes peuvent concerner des comportements complexes, tels que la parade et les rituels amoureux. Leur caractéristique fondamentale est que les comportements qui en font partie se reproduisent de la même façon et dans le même ordre à chaque fois. C'est presque comme si les schémas étaient enregistrés sur bande magnétique chez ces animaux. Quand la situation appelle une attitude de parade, la bande « parade amoureuse » se met en marche ; quand elle appelle une attitude maternelle, c'est la bande « comportement maternel » qui se déroule. *Clic*, la cassette est enclenchée ; et aussitôt, une certaine séquence de comportements s'enchaîne.

Le plus intéressant, c'est la façon dont les enregistrements se déclenchent. Quand un mâle agit en défense de son territoire, par exemple, c'est l'intrusion d'un autre mâle de la même espèce qui déclenche le comportement correspondant : extrême vigilance, menace, et, si besoin est, agression. Mais il y a une subtilité dans ce système. Ce n'est pas le mâle rival tout entier qui déclenche le comportement ; c'est seulement une de ses caractéristiques. Cette caractéristique ne sera bien souvent qu'un détail dans l'ensemble des caractéristiques de l'intrus. Ce peut être une nuance de couleur. Les expériences des éthologues ont montré, par exemple, qu'un rouge-gorge mâle, réagissant comme si un rouge-gorge rival pénétrait son territoire, attaque vigoureusement un intrus qui n'est autre qu'un assemblage des plumes de gorge d'un oiseau. Par contre, il ne prêtera aucune attention à un simulacre parfaitement imité, mais dépourvu de plumes de gorge. Des résultats semblables ont été obtenus chez une autre espèce d'oiseau, la gorgebleue, pour laquelle il semble que ce soit un certain bleu des plumes de gorge[2] qui sert de déclencheur.

Avant de nous moquer des animaux inférieurs, qu'on peut si aisément faire réagir à contretemps, il faut considérer deux choses. D'abord, les schémas préétablis, automatiques, sont très efficaces dans la grande majorité des cas. Par exemple, seuls les dindonneaux sains et normaux émettent le son particulier aux bébés dindonneaux, si bien qu'il n'est pas absurde pour la mère de n'avoir de réaction maternelle que devant ce « tchip-tchip » spécifique. En ne réagissant qu'à ce seul stimulus, la dinde ordinaire se comportera, dans presque tous les cas, correctement. Ce n'est qu'en trichant qu'on fait paraître stupide sa réaction automatique. Ensuite, il faut comprendre que nous avons *nous aussi* nos cassettes préenregistrées, et que, si cela nous est utile en général, les mécanismes qui nous les font déclencher peuvent être utilisés de façon frauduleuse pour que nous les déclenchions hors de propos[3].

Cette forme humaine d'action automatique est mise en évidence par une expérience d'Ellen Langer, spécialiste de psychologie sociale à Harvard. Un principe bien connu du comportement humain est que, pour obtenir quelque chose, il vaut mieux fournir une raison. Les gens aiment avoir une raison pour faire ce qu'ils font. Langer a démontré ce fait d'évidence en demandant un service aux usagers d'une bibliothèque, qui faisaient la queue devant une photocopieuse : « *Pardon, je n'ai que cinq pages. Est-ce que je peux prendre la machine, parce que je suis pressée ?* » L'efficacité de cette requête motivée fut presque totale : quatre-vingt-quatorze pour cent des personnes sollicitées laissèrent Langer leur passer devant. Comparons ce taux de réussite et celui que l'on obtient avec une requête non motivée : « *Pardon, je n'ai que cinq pages. Est-ce que je peux prendre la machine ?* » Dans ce cas, soixante pour cent seulement des personnes sollicitées acceptaient. Au premier abord, il pourrait sembler que la différence déterminante était l'information supplémentaire contenue dans les mots « parce que je suis pressée ». Mais le résultat obtenu avec une troisième formulation montre que ce n'est pas le cas. Ce qui fait la différence, ce n'est pas la proposition supplémentaire, mais seulement le premier mot « parce que ». Dans sa troisième formulation, Langer, au lieu de motiver sa requête, se contentait d'employer le mot « parce que » suivi d'une fausse « explication » qui n'apportait aucune information supplémentaire : « *Pardon, je n'ai que cinq pages. Est-ce que je peux prendre la machine, parce qu'il faut que je fasse des photocopies ?* » Là encore, presque toutes les personnes sollicitées (quatre-vingt-treize pour cent) acceptèrent, alors qu'aucune véritable explication, aucune information supplémentaire ne pouvait justifier leur acceptation. Exactement comme le « tchip-tchip » du dindonneau déclenche une réaction maternelle automatique chez la dinde, même s'il est émis par un putois empaillé, « parce que » déclenchait une acceptation automatique chez les sujets de l'expérience, même si l'on ne leur donnait aucune raison véritable. *Clic*[4] !

*

D'autres recherches de Langer montrent que le comportement humain ne fonctionne pas mécaniquement, sous l'impulsion d'un déclic, dans toutes les situations, mais l'étonnant, c'est que cela arrive fréquemment. Ainsi, voyez le comportement étrange des clients de cette boutique de bijoux qui se précipitent sur un lit de turquoises dès que leur prix a été doublé par erreur. Leur comportement n'a de sens que si l'on pense au déclic fatidique.

Les clients, pour la plupart des vacanciers aisés n'y connaissant rien en matière de turquoises, avaient recours à un principe reconnu pour guider leurs achats : « cher = de bonne qualité ». C'est pourquoi, voulant de la bonne qualité, ils trouvaient les bijoux nettement plus précieux et désirables quand c'était leur prix qui les mettait en valeur. Le prix était en lui-même la caractéristique clé de la qualité ; et une forte augmentation du prix suffisait à pousser à l'achat des clients désireux avant tout de qualité. *Clic* !

On peut condamner une décision d'achat aussi inconsidérée. Mais si l'on y regarde de plus près, ces touristes méritent quelque indulgence. Ces gens avaient appris la règle : « on n'a rien sans rien » et avaient vu cette règle s'appliquer tout au long de leur vie. Ils l'avaient traduite sous une autre forme : « cher = de bonne qualité ».

Ce principe les avait très bien servis jusqu'alors, car normalement, le prix d'un article est proportionnel à sa valeur ; un prix élevé est généralement l'indice d'une qualité élevée. Et donc, quand ils se trouvaient désirer des bijoux de turquoise de bonne qualité sans être connaisseurs, ils évaluaient, très logiquement, la turquoise d'après le critère normal, le prix.

Même s'ils n'en étaient pas conscients, en se reposant uniquement sur la caractéristique « prix », ils faisaient une sorte de pari. Au lieu de mettre toutes les chances de leur côté en s'efforçant de maîtriser chacun des éléments indicatifs de la valeur des bijoux, ils pariaient sur un seul d'entre eux – celui qu'ils savaient associé à la qualité de n'importe quel article. Ils pariaient que le prix à lui seul les renseignerait de façon suffisante. En l'occurrence, comme la vendeuse avait lu 2 au lieu de 1/2, le pari était perdant. Mais à long terme, sur l'ensemble de leurs situations passées et futures, ce genre de pari représente peut-être l'approche la plus rationnelle.

FIGURE 1 – Conçu pour être cher…
Dans cette publicité qui associe caviar et design, le message transmis est, bien entendu, que ce qui est cher est bon.
(AVEC L'AUTORISATION DE DANSK INTERNATIONAL DESIGNS)

En fait, les comportements automatiques, stéréotypés, sont très fréquents, car ils sont souvent les plus efficaces, et parfois, les seuls possibles. Nous vivons tous dans un environnement rempli de stimuli extrêmement divers, sans doute plus complexe et plus changeant qu'il n'a jamais été. Pour pouvoir y vivre, nous avons besoin de raccourcis. Il nous serait impossible d'analyser dans chacun de leurs aspects toutes les personnes, tous les événements et toutes les situations que nous rencontrons en une seule journée. Le temps, l'énergie, les capacités nous manquent pour cela. À défaut, nous devons très souvent avoir recours à nos stéréotypes, à nos règles empiriques pour classer les choses suivant une ou deux caractéristiques clés ; ce qui nous permettra de réagir de façon machinale en présence de ces caractéristiques.

Parfois le comportement ainsi déclenché n'est pas approprié, car les stéréotypes et les déclencheurs les plus adaptés peuvent échouer de temps à autre. Mais nous acceptons cette imperfection : nous n'avons pas le choix. Sans eux, nous passerions notre temps à supputer, évaluer et analyser au lieu d'agir. Tout porte à croire, d'ailleurs, que nous dépendrons de plus en plus de ces signaux. Au fur et à mesure que les stimuli que nous rencontrons quotidiennement deviennent de plus en plus changeants et complexes, les raccourcis nous sont de plus en plus nécessaires.

Alfred North Whitehead, célèbre philosophe britannique, mettait le doigt sur cette inévitable caractéristique de la vie moderne, lorsqu'il déclarait que « la civilisation progresse par l'augmentation du nombre d'actes que nous sommes capables d'exécuter sans y penser ». Considérons, par exemple, le « progrès » réalisé grâce au bon de réduction. Nous avons appris à réagir de façon mécanique à la promesse d'une baisse de prix procurée par ce simple coupon, comme l'illustre le cas d'un fabricant de pneus qui, à la suite d'une erreur d'impression, avait diffusé des bons sur lesquels ne figurait aucune réduction. Le résultat de cette campagne fut pourtant aussi rentable que si les bons avaient véritablement offert une substantielle baisse de prix. La conclusion qu'il faut en tirer est instructive, quoique évidente : un bon de réduction revêt deux fonctions. D'une part, il doit nous procurer une économie et, d'autre part, nous éviter de gaspiller du temps et de l'énergie mentale à découvrir comment. Dans le monde d'aujourd'hui, nous comptons sur lui non seulement pour épargner notre portefeuille, mais aussi pour nous épargner des efforts intellectuels, encore plus valorisés.

Curieusement, ces comportements automatiques, bien que très fréquents et d'importance grandissante, nous sont peu connus. C'est peut-être justement parce qu'ils opèrent de façon mécanique, sans que la réflexion intervienne. Quoi qu'il en soit, il nous faut admettre leur propriété essentielle : ils nous rendent extrêmement vulnérables à quiconque connaît leur fonctionnement.

Pour comprendre la nature de notre vulnérabilité, retournons à l'éthologie. Voilà que les spécialistes du comportement animal, avec leur « tchip-tchip » enregistré et leurs amas de plumes colorées, ne sont pas les seuls à avoir découvert comment déclencher les séquences de comportement préenregistrées chez diverses espèces. Un certain nombre d'organismes « imitateurs » copient les déclencheurs d'autres animaux pour les amener à montrer certains comportements au mauvais moment. L'imitateur exploite alors à son profit le comportement inapproprié.

Considérons par exemple la ruse mortelle utilisée par la meurtrière femelle d'une espèce de luciole (*Photuris*) contre le mâle d'une autre espèce de luciole (*Photinus*). Le mâle *Photinus*, naturellement, évite avec le plus grand soin tout contact avec les femelles *Photuris*. Mais au fil des siècles, celles-ci ont repéré une faiblesse chez leur proie : un clignotement spécifique par lequel les membres de l'espèce signalent qu'ils sont prêts pour l'accouplement. En quelque sorte, la femelle *Photuris* a percé le code amoureux des *Photinus*. En imitant les signaux lumineux de sa proie, la luciole meurtrière pourra se repaître des mâles, que leur comportement de séduction, déclenché mécaniquement, conduira à la mort.

Les insectes semblent être les grands exploiteurs des automatismes de leur proie. Ce genre de fraude fatale aux victimes n'est pas rare. Mais des cas d'exploitation moins sauvage existent. C'est ainsi qu'une espèce de blennie profite d'une coopération assez remarquable mise au point par deux autres poissons. Ces poissons forment une équipe constituée d'un mérou d'un côté et d'un poisson beaucoup plus petit de l'autre. Le petit poisson fait office de nettoyeur pour l'autre, qui lui permet de l'approcher et même d'entrer dans sa gueule pour ôter les champignons et les parasites attachés à ses dents ou à ses branchies. Le contrat est très satisfaisant : le gros mérou est débarrassé de sa vermine, et le petit nettoyeur se nourrit en échange. Le gros poisson dévore normalement tout petit poisson assez fou pour s'approcher de lui. Mais quand le nettoyeur approche, le gros poisson devient subitement inerte et flotte, gueule ouverte, en réponse à une danse ondulante exécutée par le nettoyeur. Cette danse est le déclencheur de la remarquable passivité du gros poisson. Mais elle permet aussi à la blennie de profiter du rituel de nettoyage des associés. La blennie s'approche du gros poisson, imitant les ondulations de la danse du nettoyeur et provoquant ainsi l'immobilisation du gros poisson. Puis elle arrache une bouchée de la chair du gros poisson et s'enfuit sans que sa victime ait eu le temps de réagir[5].

Cette histoire se répète, hélas, dans la jungle humaine. Nous avons aussi nos exploiteurs qui imitent les déclencheurs de nos réactions automatiques. Contrairement aux réactions animales, qui sont instinctives, nos séquences enregistrées se fondent sur des principes d'ordre psychologique que nous avons appris à intégrer. Bien que leur force soit variable, certains de ces principes ont une grande capacité à gouverner les actes des hommes. Nous y sommes soumis depuis une époque si reculée de notre vie, et ils se sont si bien insinués en nous depuis, que nous percevons rarement leur pouvoir. Pour certains d'entre nous cependant, chacun de ces principes est une arme bien visible et toujours prête, l'arme de l'influence automatique.

Il y a un certain nombre de gens qui savent très bien où trouver les armes de l'influence automatique et qui en usent régulièrement et avec art pour arriver à leurs fins. Ils vont de rencontre en rencontre en demandant aux autres de se plier à leurs désirs ; la fréquence de leurs succès est remarquable. Le secret de leur efficacité réside dans leur façon de construire leurs requêtes, leur art de s'armer de l'une ou l'autre des armes de l'influence qu'on trouve dans l'environnement social. Cela peut se réduire à utiliser un seul mot bien choisi, qui engage un principe psychologique puissant et déclenche automatiquement un comportement préenregistré. Faisons confiance aux exploiteurs humains pour trouver rapidement l'art et la manière d'abuser de notre tendance à réagir mécaniquement à certaines choses.

Vous vous rappelez mon amie la bijoutière. C'est par hasard qu'elle avait tiré un avantage du stéréotype « cher = de bonne qualité » la première fois ; mais il ne lui fallut pas longtemps pour apprendre à l'exploiter volontairement. Maintenant, quand c'est la saison estivale, elle essaye d'abord de promouvoir la vente d'un article laissé pour compte en augmentant nettement son prix. Mon amie prétend que cette méthode est merveilleusement rentable. Appliquée – fréquemment – à des vacanciers sans méfiance, elle produit des marges bénéficiaires énormes. Et quand elle ne réussit pas, on peut afficher : « réduction de tant » et le vendre au prix original, en bénéficiant encore de l'effet « cher = de bonne qualité » dû au premier prix indiqué.

Cette règle du « cher = de bonne qualité », employée pour berner les clients en quête d'affaires en or, n'est en rien une exclusivité de mon amie. L'écrivain Leo Rosten évoque l'exemple des frères Sid et Harry Drubeck, qui tenaient une boutique de tailleurs dans son quartier lorsqu'il était enfant, dans les années 1930. Chaque fois qu'un nouveau client essayait un costume face au miroir du magasin, Sid, feignant la surdité, lui demandait de hausser la voix. Puis, lorsqu'on en venait au prix, Sid appelait son frère, occupé à coudre dans l'arrière-boutique : « Harry, combien, pour ce costume ? » Levant les yeux de son ouvrage, Harry répondait : « Pour ce magnifique modèle pure laine ? Quarante-deux dollars. » Sid, la main en coupe derrière l'oreille, redemandait le tarif et Harry criait de nouveau : « Quarante-deux dollars ! » Sid, se tournant alors vers le client, déclarait : « Vingt-deux dollars. » Bien des clients s'empressaient alors de régler la somme et de quitter les lieux avec leur « affaire en or » sous le bras, avant que l'infortuné vendeur ne s'aperçoive de son « erreur ».

Les armes de l'influence automatique décrites ici comportent plusieurs éléments communs. Nous en avons déjà vu deux : le processus presque mécanique qui libère la puissance contenue dans ces armes, et la possibilité par conséquent d'exploiter cette puissance pour quiconque sait déclencher le mécanisme. Un troisième élément commun est la façon dont ces armes prêtent leur force à leur utilisateur. Ce ne sont pas des armes lourdes, servant à matraquer l'adversaire.

Leur fonctionnement est beaucoup plus compliqué, et beaucoup plus subtil. Bien exécuté, le mouvement doit se faire sans effort. Ce qu'il faut, c'est tirer parti des réserves d'influence que recèle la situation, et les détourner sur l'objectif voulu. En ce sens, la technique n'est pas sans rappeler l'art martial japonais du jiu-jitsu. Une femme adepte du jiu-jitsu n'utilise que très peu sa propre force contre son adversaire. Par contre, elle exploite les principes physiques tels que la gravité, l'effet de levier, le moment d'une force et l'inertie. Si elle sait comment utiliser ces principes et où les appliquer, elle peut facilement battre un adversaire physiquement plus fort qu'elle. C'est exactement ce que font les exploiteurs des armes de l'influence automatique qui nous entourent. Les exploiteurs peuvent détourner le pouvoir de ces armes sur leurs propres cibles, en exerçant eux-mêmes une force minime. Cette propriété leur donne un avantage supplémentaire : celui de manipuler sans qu'il y paraisse. Les victimes elles-mêmes attribuent leur acceptation à des forces naturelles plutôt qu'aux desseins de la personne qui en profite.

Prenons un exemple. Il y a un principe de la perception humaine, le principe du contraste, qui affecte la façon dont nous voyons la différence entre deux choses, présentées l'une après l'autre. Pour simplifier, disons que si le deuxième objet est différent du premier, nous aurons tendance à le voir plus différent qu'il ne l'est en réalité. Ainsi, si nous soulevons d'abord un objet léger, puis un objet lourd, nous trouverons le deuxième objet plus lourd que si nous n'avions pas soulevé le premier objet. Le principe de contraste est bien établi dans le domaine et s'applique à toutes les formes de perception. Si, au cours d'une soirée, nous sommes en conversation avec une femme très belle et qu'une femme qui l'est moins vient se joindre au groupe, la seconde nous paraîtra moins séduisante qu'elle ne l'est en réalité.

Les études réalisées sur le principe de contraste aux universités d'Arizona et de Montana montrent que les images très séduisantes dont nous bombardent les médias nous rendent plus exigeants à l'égard du physique de nos propres partenaires dans la vie. Dans l'une de ces études, des étudiants attribuaient une note à la photo d'une personne de l'autre sexe ; la note était plus basse s'ils avaient d'abord feuilleté des magazines pleins de publicité. Dans une autre étude, les résidents d'une cité universitaire masculine attribuaient une note à la photo d'une inconnue. Ceux qui étaient en train de regarder un épisode de *Drôles de dames* à la télévision jugeaient l'inconnue moins séduisante que ceux qui regardaient une autre émission. Il semble que la beauté peu commune des héroïnes de la série faisait paraître l'inconnue moins séduisante[6].

Dans les laboratoires de psychophysique, on a recours à une expérience très efficace pour illustrer le principe de contraste. Chaque étudiant s'assoit à tour de rôle devant trois seaux d'eau : un seau d'eau froide, un seau d'eau à température ambiante et un seau d'eau chaude. Après avoir gardé une main dans l'eau froide et une autre dans l'eau chaude, l'étudiant plonge à la fois ses deux mains dans l'eau tiède. Son expression déconcertée est révélatrice : bien que les deux mains soient dans le même seau, la main trempée auparavant dans l'eau froide sent l'eau comme chaude, et la main trempée dans l'eau chaude la sent comme froide. Cela montre que le même objet – ici, l'eau à température ambiante – peut être perçu de façon très différente suivant la nature de l'événement qui précède.

N'en doutons pas, l'arme fournie par le principe de contraste ne manque pas d'être exploitée. Son grand avantage est d'être non seulement efficace, mais presque indétectable. Ceux qui en usent peuvent être assurés du résultat sans avoir l'air de manipuler la situation. Les boutiques de mode sont un bon exemple. Supposons qu'un homme entre dans une boutique de vêtements et déclare qu'il désire acheter un costume trois-pièces et un pull-over. Si vous étiez le vendeur, que lui montreriez-vous d'abord pour l'inciter à dépenser le plus possible ? Les magasins disent à leur personnel de vendre d'abord l'article le plus cher. Le bon sens semble dire le contraire : un homme qui vient de dépenser beaucoup d'argent pour un costume se montrera peut-être réticent à dépenser encore beaucoup pour un pull-over. Mais les vendeurs n'agissent pas au hasard. Ils appliquent le principe de contraste : vendre d'abord le costume, car au moment de regarder les pull-overs, même les plus chers, leur prix paraîtra raisonnable en comparaison. Un homme peut reculer à l'idée de payer un pull-over cent cinquante euros, mais s'il vient d'acheter un costume six cents euros, ces cent cinquante euros ne lui paraîtront pas excessifs. Le même principe vaut pour le client qui achète les accessoires (chemise, chaussure, ceinture) assortis à son nouveau costume. Contrairement à ce que le bon sens nous porterait à croire, les faits donnent raison à la théorie de l'effet de contraste. Comme l'écrivent les analystes en motivations d'achat Whitney, Hubin, et Murphy : « Il est notable que, même quand un homme entre dans un magasin dans le seul but d'acheter un costume, il paiera presque toujours plus cher pour les accessoires s'il les achète après le costume qu'avant. »

Il est beaucoup plus profitable pour les vendeurs de présenter l'article coûteux en premier lieu, car s'ils ne le faisaient pas, non seulement ils perdraient l'avantage que nous venons de voir, mais le principe jouerait contre eux. Présenter d'abord l'article peu coûteux avant de proposer l'article coûteux fera paraître le second encore plus cher, ce qui n'est généralement pas souhaitable pour les vendeurs... De même qu'on peut faire paraître la même eau chaude ou froide par contraste, on peut faire paraître le même article cher ou non suivant le prix de l'article présenté auparavant.

L'utilisation judicieuse du principe de la perception contrastée n'est pas réservée aux magasins de mode. J'ai eu l'occasion de voir employer la même technique alors que j'étudiais, incognito, les méthodes d'une société immobilière. Pour me mettre dans le bain, j'accompagnais un vendeur de l'agence qui faisait visiter les maisons à vendre à d'éventuels acheteurs. Le vendeur – appelons-le Phil – devait me donner quelques trucs pendant ma période d'apprentissage. Je remarquai rapidement que Phil, chaque fois qu'il avait affaire à de nouveaux clients, commençait par leur montrer des maisons peu engageantes. Je l'interrogeai, et il éclata de rire. La société conservait sur ses listes une ou deux maisons en piteux état, et à un prix trop élevé. Ces maisons n'étaient pas destinées à la vente ; elles étaient là pour être montrées aux clients, de façon que les véritables propriétés à vendre bénéficient de la comparaison. Tous les vendeurs ne se servaient pas de ces simulacres, mais Phil s'en servait. Il disait qu'il aimait voir les regards s'éclairer quand il montrait à ses clients la propriété qu'il voulait leur vendre, après leur avoir montré les maisons en mauvais état. « La maison que je veux leur faire acheter a l'air magnifique une fois qu'on leur a montré quelques ruines. »

Les vendeurs d'automobiles utilisent le principe de contraste lorsqu'ils attendent que le prix de la nouvelle voiture ait été négocié pour proposer une option après l'autre. Dans la foulée d'un accord sur douze mille euros, les quelques dizaines d'euros demandés pour un gadget comme un autoradio semblent presque dérisoire. Il en sera de même pour une dépense supplémentaire pour des accessoires tels que des vitres teintées, un rétroviseur de plus, des roues à jantes larges ou tout ornement que suggérera le vendeur. Comme pourra le confirmer tout acheteur de voiture expérimenté, il est arrivé plus d'une fois qu'un prix d'achat raisonnable enfle démesurément par l'addition de toutes ces options apparemment insignifiantes. Et tandis que le client, le contrat à la main, se demande ce qui s'est passé et ne peut s'en prendre qu'à lui-même, le vendeur a le sourire impénétrable du maître du jiu-jitsu.

« Je vous suggère, quand vous rentrerez chez vous ce soir, de lever les yeux vers le ciel pour contempler l'immensité de l'univers. Vous percevrez alors l'insignifiance de nos pertes du deuxième trimestre. »

FIGURE 2 – Une loi universelle
Le principe de contraste s'applique à des myriades de circonstances. (THE NEW YORKER)

TÉMOIGNAGE
des parents d'une étudiante

Mes chers parents,

Depuis que je suis étudiante, je ne suis pas très forte pour la correspondance ; pardon de ne pas avoir écrit plus tôt. Je vais vous mettre au courant, mais avant de lire, asseyez-vous. Vous n'allez pas continuer la lettre avant de vous être installés, d'accord ?

Eh bien, je vais assez bien maintenant. La fracture du crâne et le traumatisme dont j'ai souffert après avoir sauté de la fenêtre de ma chambre, quand elle a été envahie par les flammes, peu après mon arrivée ici, sont guéris. Je n'ai passé que quinze jours à l'hôpital et je peux maintenant voir presque normalement ; je n'ai plus mes migraines qu'une fois par jour. Heureusement, l'incendie du dortoir et mon saut ont été vus par le pompiste de la station voisine, et c'est lui qui a alerté les pompiers et l'ambulance. Il est aussi venu me voir à l'hôpital, et comme je n'avais pas d'endroit où dormir, puisque le dortoir avait brûlé, il a eu la gentillesse de m'inviter à partager son appartement. En fait, c'est plutôt une cave, mais c'est assez génial. C'est un garçon très bien ; nous nous aimons et nous voulons nous marier. Nous n'avons pas encore fixé la date, mais ce sera avant que ma grossesse ne soit apparente.

Oui, mes parents chéris, je suis enceinte ! Je sais combien vous désiriez être grands-parents, et je sais que vous accueillerez ce bébé avec cet amour, ce dévouement, cette tendresse que vous m'avez donnés quand j'étais petite. Si nous ne sommes pas déjà mariés, c'est parce que mon fiancé a une petite infection qui nous empêche de passer la visite médicale prénuptiale, et que j'ai bêtement attrapée à mon tour. Je sais que vous accueillerez avec joie ce garçon dans notre famille. Il est très gentil et même s'il n'a pas fait d'études, il a de l'ambition. Bien sûr, il n'est pas de la même race ni de la même religion que nous, mais je connais trop la tolérance que vous avez toujours professée pour supposer que cela puisse vous gêner.

Maintenant, il faut que je vous dise qu'il n'y a pas eu d'incendie. Je n'ai eu ni traumatisme ni fracture, je n'ai pas été à l'hôpital, je ne suis pas enceinte, je ne vais pas me marier, je n'ai aucune infection et le fiancé n'a jamais existé. Par contre, j'ai eu un « D » en histoire et un « F » en chimie, et je voulais vous aider à relativiser les choses.

Votre fille qui vous embrasse

Sharon

L'ÉTUDIANTE ET LA PERCEPTION CONTRASTÉE

Sharon est peut-être mauvaise en chimie, mais elle mérite un « A » en psychologie.

2

La réciprocité

Ou, donnant-donnant et reprenant

Payez chacune de vos dettes comme si votre créancier était Dieu le Père.

Ralph Waldo EMERSON

Il y a quelques années, un professeur d'université se livra à une petite expérience. Il envoya ses vœux pour Noël à un certain nombre de gens qui lui étaient parfaitement inconnus. Il s'attendait bien à une réaction, mais celle-ci dépassa toutes ses espérances ; il reçut une avalanche de cartes de vœux de la part de gens qui ne le connaissaient ni d'Ève ni d'Adam. La grande majorité de ceux qui avaient répondu à sa carte ne chercha pas à savoir qui était ce professeur inconnu. Ils avaient reçu une carte de vœux, *clic*, automatiquement, ils en envoyaient une en retour. Bien qu'à une échelle réduite, cette étude montre très bien l'action de l'une des plus puissantes des armes d'influence : la règle de la réciprocité[1]. La règle est qu'il faut s'efforcer de payer de retour les avantages reçus d'autrui. Si quelqu'un nous rend service, nous devons lui rendre service à notre tour ; si un ami nous envoie un cadeau pour notre anniversaire, nous n'oublierons pas de faire de même pour le sien ; si nous recevons une invitation, nous devons la rendre. Par la seule vertu de la règle de réciprocité, nous voilà donc *obligés* à tout cela, cadeaux, invitations, services, et le reste. Il est considéré comme normal que le fait de recevoir crée une dette ; d'où le double sens du mot « obligé » dans un grand nombre de langues.

La règle de réciprocité, avec le sentiment d'obligation qui l'accompagne, est remarquable surtout par son extension. Elle est si répandue que, après une étude approfondie de la question, le sociologue Alvin Gouldner en arrive à la conclusion qu'aucune société humaine n'y échappe[2]. Et dans chaque société, elle est sans exception ; elle s'applique à tous les échanges quels qu'ils soient. Il se pourrait bien que la notion de dette dérivée du principe de réciprocité soit une propriété spécifique de la société humaine. L'archéologue Richard Leakey voit dans la règle de la réciprocité l'essence même de notre humanité : « Nous sommes humains parce que nos ancêtres ont appris à mettre en commun compétences et nourriture dans le cadre d'un réseau d'obligations mutuelles[3]. » Les anthropologues Lionel Tiger et Robin Fox voient dans ce « tissu d'obligations » un mécanisme d'adaptation spécifique de l'homme, permettant la division du travail, l'échange de différentes sortes de produits, de services (ce qui permet la spécialisation) et la création d'interdépendances qui rassemblent les individus en unités très performantes[4].

C'est le dynamisme inhérent au sentiment de dette

qui joue un rôle capital dans les progrès culturels tels que les envisagent Tiger et Fox. Dans l'évolution des sociétés humaines, le sentiment puissant et largement partagé qu'une obligation nouvelle serait créée changeait tout, puisqu'un individu pouvait donner quelque chose à son semblable (que ce soit des aliments, de l'énergie, ou des soins) avec l'assurance que ce n'était pas en pure perte. Pour la première fois dans l'histoire de l'évolution, un individu pouvait se séparer d'une partie de ses ressources sans les abandonner vraiment. Ainsi s'effaçaient les inhibitions naturelles qui s'opposaient aux transactions, car il faut bien, pour qu'il y ait transaction, qu'un individu commence par proposer ses ressources personnelles à un autre. Des systèmes complexes d'aide, de cadeaux, de protection et d'échange devinrent possibles, pour le plus grand profit de ces sociétés.

La règle de la réciprocité est donc très importante pour les capacités d'adaptation des sociétés ; c'est pourquoi elle sera ancrée en nous au cours des différentes étapes de notre socialisation.

Pour illustrer à quel point des obligations réciproques peuvent entraîner de répercussions à la fois profondes et à long terme, je ne connais pas de meilleur exemple que celui d'une incroyable histoire d'aide humanitaire échangée entre le Mexique et l'Éthiopie. En 1985, cette dernière pouvait légitimement prétendre au triste record mondial de la souffrance et de la misère. Son économie était en ruine, ses ressources alimentaires dévastées par des années de sécheresse et de guerre civile. Par milliers, ses habitants mouraient de famine ou de maladie. Je n'aurais pas été étonné d'apprendre que le Mexique apporte cinq mille dollars à ce pays en détresse. Mais je restai bouche bée quand je lus la dépêche mentionnant avec précision que cette aide était dirigée dans le sens inverse. Les responsables de la Croix-Rouge éthiopienne avaient réuni des fonds pour porter secours aux victimes du tremblement de terre survenu cette année-là à Mexico.

En raison d'un trait de caractère qui empoisonne mon existence personnelle mais représente un atout dans mon activité professionnelle, je n'ai qu'une envie, chaque fois qu'un comportement humain me déroute : chercher à comprendre. Je tâchai donc d'en savoir plus. Par chance, un journaliste, surpris comme moi par l'initiative éthiopienne, avait sollicité des explications. Les détails obtenus corroborent, de manière éloquente, la règle de la réciprocité : malgré l'immensité des difficultés accablant l'Éthiopie, ce pays avait adressé de l'argent au Mexique en souvenir de son soutien lors de l'invasion italienne de 1935. Maintenant éclairé sur la question, je demeurais bouche bée, mais n'étais plus intrigué par la nouvelle. Le besoin de réciprocité avait passé outre la distance, la famine, le profond fossé culturel et l'immédiat intérêt individuel. Après un demi-siècle, comme si cela allait de soi et nonobstant tous les facteurs adverses, l'obligation avait triomphé.

Une chose est sûre, les sociétés humaines acquièrent un grand avantage sur leurs concurrentes du fait de la règle de la réciprocité, et c'est pourquoi elles apprennent à leurs membres à s'y plier sans la remettre en cause. Chacun de nous a intégré la règle et connaît les sanctions sociales qui frappent les contrevenants. Les termes utilisés à leur encontre sont chargés de connotations péjoratives : on les appelle ingrats, profiteurs, resquilleurs. Comme ceux qui prennent sans s'efforcer de donner en retour encourent la réprobation générale, nous sommes prêts à tout pour éviter d'être comptés dans leur nombre. C'est là que nous nous laissons prendre au piège par des individus qui cherchent à profiter de notre sentiment d'obligation.

Pour comprendre comment la règle de la réciprocité peut être exploitée par qui connaît son pouvoir d'influence, arrêtons-nous un instant sur une expérience réalisée par le Pr Dennis Regan, de l'Université de Cornell[5]. Un sujet devait apprécier la qualité de certains tableaux dans le cadre d'une expérience sur « le jugement artistique ». Un autre sujet prenait part à l'expérience ; c'était en réalité l'assistant du Dr Regan – appelons-le Joe. Pour ce qui nous intéresse, l'expérience se déroulait suivant deux schémas différents. Dans certains cas, Joe avait une petite attention pour le sujet. Pendant une pause, il quittait la pièce quelques minutes et rapportait deux bouteilles de Coca-Cola, une pour lui, une pour le sujet, en disant : « J'ai demandé si je pouvais aller chercher un Coca, et on m'a dit que oui, alors j'en ai pris un pour vous. » Dans d'autres cas, Joe ne faisait rien de spécial pour le sujet, il revenait les mains vides. Pour le reste, son comportement était identique dans les deux cas.

Par la suite, lorsque les tableaux avaient tous été notés et que l'expérimentateur s'absentait un moment de la pièce, Joe demandait au sujet de faire quelque chose *pour lui*. Il expliquait qu'il vendait des billets de loterie et que s'il en vendait beaucoup, il gagnerait une prime de cinquante dollars. Ce que Joe demandait au sujet était d'acheter des billets, à vingt-cinq cents pièce. « Le nombre que vous voulez. » Le principal résultat de l'expérience est le nombre de billets achetés à Joe dans les deux cas que nous avons décrits. Il apparaît très clairement que Joe réussissait mieux auprès des sujets qui avaient reçu quelque chose de lui. Ayant apparemment le sentiment de lui devoir quelque chose, ces sujets-là achetèrent deux fois plus de billets que ceux qui n'avaient rien reçu. L'étude de Regan n'est qu'une illustration très simple des mécanismes de la règle de réciprocité, mais elle met en évidence plusieurs de ses caractéristiques importantes, qui nous permettront par la suite de comprendre comment on peut l'utiliser profitablement.

Force de la règle

Si la réciprocité peut si bien être utilisée pour déclencher certains comportements, c'est parce qu'elle recèle une grande puissance d'action. La règle possède une force suffisante pour produire une réponse positive à une requête qui, sans ce sentiment d'obligation provoqué, aurait été repoussée. Un autre aspect de l'enquête de Regan montre comment la règle de réciprocité peut surpasser en influence d'autres facteurs qui, normalement, déterminent notre consentement. Regan ne s'intéressait pas seulement à l'effet de la règle de réciprocité, il voulait voir dans quelle mesure la sympathie que l'on ressent pour une personne incite à faire ce qu'elle demande. Pour mesurer combien l'opinion que les sujets avaient de Joe influençait leur décision d'acheter ou non des billets, Regan leur fit remplir des questionnaires d'évaluation au sujet de Joe. Chez ceux qui le trouvaient sympathique, il y avait une tendance significative à acheter plus de billets de loterie. Cela n'a rien de surprenant en soi ; on pouvait parier que les gens seraient plus disposés à obliger quelqu'un qu'ils trouvaient sympathique.

Mais l'intéressant dans cette expérience, c'est que l'effet de sympathie disparaissait complètement dans le cas où les sujets avaient reçu de Joe une bouteille de Coca-Cola. Pour ceux qui avaient bénéficié de ce geste, qu'ils trouvent Joe sympathique ou non n'avait aucune importance ; ils se sentaient à son égard une obligation, et ils s'en acquittaient. Les sujets dans ce cas qui avaient indiqué qu'ils ne trouvaient pas Joe sympathique achetaient autant de billets que les autres. La règle de la réciprocité était donc puissante au point d'annihiler l'influence d'un facteur normalement déterminant, la sympathie éprouvée pour le solliciteur.

Pensez aux conséquences de cette découverte. Les gens que nous trouverions normalement déplaisants, les représentants désagréables ou importuns, les connaissances antipathiques, les envoyés d'organismes étranges ou mal vus, peuvent augmenter considérablement leurs chances de nous faire faire ce qu'ils veulent en nous obligeant d'une façon ou d'une autre avant de présenter leur requête. Prenons un exemple aujourd'hui familier à beaucoup d'entre nous. L'association pour la conscience de Krishna est une secte orientale dont la lointaine origine remonte à la ville indienne de Calcutta. Mais son histoire moderne et sa célébrité commencent dans les années 1970, époque où elle connaît une expansion extraordinaire tant en nombre de disciples qu'en biens mobiliers et immobiliers. Cette expansion économique s'est appuyée sur un ensemble d'activités, dont la principale et la plus apparente est la quête dans les lieux publics. Au début de son implantation aux États-Unis et en Europe, la sollicitation des passants se faisait d'une façon assez spectaculaire. Des groupes de disciples de Krishna, se présentant souvent la tête rasée, revêtus de robes informes, agitant des chapelets et des cloches, quêtaient dans une rue centrale, psalmodiant et se balançant à l'unisson.

Cette technique, quoique très efficace pour attirer l'attention, ne donnait pas de bons résultats. Le citoyen moyen considérait les Krishna comme des gens pour le moins étranges, et se montrait peu enclin à leur donner de l'argent. Il apparut assez vite que la secte avait un problème de relations publiques. Les gens qu'on essayait de mettre à contribution n'aimaient ni l'apparence ni le comportement des membres. Si l'association avait été une organisation commerciale ordinaire, la solution aurait été toute trouvée : changer ce que les gens n'aimaient pas. Mais Hare Krishna est une organisation religieuse, et la façon de s'habiller et de se comporter de ses membres a une signification religieuse. Comme, quelle que soit la confession considérée, ce genre de facteur a une grande rigidité et ne saurait être modifié simplement pour obéir à des considérations d'ordre terrestre, les dirigeants de Krishna se trouvaient placés devant un dilemme. D'un côté, des faits religieux tels que croyances, vêtements, coiffures ; de l'autre, menaçant la survie financière de l'organisation, les sentiments plus que mitigés du public à l'égard de ces faits. Que faire ?

FIGURE 3 – *Avant/après*
Dans les années 1960-70 (à gauche), les adeptes de Krishna faisaient la quête de façon beaucoup plus ostensible que par la suite (à droite). Remarquez le sac de voyage arboré dans cet aéroport par la jeune femme dans le but de berner les passants, comme ce monsieur visiblement contrarié.
(*GAUCHE,* UPI *; DROITE, HARRY GOODMAN,* THE WASHINGTON STAR)

La solution adoptée fut excellente. La secte changea de tactique et fit en sorte qu'il ne soit plus nécessaire d'éprouver des sentiments positifs envers ses quêteurs. Ceux-ci commencèrent à utiliser une technique de sollicitation qui mettait en jeu le principe de réciprocité, lequel, comme le montre l'étude de Regan, est assez puissant pour rendre inopérante l'antipathie envers le solliciteur. La nouvelle stratégie consiste toujours à solliciter des contributions dans des lieux publics où passent de nombreux piétons (en particulier les aéroports), mais à présent, avant d'être sollicitée, la personne visée par le groupe reçoit un « cadeau » : un livre (en général la *Bhagavad Gita*), le journal de la société, ou, dans la version la plus rentable de cette opération, une fleur. Le passant sans méfiance se retrouve soudain avec une fleur dans la main. On ne lui permet en aucun cas de refuser, même s'il affirme qu'il n'en veut pas. « Non, c'est un cadeau pour vous », dit le quêteur, qui refuse de la reprendre. Ce n'est que lorsque le membre de Krishna a créé une situation favorable à la réciprocité qu'il sollicite une contribution en faveur de son mouvement. Cette stratégie « don-requête » a été extrêmement fructueuse pour le mouvement Krishna qui, grâce à ses gains d'une ampleur nouvelle, possède maintenant quantité de temples, sociétés et propriétés dans ses cent huit centres établis aux États-Unis ou à l'étranger.

Signalons d'ailleurs que la règle de réciprocité a perdu de son utilité pour les Krishna. Ce n'est pas qu'elle soit moins contraignante qu'avant, mais nous avons trouvé des moyens pour empêcher la secte de l'utiliser contre nous. Après avoir succombé une fois à cette tactique, beaucoup de voyageurs repèrent la présence des quêteurs de Krishna en costume, s'arrangent pour les éviter et se préparent à l'avance à repousser le « cadeau » des solliciteurs. La secte a essayé de déjouer cette vigilance en recommandant aux quêteurs de s'habiller et de se comporter normalement, afin de ne pas être trop reconnaissables. Certains ont même des bagages avec eux. Mais même le déguisement n'a pas très bien réussi aux Krishna. Il y a beaucoup trop de gens aujourd'hui qui savent ne pas accepter les cadeaux importuns dans les lieux publics comme les aéroports. Par sa façon de se défendre contre les Krishna, la société affirme la valeur qu'elle accorde à la réciprocité : on préfère s'efforcer de les éviter plutôt que soutenir victorieusement l'assaut de leur générosité. La règle de la réciprocité qui donne toute sa force à leur tactique est trop puissante – et trop utile à la société – pour qu'on veuille l'enfreindre.

FIGURE 4 – Krishnoël

Ces membres de Krishna sont interpellés pour quête non autorisée sur la voie publique, où ils offraient des friandises aux passants pour les inciter à leur faire des dons. S'ils poussent cette fois l'art du camouflage un peu loin, ils savent toujours tirer le meilleur parti de la règle de réciprocité.

(WIDE WORLD PHOTOS)

La politique est aussi un domaine de choix pour l'exercice de la réciprocité. Les tactiques de réciprocité y existent à tous les niveaux :

• Au sommet, les élus ont pour habitude de « se renvoyer l'ascenseur », ce qui les amène parfois à se trouver en d'étranges compagnies. Le vote inattendu d'une loi par un représentant du peuple peut bien souvent s'expliquer comme une politesse rendue à l'inspirateur du texte. Les observateurs s'étonnaient de voir Lyndon Johnson, au début de son mandat, faire passer si facilement son programme au Congrès : les membres du Congrès que l'on pensait les plus opposés à ses propositions les votaient. L'étude de cette question par la science politique suggère une explication nouvelle. Ce succès ne serait pas tant à attribuer au sens politique de Johnson qu'à toutes les faveurs qu'il avait pu prodiguer aux autres élus pendant les longues années où il avait exercé une grande influence à la Chambre des représentants et au Sénat. En tant que président, il put susciter un nombre étonnant de mesures législatives en jouant sur le souvenir de ces faveurs. C'est le même phénomène d'ailleurs qui explique les ennuis de Jimmy Carter avec le Congrès, au début de son mandat, malgré l'existence d'une large majorité démocrate dans les deux assemblées. Lorsque Carter accéda à la présidence, il était étranger à l'establishment politique de Washington. C'est même sur ce thème qu'il mena campagne, en déclarant qu'il n'avait aucune dette à l'égard de qui que ce soit à Washington. Une grande part de ses difficultés lors de son arrivée au pouvoir sont dues au fait que personne non plus n'avait de dette envers *lui*.

• À un autre niveau, on peut constater la même force de la règle de la réciprocité. Le désir qu'ont les individus comme les grandes sociétés de faire des cadeaux à leurs magistrats et aux élus, et les restrictions légales qui s'y opposent sont également révélateurs. La liste des organismes qui, lors des scrutins importants, apportent leur contribution à la fois aux candidats des deux bords, est très parlante quant aux motivations de ces soutiens.

Pour convaincre les sceptiques, je citerai l'exemple de Charles H. Keating, qui corrobora avec un rare aplomb l'objectif de donnant, donnant visé par ces généreux contributeurs. Ce dirigeant de caisse d'épargne fut condamné aux États-Unis sur de multiples chefs d'accusation de fraude et malversation. Comme on l'interrogeait sur les rapports éventuels entre son soutien, pour un million trois cent mille dollars, à la campagne de cinq sénateurs, et l'aide que ceux-ci lui apportèrent ensuite lors de ses démêlés judiciaires avec les autorités fédérales, il déclara : « Non seulement j'en avoue l'existence mais je le crie haut et fort : j'espérais bien qu'ils sauraient me remercier. »

• Au niveau le plus local, les organisations politiques ont compris que l'un des meilleurs moyens de conserver leurs hommes aux affaires est de faire en sorte qu'ils accordent aux électeurs un grand nombre de petites faveurs.

Mais les citoyens de base ne sont pas les seuls à troquer un vote contre de modestes faveurs. Au cours de la campagne électorale organisée en 1992 aux États-Unis en vue de l'élection présidentielle, on demanda à l'actrice Sally Kellerman pour quelle raison elle prêtait son nom et ses efforts au démocrate Jerry Brown, pressenti pour remporter les primaires. Voici sa réponse : « Il y a vingt ans, j'ai sollicité l'aide de dix amis pour lancer ma carrière. Il a été le seul à se manifester. »

Bien entendu, le pouvoir de la réciprocité s'exerce aussi dans le domaine commercial. Parmi d'innombrables exemples, examinons deux cas qui nous sont familiers, inspirés de l'idée de l'« échantillon gratuit ». Cette technique de vente a derrière elle une longue histoire d'efficacité. Dans la plupart des cas, une petite quantité de produit est fournie aux clients, apparemment pour leur permettre de l'essayer et de voir s'il leur convient. C'est d'ailleurs un motif tout à fait légitime, le fabricant cherchant à faire découvrir au public les qualités de son produit. Mais le grand avantage de l'échantillon gratuit est d'être en même temps un cadeau, et par conséquent d'engager le processus de réciprocité. Tout à fait dans l'esprit jiu-jitsu, le commerçant qui donne des échantillons gratuits peut susciter le sentiment d'obligation dû au cadeau tout en ayant l'air de vouloir seulement informer. Un des lieux de prédilection de l'échantillon gratuit est le supermarché, où l'on offre parfois aux clients des petits cubes de viande ou de fromage. Beaucoup de gens trouvent difficile d'accepter un échantillon proposé par une vendeuse souriante et de se contenter de rendre le cure-dent et de partir. Ils achètent donc le produit, même si celui-ci ne leur a pas particulièrement plu. On peut trouver un exemple de ce procédé dans le cas (cité par Vance Packard dans *La Persuasion clandestine*) de ce supermarché dans l'Indiana où un démonstrateur avait réussi le tour de force de vendre un quintal de fromage en quelques heures ; il avait simplement exposé le produit et invité les clients à se servir gratuitement pour goûter.

La société Amway, société florissante qui vend des produits d'entretien et des articles de toilette, utilise une autre version de cette tactique dans son vaste réseau de vente au porte-à-porte. Elle se sert de l'échantillon gratuit comme d'une « mouche », qui consiste en un assortiment de produits Amway (cire pour meubles, détergents, shampooing, déodorants, bombes insecticides, produit pour vitres) apporté à domicile au client dans une mallette spéciale ou simplement dans un sac en plastique. Le manuel d'Amway à l'usage des vendeurs recommande de laisser le tout au client « pour 24, 48 ou 72 heures, gratuitement et sans obligation d'achat. Demandez-lui simplement d'essayer le produit... C'est une offre que personne ne refusera ». À la fin de la période d'essai, le représentant d'Amway revient et prend les commandes pour les produits que le client désire acheter. Comme normalement le client n'a eu le temps d'utiliser complètement aucun produit, le vendeur peut alors apporter les échantillons au client suivant et recommencer l'opération. Certains représentants d'Amway ont plusieurs de ces « mouches » en circulation en même temps.

Vous avez déjà compris que ceux qui ont accepté la mallette et utilisé les produits sont pris au piège de la règle de réciprocité. Nombre d'entre eux cèdent à un sentiment d'obligation quand ils commandent ces produits qu'ils ont essayés, et par conséquent, consommés. Bien entendu la société Amway en est parfaitement consciente. Même dans cette société qui connaissait depuis le début une croissance exceptionnelle, la mise en place du système de la « mouche » a été un événement. D'après les distributeurs régionaux les résultats sont exceptionnels :

> « Incroyable ! Nous n'avons jamais vu cela ! Le produit se distribue à une vitesse incroyable, et ce n'est qu'un début... Les distributeurs locaux ont utilisé les "mouches" et les ventes ont fait un bond incroyable » [un responsable de l'Illinois]. « L'idée la plus formidable qu'on ait jamais eue !... Les clients achètent en moyenne la moitié des

produits lorsque le représentant repasse... En un mot, fabuleux ! Nous n'avons jamais eu de tels résultats » [un responsable du Massachusetts].

Les responsables des ventes semblent surpris – agréablement, mais surpris – par le remarquable succès de la « mouche ». Mais vous et moi, nous ne devrions plus l'être.

La règle de réciprocité opère dans de nombreuses situations humaines où n'intervient aucun élément commercial. Mon exemple favori de la force de la réciprocité est tiré de ce type de situation. Le savant européen Eibel-Eibesfeldt rapporte l'histoire d'un soldat allemand pendant la Première Guerre mondiale. Celui-ci devait capturer des soldats ennemis et les ramener au camp où ils étaient interrogés. Du fait de la nature de cette guerre de tranchées, il était extrêmement difficile pour les armées de franchir le no man's land les séparant des lignes ennemies. Il était moins difficile pour un soldat seul de traverser cette zone en rampant et de se glisser dans la tranchée ennemie. Les armées de la Grande Guerre avaient des spécialistes de ce genre d'expédition, qui enlevaient des soldats ennemis pour interrogatoire. Le spécialiste allemand de notre histoire avait réussi de nombreuses missions de ce genre. Repartant pour une nouvelle mission, il réussit à se faufiler jusqu'aux lignes ennemies et à surprendre un soldat français isolé. Celui-ci, pris au dépourvu en train de manger, se laissa facilement désarmer. Affolé, n'ayant à la main qu'un morceau de pain, il accomplit alors un acte qui allait compter dans sa vie. Il donna du pain à son ravisseur. L'Allemand fut si troublé par ce geste qu'il ne lui fut pas possible de remplir sa mission. Il tourna le dos au captif « donateur », retraversa le no man's land et rentra, bredouille, affronter le courroux de ses supérieurs.

Un exemple aussi convaincant du pouvoir de la règle de réciprocité est celui d'une femme, Diane Louie, qui eut la vie sauve non pas en *donnant* quelque chose, comme le soldat évoqué ci-dessus, mais en *refusant* un cadeau et, en même temps, des obligations lourdes de conséquences. Elle résidait au sein de la communauté de « Jonestown », créée au Guyana par Jim Jones, fondateur du Temple du Peuple. Lorsqu'en novembre 1978, Jones appela l'ensemble des membres de la secte au suicide, la plupart d'entre eux obéirent et moururent après avoir absorbé une boisson tirée d'une cuve empoisonnée. L'ordonnancement des cadavres montra combien le massacre avait été soigneusement calculé. Quant à Diane Louie, rejetant l'injonction de Jones, elle réussit à quitter le camp et à s'enfuir dans la forêt équatoriale. Elle déclare y être parvenue parce que, par le passé, elle avait décliné l'aide de Jones à un moment où elle en aurait eu besoin. Malade, elle avait alors refusé les aliments spéciaux qu'il lui offrait : « Je savais que si j'acceptais ces marques de privilège, je tomberais en son pouvoir. Il n'était pas question que je lui sois redevable de quoi que ce soit. »

Les dettes forcées

Nous avons vu que le pouvoir de la règle de réciprocité est tel, qu'en y recourant, des personnes étranges, antipathiques ou importunes peuvent augmenter leurs chances de nous faire accéder à leurs requêtes. Mais il y a un autre aspect de la règle qui intervient. On peut déclencher en nous un sentiment de dette en nous donnant quelque chose que nous n'avons pas sollicité. Rappelons que la règle stipule seulement qu'il faut donner, à qui nous a donné un avantage, le même genre d'avantage ; il n'est pas nécessaire que nous ayons demandé quelque chose pour que nous nous sentions obligés de rendre la pareille. Cela ne veut pas dire que nous n'éprouverons pas un sentiment d'obligation plus fort si nous avons sollicité une faveur, mais seulement que ce sentiment existe même si nous n'avons rien sollicité.

Si l'on réfléchit à l'utilité sociale de la règle de la réciprocité, on comprend qu'il ne peut pas en être autrement. La règle a été établie pour encourager le développement de relations réciproques entre les individus, de sorte que quelqu'un puisse entreprendre une telle relation sans risquer d'y perdre. Pour que la règle soit efficace, il faut qu'un service non sollicité soit capable de créer une obligation. Rappelons aussi que les relations de réciprocité sont un grand avantage pour les sociétés où elles s'établissent, et qu'il y aura donc une forte pression sociale en faveur de la règle. C'est ainsi que Marcel Mauss, le grand anthropologue français, décrivant les pressions sociales s'exerçant sur les procédures de don dans la société humaine, a pu parler de « l'obligation de donner, l'obligation de recevoir, et l'obligation de rendre[6] ».

Bien que l'obligation de rendre constitue l'essence même de la règle de réciprocité, c'est l'obligation de recevoir qui rend la règle si facile à exploiter. L'obligation de recevoir réduit notre liberté de choisir envers qui nous nous endettons et met ce pouvoir entre les mains d'autrui. Revenons aux exemples précédents pour voir comment se déroule le processus. D'abord, l'étude de Regan, où nous voyons que l'acte qui incite les sujets à acheter deux fois plus de billets de loterie n'avait pas été sollicité. Joe était allé de son propre chef chercher deux Coca-Cola, un pour lui et un pour le sujet. Il n'y eut pas un seul sujet pour refuser le Coca-Cola. Il est facile de comprendre pourquoi il aurait été délicat de décliner l'offre : Joe avait déjà dépensé son argent ; offrir cette boisson était un acte tout à fait naturel en la circonstance, étant donné surtout que Joe en avait pris une pour lui ; il aurait été impoli de ne pas répondre à son amabilité. Mais l'acceptation de ce Coca-Cola créait une dette, ce qui se manifesta clairement au moment où Joe exprima son désir de vendre ses billets de loterie. Remarquons l'asymétrie de la situation : tous les choix véritables sont faits par Joe. C'est lui qui choisit le don initial et c'est lui qui choisit la façon d'acquitter la dette. Certes, on pourrait dire que le sujet était libre de dire non aux deux propositions de Joe. Mais en fait, cela n'était pas si facile. Pour refuser une des deux propositions, le sujet aurait dû combattre les forces sociales favorisant les pactes de réciprocité que Joe, en véritable maître de jiu-jitsu, s'était conciliées.

La manière dont un don non désiré peut créer, à partir du moment où il a été reçu, une dette, est très bien illustrée par la technique de sollicitation du mouvement Krishna. Lors de mes observations répétées de leurs quêtes dans les aéroports, j'ai pu remarquer les différentes réponses de la part des victimes. La plupart du temps, les choses se déroulent de la manière suivante. Un client de l'aéroport, par exemple, un homme d'affaires, au milieu de la foule, se hâte vers la sortie. Le quêteur de Krishna lui coupe la route et lui tend une fleur. L'homme, pris par surprise, la saisit[7]. Presque aussitôt, il veut la rendre, déclare qu'il n'en veut pas. Le quêteur répond que c'est un cadeau de l'Association pour la Conscience de Krishna, qu'il faut l'accepter, mais que, cependant, un don pour les bonnes œuvres de l'association serait un geste apprécié. La victime proteste de nouveau : « Je ne veux pas de cette fleur. Tenez, reprenez-la. » Le quêteur refuse à nouveau : « C'est un cadeau pour vous, monsieur. » L'homme d'affaires est en proie à un conflit qui commence à apparaître sur son visage. Doit-il garder la fleur et s'en aller sans rien donner en retour, ou doit-il céder à la pression de la règle si profondément ancrée en lui et donner quelque chose ? C'est maintenant sa posture qui révèle son conflit intérieur. Il s'écarte de son interlocuteur, semble décidé à s'enfuir, puis se rapproche à nouveau, poussé par la force de la règle. Son corps s'incline en arrière une dernière fois, mais rien à faire ; il ne peut pas s'échapper. Avec une grimace de résignation, il fouille dans sa poche et en extrait un dollar ou deux, qui sont gracieusement acceptés. Il peut maintenant partir librement, ce qu'il fait, son « cadeau » à la main, jusqu'à ce qu'il rencontre une poubelle – où il jette la fleur.

Tout à fait accidentellement, j'ai été le témoin d'une scène qui m'a démontré que les Krishna savent très bien que la plupart du temps leurs cadeaux sont importuns. Lors d'une journée consacrée à l'observation d'un groupe de quêteurs à l'aéroport international O'Hare de Chicago, il y a quelques années, je remarquai qu'une des filles quittait fréquemment le groupe et revenait avec des provisions de fleurs. Il se trouva que j'avais décidé de faire une pause au moment où elle partait à nouveau au ravitaillement. N'ayant rien de mieux à faire, je lui emboîtai le pas. Or sa mission consistait à jouer les chiffonniers. Elle allait de poubelle en poubelle, dans la zone entourant l'aérogare centrale, pour récupérer toutes les fleurs abandonnées par les victimes de Krishna. Elle revint ensuite avec ces fleurs soigneusement recouvertes (dont certaines avaient dû être recyclées déjà bien des fois) et les distribua à ses camarades pour recommencer le jeu de la réciprocité une fois de plus. Ce qui me frappa le plus, c'est que la plupart de ces fleurs avaient entraîné des dons de la part des gens qui les avaient jetées aux ordures. La règle de la réciprocité agit de telle façon qu'un don indésirable au point d'être jeté à la première occasion était néanmoins efficace et exploitable.

Les Krishna ne sont pas les seuls à savoir que des cadeaux non désirés créent un sentiment d'obligation. Combien de fois avons-nous reçu de petits cadeaux par la poste – cartes de vœux, porte-clés – de la part d'organismes charitables qui joignent à leur envoi un appel à notre générosité ? J'en ai reçu cinq l'année dernière, deux provenant d'organisations de mutilés de guerre et les autres d'organismes missionnaires ou d'hôpitaux. Tous les messages accompagnateurs avaient un point commun : l'envoi devait être considéré comme un cadeau ; si je désirais envoyer de l'argent, ce ne serait pas à titre de paiement mais plutôt de don. Comme le disait la lettre de l'un des organismes missionnaires, le paquet de cartes de vœux que j'avais reçu n'était pas à payer, mais avait pour but « d'encourager votre générosité ». Sans parler des évidents avantages de ce système du point de vue fiscal, on peut voir pourquoi il est plus profitable pour l'envoyeur que ces cartes soient considérées comme un cadeau et non comme une marchandise : une forte pression culturelle nous oblige à rendre la pareille lorsque nous recevons un cadeau, même non désiré ; mais rien ne nous oblige à acheter des articles dont nous n'avons que faire.

Des échanges inéquitables

Il y a une autre propriété de la règle de réciprocité qui la rend aisément exploitable. Paradoxalement, bien que la règle ait été établie pour assurer l'équité des échanges, elle peut être utilisée pour produire le résultat opposé. La règle exige qu'une sorte d'action suscite une action du même ordre. Un service rendu doit être payé par un autre service, non par l'indifférence, et encore moins par l'agression. Mais dans le cadre de l'échange d'actions similaires, il y a une grande marge de manœuvre. Une petite attention initiale peut créer un sentiment d'obligation assez fort pour faire consentir une faveur nettement plus importante. Comme, nous l'avons vu, la règle autorise la même personne à choisir à la fois l'action créatrice de dette et celle qui remboursera la dette, nous pouvons facilement être manipulés par des exploiteurs qui nous obligent à un échange inéquitable.

Revenons encore à l'expérience de Regan. Vous vous souvenez que Joe donnait à certains sujets une bouteille de Coca-Cola comme cadeau initial, avant de demander à tous les sujets d'acheter des billets de loterie à vingt-cinq cents pièce. Or, à l'époque où fut réalisée l'étude, une bouteille de Coca-Cola en coûtait dix. Les sujets qui avaient reçu une boisson achetaient en moyenne deux billets de loterie – certains allèrent jusqu'à sept ! Même avec le sujet moyen, cependant, Joe réalisait une bonne affaire. Un investissement ayant un rendement de cinq cents pour cent peut en effet être considéré comme assez intéressant…

Dans le cas de Joe, cependant, ce taux de cinq cents pour cent ne correspondait qu'à cinquante cents. La règle de réciprocité peut-elle produire des différences réellement significatives quant à la valeur des choses échangées ? Sans aucun doute, dans certaines circonstances. Voyez par exemple ce témoignage d'une de mes étudiantes, évoquant un souvenir particulièrement désagréable :

> « Un jour, il y a environ un an de cela, je n'arrivais pas à faire démarrer ma voiture. Un type qui passait par là a vu ma détresse, il est venu m'aider et il a réussi à faire partir le moteur. Je lui ai dit merci, il a dit "de rien", et avant qu'il ne s'en aille je lui ai dit que le jour où il aurait un service à me demander, qu'il n'hésite pas. Un mois plus tard, il est venu frapper à ma porte pour me demander de lui prêter ma voiture pendant deux heures, parce que la sienne était en réparation. Je m'y suis sentie obligée, un peu à contrecœur parce que la voiture était neuve et qu'il avait l'air très jeune. J'ai découvert par la suite qu'il n'avait pas l'âge et qu'il n'était pas assuré. En tout cas, je lui ai prêté ma voiture et il me l'a démolie. »

Comment se fait-il qu'une jeune femme intelligente accepte de prêter sa voiture neuve à un adolescent qu'elle ne connaît pratiquement pas, simplement parce qu'il lui a rendu un petit service un mois plus tôt ? Ou, plus généralement, pourquoi les petites prestations sont-elles souvent rendues avec usure ? La raison en est pour une part que la reconnaissance est un sentiment désagréable. Nous trouvons en général déplaisant d'être l'obligé de quelqu'un. Nous cherchons à en finir avec cette situation qui nous pèse. Il n'est pas difficile de retrouver l'origine de ce sentiment. Comme les accords de réciprocité sont d'importance vitale pour les sociétés humaines, nous sommes conditionnés à nous sentir mal à l'aise en position d'obligé. Si nous pouvions passer outre au besoin de rembourser nos dettes, nous arrêterions net la séquence de réciprocité et notre partenaire serait peu enclin à donner à nouveau par la suite. Ce résultat ne serait pas profitable à la société. C'est pourquoi nous sommes entraînés depuis l'école à étouffer psychologiquement sous le poids de la reconnaissance. Ne serait-ce que pour cela, nous sommes donc prêts à accorder un avantage disproportionné à celui que nous avons reçu, simplement pour nous délivrer du fardeau de la dette.

Mais il y a une autre raison. Un individu qui viole la règle de réciprocité en acceptant les présents d'autrui sans essayer de rendre la pareille est mal vu par le groupe social. Sauf, bien entendu, s'il ne peut s'acquitter de sa dette en raison des circonstances ou d'une incapacité particulière[8]. Mais, en général, les individus qui ne se conforment pas aux lois de la réciprocité sont mal considérés. L'étiquette de profiteur n'est pas de celles qu'on aime se voir apposer ; elle est si gênante que nous préférons y échapper en subissant un échange inégal.

En se combinant, la réalité d'un sentiment de malaise et l'éventualité de l'opprobre général représentent un coût psychologique non négligeable. Si l'on en tient compte, il n'est pas étonnant qu'au nom de la réciprocité nous soyons prêts à donner souvent plus que nous n'avons reçu. Et il est normal que, comme l'a montré une expérience réalisée à l'Université de Pittsburgh, les gens évitent de demander quelque chose s'ils savent qu'ils n'auront pas la possibilité de le payer de retour. Le coût psychologique peut en effet dépasser la perte matérielle.

Certaines personnes peuvent aussi refuser cadeaux ou avantages par crainte de perte d'une nature différente. Les femmes évoquent souvent le désagréable sentiment d'obligation qu'elles éprouvent vis-à-vis d'un homme qui vient de leur offrir un présent coûteux ou de les inviter dans un grand restaurant. Même un simple verre pris dans un bar les place dans une situation du même ordre. L'une de mes étudiantes l'expliquait en termes explicites dans un devoir : « J'ai appris à mes dépens à ne plus accepter qu'un garçon rencontré en boîte paie mes boissons. Ainsi, nous ne considérons ni l'un ni l'autre que je lui en suis sexuellement redevable. » Des enquêtes confirment que les préventions de cette jeune fille sont justifiées. Elles démontrent, en effet, qu'une femme qui laisse un homme l'inviter est immédiatement jugée (non seulement par la gent masculine mais aussi par les autres femmes) plus accessible pour lui sur le plan sexuel que si elle avait payé son verre elle-même[9]. »

Les concessions réciproques

Il y a une autre façon d'utiliser la règle de réciprocité pour forcer quelqu'un à accéder à une requête. Elle est plus subtile que la méthode directe qui consiste à donner quelque chose et à demander quelque chose en échange par la suite ; et pourtant, elle est à sa façon plus redoutable. L'expérience que j'en ai faite il y a quelques années m'a prouvé matériellement l'efficacité de cette technique de persuasion.

Je fus abordé dans la rue par un garçon de onze ou douze ans. Il se présenta et m'expliqua qu'il vendait des billets pour la fête des scouts qui devait avoir lieu la semaine suivante. Il me demanda si je désirais en acheter, à cinq dollars pièce. Comme la fête des scouts était bien le dernier endroit où j'avais envie de passer la soirée du samedi, je refusai. « Bon, dit-il, si vous ne voulez pas acheter des billets, pourquoi pas une de nos barres de chocolat géantes à un dollar seulement ? » J'en achetai deux, et me rendis compte tout à coup qu'il s'était passé quelque chose de remarquable. En effet : (a) je n'aime pas les barres de chocolat ; (b) je tiens à mon argent ; (c) j'étais planté là avec deux barres de chocolat ; et (d) il s'éloignait avec deux de mes dollars.

Pour tenter de comprendre ce qui s'était passé, je me rendis à mon bureau et j'organisai une réunion avec mes assistants. En analysant la situation, nous comprîmes comment la règle de réciprocité était entrée en jeu pour m'amener à accepter d'acheter ces friandises. La règle générale dit qu'une personne qui se comporte d'une certaine façon envers nous est en droit d'attendre de notre part une attitude similaire. Nous avons déjà vu que l'une des conséquences de la règle est de nous obliger à rendre la pareille pour tout avantage reçu. Une autre conséquence de la règle, cependant, est que nous devons faire une concession à qui nous en a fait une. En réfléchissant à la question, mon groupe de recherche arriva à la conclusion que c'était exactement la situation dans laquelle le petit scout m'avait mis. Sa proposition d'acheter des barres de chocolat à un dollar avait été présentée comme une concession de sa part ; cette demande était en retrait par rapport à sa proposition précédente, à savoir, acheter des billets à cinq dollars.

Pour obéir aux préceptes de la règle de réciprocité, il me fallait faire une concession à mon tour. Comme nous l'avons vu, cette concession fut faite : j'abandonnai mon attitude de refus quand il abandonna sa requête pour une autre moins importante ; et pourtant, je ne désirais en fait aucune des deux choses qu'il me proposait.

C'est un exemple typique de la façon dont on peut utiliser une arme d'influence pour forcer quelqu'un à quelque chose. J'avais été poussé à l'achat, non par quelque sentiment favorable à l'égard de l'article en question, mais par la façon dont l'offre m'avait été présentée, qui mettait en jeu l'obligation de réciprocité. Que je n'aime pas les barres de chocolat n'était pas entré en ligne de compte. Le jeune scout me faisait une concession, *clic*, je réagissais automatiquement par une autre concession. Bien sûr, la tendance à payer de retour les concessions n'est pas forte au point d'être déterminante quels que soient les individus et quelles que soient les circonstances ; aucune des armes d'influence décrites ici n'est à ce point puissante. Cependant, lors de mon échange avec le scout, la tendance avait été assez forte pour que je me retrouve mystifié, en possession de deux barres de chocolat dont je n'avais aucune envie et que j'avais payées beaucoup trop cher.

Pourquoi avais-je éprouvé le besoin de faire une concession à mon tour ? La réponse se trouve à nouveau dans le bénéfice que retire la société de ce besoin. Il est dans l'intérêt de tout groupe humain que ses membres travaillent ensemble à la réussite de projets communs. Cependant, dans beaucoup d'associations humaines, les participants commencent par poser des conditions qui sont inacceptables pour les autres. C'est pourquoi la société doit faire en sorte que ces désirs initiaux, incompatibles entre eux, soient mis de côté pour favoriser une coopération socialement bénéfique. Le processus est rendu possible par un certain nombre de mécanismes de compromis, et en particulier par les concessions mutuelles.

La règle de réciprocité suscite les concessions mutuelles de deux façons. La première est évidente : la règle pousse le bénéficiaire d'une concession à rendre la pareille. La deuxième, bien que moins évidente, est non moins déterminante. Comme dans le cas des cadeaux et des services, l'obligation de rendre concession pour concession encourage la création de pactes socialement avantageux : en effet, celui qui entreprend de conclure ce genre d'accord est sûr de n'être pas exploité. Après tout, s'il n'existait aucune obligation de rendre, qui voudrait faire le premier sacrifice ? Ce serait risquer d'abandonner un avantage sans rien avoir en échange. Mais grâce à la force de la règle, nous pouvons sans risque faire le premier sacrifice au bénéfice de notre partenaire, qui est obligé d'en faire un autre en échange.

Comme c'est la règle de réciprocité qui régit l'établissement d'un compromis, la technique de la concession initiale peut atteindre une grande efficacité. C'est une technique très simple qu'on peut définir comme la technique du rejet-retrait. Supposons que vous vouliez me présenter une requête. Un moyen d'accroître vos chances de me faire consentir serait de me présenter d'abord une « grosse » requête, que je vais selon toute probabilité rejeter. Ensuite, une fois que j'ai refusé, vous me présenteriez la « petite » requête, qui est en fait celle qui vous intéresse véritablement. Pourvu que vous ayez mené l'opération adroitement, je devrais considérer votre deuxième requête comme une concession que vous me faites et me sentir enclin à y répondre par une autre concession, la seule qui se présente à moi immédiatement : accéder à votre seconde requête.

Est-ce ainsi qu'avait procédé le jeune scout pour me faire acheter ses friandises ? L'abandon de sa première requête à cinq dollars au profit d'une autre à un était-il une retraite feinte, délibérément élaborée pour promouvoir la vente de ses barres de chocolat ? Ayant gardé un certain attachement pour l'idéal scout de ma jeunesse, je me refuse à le croire. Mais que cette séquence grosse-requête-petite-requête ait été montée de toutes pièces ou non, le résultat est le même. C'est efficace. Et parce que c'est efficace, la technique du rejet-retrait peut être utilisée à *dessein* par certaines gens pour arriver à leurs fins. Examinons d'abord comment cette tactique peut être utilisée de façon à réussir à coup sûr. Nous verrons ensuite dans quelles conditions elle est effectivement utilisée. Enfin, nous nous arrêterons sur quelques petits à-côtés de cette technique qui en font l'une des tactiques de persuasion les plus efficaces.

Donc, après ma rencontre avec le jeune scout, je fis appel à mes assistants pour qu'ils m'aident à comprendre ce qui s'était passé, et, par la même occasion, à faire disparaître la pièce à conviction. Nous fîmes même plus. Une expérience fut élaborée pour tester l'efficacité d'un procédé du même genre : se rabattre sur la véritable requête après qu'une première requête plus importante avait été refusée. Cette expérience avait pour but de vérifier deux choses. D'abord, nous voulions voir si ce procédé était efficace aussi sur d'autres personnes. En effet, il semblait clair que la tactique avait eu un certain effet sur moi ce jour-là, mais il faut dire que, pour ce qui est de se laisser persuader par des procédés divers et variés, je détiens une espèce de record. Si bien que la question demeurait : « La technique du rejet-retrait est-elle efficace sur un assez grand nombre de gens pour être utile en tant que procédé de persuasion ? » Si c'était le cas, cette technique méritait de retenir l'attention.

Le deuxième objectif de l'étude était de déterminer la force de ce procédé. Pouvait-il susciter le consentement à une requête d'importance réelle ? Autrement dit, la « petite » requête était-elle nécessairement une requête insignifiante ? Si nous avions bien compris le mécanisme du phénomène, ce n'était pas nécessairement le cas. Il fallait seulement qu'elle soit moins importante que la première. Nous soupçonnions que le facteur critique dans le fait du retrait était qu'il revêtait l'apparence d'une concession. La seconde requête pouvait donc être objectivement importante.

Après réflexion, il fut décidé d'essayer cette technique avec une proposition que peu de gens se montreraient disposés à accepter. Prétendant représenter « le Comité de Conseil de la jeunesse » de la ville, nous nous adressions aux jeunes étudiants sur le campus pour leur demander s'ils accepteraient d'accompagner un groupe de jeunes délinquants dans une excursion au zoo. L'idée de prendre en charge pendant des heures un groupe de délinquants juvéniles d'âge non précisé, dans un lieu public, et sans rémunération n'était pas très engageante. Comme nous nous y attendions, la grande majorité des étudiants sollicités (quatre-vingt-trois pour cent) refusa. Mais les résultats obtenus furent très différents auprès d'un échantillon similaire d'étudiants auquel on posa la même question, mais avec une approche un peu différente. Avant de leur proposer d'être les animateurs bénévoles de l'excursion au zoo, nous leur proposions une tâche encore plus lourde : consacrer deux heures par semaine à un jeune délinquant, pendant un minimum de deux ans. Ce n'est que lorsqu'ils avaient refusé cette requête extrême – ce qu'ils firent tous – que nous proposions la tâche plus légère d'accompagner les jeunes délinquants au zoo. Du simple fait que l'excursion au zoo était présentée comme un retrait par rapport à la requête initiale, le taux d'acceptation fut beaucoup plus élevé. Parmi les étudiants sollicités de la deuxième manière, le nombre de volontaires pour le rôle d'accompagnateur fut trois fois plus élevé[10].

Il est certain qu'une stratégie arrivant à tripler le taux d'acceptation (qui passait de dix-sept à cinquante pour cent dans notre expérience) pour une proposition d'une certaine conséquence, sera fréquemment employée dans toutes sortes de situations. Les syndicats, par exemple, ont souvent recours à cette tactique, commençant par poser des exigences extrêmes, qu'ils n'espèrent pas voir satisfaites, mais à partir desquelles ils peuvent paraître faire des concessions et en arracher ainsi à leur interlocuteur. Il semble à première vue que le procédé sera d'autant plus efficace que l'exigence première sera forte, puisque cela laisse de la marge pour de feintes concessions. Cela n'est cependant vrai que jusqu'à un certain point. Une étude conduite sur la question à l'Université de Bar-Ilan en Israël montre que si les premières demandes sont extrêmes au point d'en être déraisonnables, l'arme se retourne contre son utilisateur[11]. Dans ce cas, la partie qui a fait ces premières propositions n'apparaît pas comme un négociateur de bonne foi. Tout retrait par rapport à ces positions extrêmes n'est pas considéré comme une véritable concession et par conséquent n'appelle pas de concession en retour. Le bon négociateur est donc celui dont la position initiale est assez exagérée pour laisser une marge de concessions réciproques, qui amèneront une offre finale satisfaisante de la part de l'adversaire, mais n'est pas irréaliste au point d'être dès le départ inacceptable.

Les grands producteurs de télévision Grant Tinker et Gary Marshall sont des maîtres en la matière, lorsqu'ils négocient avec la censure des différentes chaînes. Dans une interview accordée à un journal de télévision, *TV Guide*, tous deux avouent ajouter délibérément dans les dialogues des phrases que le censeur ne peut que couper. Ils peuvent ainsi se rabattre sur les répliques qu'ils voulaient faire passer. Marshall est un spécialiste de ce sport. Voyez par exemple ces extraits de l'article :

> « Non seulement Marshall avoue qu'il ruse avec la censure, mais on dirait qu'il y prend plaisir. Dans un épisode d'une série à grand succès, par exemple, “le héros doit absolument sortir de son appartement et monter à l'étage avec les filles”. Il dit : “Montez en vitesse, mon désir refroidit.” Mais, dans le script, nous avions mis quelque chose de plus fort, en sachant que le censeur ne le laisserait pas passer. Ensuite, nous avons pu proposer innocemment notre texte, le censeur était d'accord. Parfois il faut les prendre à revers. »
>
> Dans une autre série, la bataille avait lieu autour du mot « vierge ». Cette fois-là, dit Marshall, je savais que nous aurions des ennuis, alors nous avons mis le mot sept fois en espérant qu'il serait coupé six fois. C'est ce qui s'est passé. Nous avons fait de même avec le mot « enceinte »[12] *.

* Cet exemple est spécifique de la culture américaine et de ses origines puritaines (*N. d. E.*).

J'ai rencontré une autre forme de la technique de rejet-retrait dans mes enquêtes sur la vente au porte-à-porte. Les organismes concernés en appliquaient une version moins délibérée, plus opportuniste. Le but essentiel des vendeurs au porte-à-porte est de faire des ventes. Mais dans les formations données par toutes les sociétés que j'ai étudiées, on insistait sur l'utilité d'obtenir des personnes prospectées les noms d'amis, de parents, de connaissances ou de voisins chez qui le vendeur puisse se rendre « sur leur recommandation ». Pour toutes sortes de raisons, dont nous reparlerons au chapitre 5, le pourcentage de ventes augmente très nettement quand le vendeur à domicile peut mentionner le nom d'une personne de connaissance qui a « recommandé » la visite.

Au cours de ma formation de vendeur, on ne me conseilla jamais de faire rater une vente pour pouvoir, à titre de retrait, solliciter des noms et des adresses. Dans plusieurs cas, par contre, on m'apprit à tirer parti du refus d'achat du client, considéré comme une occasion de lui soutirer ces renseignements. « Si vous pensez que cette magnifique encyclopédie ne vous convient pas pour le moment, peut-être pourriez-vous m'aider en me donnant le nom d'autres personnes qui seraient peut-être intéressées par cette offre exceptionnelle. » Beaucoup de gens qui, sans cela, ne soumettraient pas leurs amis à l'épreuve d'une démonstration de vente acceptent de fournir ces références quand la requête est présentée comme une concession par rapport à la proposition d'achat qu'ils viennent de refuser.

Nous avons déjà examiné une des raisons du succès de la technique du rejet-retrait – à savoir son utilisation de la règle de réciprocité. L'efficacité de cette stratégie des deux requêtes s'explique aussi par d'autres facteurs. Le premier est le principe de la perception contrastée que nous avons rencontré au chapitre 1. Ce principe expliquait, entre autres, pourquoi un homme aura tendance à dépenser plus d'argent pour l'achat d'un pull-over s'il l'achète après avoir acheté un costume plutôt qu'avant. Du fait de l'impression laissée par le prix de l'article principal, l'autre article semble encore bon marché en comparaison. De la même façon, le procédé des deux requêtes utilise l'effet de contraste ; c'est par comparaison que la deuxième requête paraît plus modérée. Si je veux vous emprunter cinq dollars, je peux *faire paraître* la somme plus modeste en vous demandant d'abord dix dollars. L'avantage de cette tactique est qu'en demandant d'abord dix dollars avant de me contenter de cinq, j'aurai engagé à la fois le principe de réciprocité et celui de la perception contrastée. Non seulement ma demande de cinq dollars apparaîtra comme une concession en appelant une autre, mais elle paraîtra plus modeste que si je l'avais faite directement. Combinées, les influences de la réciprocité et de la perception contrastée peuvent prendre une force effrayante. La somme de leurs énergies, réunies dans la séquence rejet-retrait, peut dépasser tout ce qu'on imagine. À mon avis, c'est là la seule explication plausible de l'une des décisions politiques les plus invraisemblables du siècle : celle d'aller cambrioler les bureaux de Watergate du parti démocrate, décision qui allait entraîner le naufrage de Richard Nixon. L'un des responsables de cette décision, Jeb Stuart Magruder, apprenant que les cambrioleurs s'étaient fait prendre, fit un commentaire approprié : « Comment avons-nous pu être aussi stupides ? » La question est tout à fait pertinente.

Pour comprendre à quel point cette idée de l'administration Nixon d'entreprendre le cambriolage était aberrante, il n'est pas inutile de revenir sur les faits.

• L'idée venait de G. Gordon Liddy, responsable du « renseignement » dans le Comité pour la Réélection du Président (CRP). Liddy s'était fait une réputation parmi les hauts responsables de l'administration Nixon, et certains se posaient des questions sur son bon sens et son équilibre mental.

• La proposition de Liddy était extrêmement coûteuse, puisqu'il fallait réunir deux cent cinquante mille dollars en fonds secrets.

• Fin mars, au moment où la proposition fut approuvée au cours d'une réunion entre le directeur du CRP, John Mitchell, et ses assistants, Magruder et Frederick LaRue, les perspectives de réélection de Nixon en novembre étaient excellentes. Edmund Munskie, le seul candidat déclaré auquel les premiers sondages avaient accordé une chance de battre le président, avait fait un mauvais résultat lors des primaires. Il semblait très vraisemblable que ce serait le candidat le plus facile à battre, George McGovern, qui recevrait la nomination de son parti. La victoire des Républicains semblait assurée.

• Le projet de cambriolage en lui-même était une opération très risquée, supposant la participation et le silence de dix hommes.

• Le Comité National du Parti Démocrate, et son président, Lawrence O'Brien, dont le bureau de Watergate devait être cambriolé et mis sur écoute, ne possédait aucune information gênante au point de menacer la réélection du président. Et il n'avait guère de chances d'en obtenir dans les mois à venir, à moins que l'administration en place ne commette une faute grossière.

Malgré ce que pouvaient suggérer les faits énumérés ci-dessus, ce projet cher, d'un intérêt douteux, à la réalisation hasardeuse, et risquant de tourner à la catastrophe, ce projet qui émanait de surcroît d'un homme dont on mettait en doute la sûreté de jugement, fut approuvé. Comment se fait-il que des hommes aussi intelligents que Mitchell et Magruder aient pu commettre une faute aussi grossière ? L'explication tient peut-être dans un fait peu connu : le plan de deux cent cinquante mille dollars qu'ils approuvèrent n'était pas la première proposition de Liddy. C'était en fait une concession non négligeable de sa part par rapport à deux autres propositions, d'une ampleur bien plus considérable. Le premier de ces projets, proposé deux mois plus tôt lors d'une réunion avec Mitchell, Magruder et John Dean, supposait une dépense d'un million de dollars et prévoyait, entre autres (outre la mise sur écoute des bureaux de Watergate), des cambriolages, des enlèvements, l'intervention de commandos d'intimidation, des missions de liaison réalisées par un avion de chasse spécialement équipé, ainsi que l'intervention de call-girls de luxe pour faire chanter des responsables démocrates. Un second plan Liddy, présenté une semaine plus tard au même groupe composé de Mitchell, Magruder, et Dean, supprimait une partie de ce programme et ne coûtait que cinq cent mille dollars. Ce n'est qu'après le rejet de ces propositions initiales par Mitchell que Liddy leur soumit un « plan minimum » de deux cent cinquante mille dollars, cette fois-ci à Mitchell, Magruder, et Frederick

LaRue. Cette fois, le projet, qui était toujours stupide, mais moins que les précédents, fut approuvé.

Était-il possible que moi, naïf patenté, et John Mitchell, homme rompu à toutes les manœuvres politiciennes, nous nous soyons tous deux laissé entraîner à des décisions désavantageuses, moi par un scout qui vendait des barres de chocolat, et lui par un homme qui vendait le désastre politique ?

Si l'on examine le témoignage de Jeb Magruder, considéré par la plupart des spécialistes du Watergate comme le plus digne de foi, au sujet de la fameuse réunion au cours de laquelle le plan de Liddy fut finalement adopté, on y découvre des choses intéressantes. D'abord, Magruder rapporte que « ce projet ne soulevait aucun enthousiasme » ; mais « comme nous étions partis de la somme exorbitante de un million de dollars, nous pensions que deux cent cinquante était probablement un chiffre acceptable… Nous ne voulions pas le renvoyer les mains vides ». Mitchell, ayant le sentiment qu'« il fallait accorder un petit quelque chose à Liddy »… donna son accord comme pour dire : « Très bien, donnons-lui un quart de million et voyons ce qu'il arrive à en tirer. »

Dans le contexte des propositions initiales de Liddy, ce « quart de million » était devenu « un petit quelque chose » à accorder comme une concession due. Avec la lucidité que peuvent apporter deux ans de recul, l'analyse que fait Magruder de l'attitude de Liddy donne la meilleure illustration qui soit de la technique du rejet-retrait. « S'il était venu nous dire de but en blanc : "Mon plan consiste à aller mettre des micros chez Larry O'Brien", nous aurions peut-être écarté l'idée dès le départ. Au lieu de quoi il était venu nous proposer son scénario avec call-girls, enlèvement, commandos, sabotage et micros cachés… Il n'avait pas pu emporter le morceau et il se contentait de la moitié ou même du quart[13]. »

Il est très révélateur qu'un seul membre du groupe, Frederick LaRue, ait exprimé une opposition au projet – même s'il devait pour finir se ranger à l'avis de son chef –, déclarant avec beaucoup de bon sens que le jeu n'en valait pas la chandelle. Il dut se demander pourquoi ses collègues, Mitchell et Magruder, ne voyaient pas les choses comme lui. Certes, différents faits peuvent expliquer les divergences entre LaRue et les deux autres responsables au sujet du plan Liddy. Mais il en est un qui saute aux yeux : des trois hommes, seul LaRue n'avait pas assisté aux autres réunions, au cours desquelles Liddy avait présenté des projets bien plus ambitieux encore. Peut-être LaRue était-il seul capable de voir l'absurdité du projet et de réagir objectivement, sans se laisser influencer par la force de la réciprocité et de la perception contrastée qui s'exerçait sur les deux autres.

Nous avons dit que, outre la règle de réciprocité, deux autres facteurs jouaient en faveur du rejet-retrait. Nous avons déjà vu l'un de ces facteurs, la perception contrastée. L'autre n'est pas vraiment un principe de psychologie, comme les deux premiers, c'est plutôt une propriété purement structurelle de la requête. Supposons à nouveau que je veuille vous emprunter cinq dollars. En commençant par en demander dix je n'ai vraiment rien à perdre. Si vous acceptez, j'aurai obtenu deux fois la somme que j'espérais. D'un autre côté, si vous refusez cette première requête, je pourrai me rabattre sur le prêt de cinq dollars que je voulais réellement obtenir, et, en faisant jouer la réciprocité et la perception contrastée, augmenter notablement mes chances de succès. Autrement dit, dans tous les cas de figure, je suis gagnant.

Le recours à la séquence des requêtes d'importance décroissante peut être observé dans une pratique, courante dans les magasins, qui consiste à jouer le haut de gamme. On commence invariablement par montrer au client potentiel le modèle le plus luxueux. S'il achète, c'est tout bénéfice pour le magasin. Mais si le client ne veut pas de ce modèle, le vendeur contre-attaque en proposant un modèle d'un prix plus raisonnable. L'efficacité de ce procédé est démontrée, comme l'indique un article paru dans la revue *Sales Management*, reproduit sans commentaires par une association de consommateurs.

> « Si vous étiez un détaillant de tables de billards, sur quel modèle feriez-vous votre publicité, celui à trois cent vingt-neuf dollars ou celui à trois mille dollars ? Vous allez probablement répondre : le modèle à trois cent vingt-neuf dollars, en essayant ensuite de pousser à la hausse quand le client vient acheter. Mais G. Warren Kelley, le nouveau responsable de la promotion chez Brunswick, nous montre que c'est une erreur… Pour le prouver, il dispose des chiffres de vente d'un magasin représentatif… Pendant la première semaine, on montrait aux clients le bas de gamme avant de leur suggérer de penser à des modèles plus coûteux – ce qui constitue la démarche traditionnelle. Le prix moyen des tables achetées cette semaine-là fut de cinq cent cinquante dollars… La semaine suivante, par contre, on montrait d'abord au client la table à trois mille dollars, quel que soit le modèle qu'il désirait… ; puis le reste de la gamme, par ordre de prix et de qualité décroissants. Le résultat fut une vente moyenne de plus de mille dollars[14]. »

Malgré la remarquable efficacité de la technique du rejet-retrait, on pourrait penser qu'elle comporte un grave inconvénient. Les victimes d'une telle stratégie pourraient se sentir acculées à l'acceptation et en éprouver du dépit. Ce sentiment pourrait avoir deux conséquences. D'abord, la victime pourrait décider de ne pas tenir l'engagement verbal pris auprès du solliciteur. Ensuite, elle pourrait juger que son partenaire est de mauvaise foi et décider de ne plus avoir affaire à lui par la suite. Si ces deux éventualités se réalisaient souvent, le solliciteur y penserait à deux fois avant de recourir au procédé du rejet-retrait. Les études faites à ce sujet montrent, cependant, que ce genre de réaction ne se produit pas plus fréquemment quand la technique est utilisée. Et même, il semble qu'elle se produit plutôt moins souvent dans ce cas. Avant d'essayer d'expliquer ce paradoxe, voyons les faits.

Une étude publiée au Canada portait sur la question de savoir si une victime de la tactique du rejet-retrait, qui a consenti à la deuxième requête, se conformera ou non à son engagement. On observait non seulement si les personnes sollicitées acceptaient ou refusaient une proposition (il s'agissait de travailler bénévolement pendant deux heures dans un institut s'occupant de malades mentaux), mais aussi, si les personnes interrogées se présentaient le jour dit ainsi qu'elles s'y étaient engagées. Comme dans les autres expériences de ce type, le procédé consistant à commencer par une requête plus importante (s'engager à travailler pendant au moins deux ans deux heures par semaine dans l'institut) produisait plus d'accords verbaux à la « petite » requête (soixante-seize pour cent) ; si l'on présentait directement la deuxième requête, seules vingt-neuf pour cent des personnes sollicitées acceptaient. Le but de l'étude, cependant, était de vérifier si ceux qui s'étaient portés volontaires se présentaient comme convenu ; et là aussi, le procédé du rejet-retrait était le plus efficace (quatre-vingt-cinq pour cent contre cinquante pour cent[15]).

Une autre expérience visait à établir si la séquence du rejet-retrait donnait aux victimes le sentiment d'avoir été manipulées et les inciterait à refuser par la suite d'autres requêtes. Dans cette étude, les sujets d'expérience étaient de jeunes étudiants à qui l'on demandait de donner leur sang dans le cadre de la collecte annuelle du campus. Les étudiants du premier groupe furent sollicités pour donner leur sang toutes les six semaines pendant au moins trois ans. Aux autres étudiants, on demanda simplement de donner une fois leur sang. Dans les deux groupes, ceux qui avaient accepté et qui se présentaient au centre de transfusion sanguine se voyaient demander leur numéro de téléphone, de façon qu'on puisse les appeler plus tard pour d'autres collectes. Presque tous les étudiants (quatre-vingt-quatre pour cent) qui allaient donner leur sang après avoir été soumis à la technique du rejet-retrait acceptèrent de donner à nouveau par la suite. Au contraire, moins de la moitié (quarante-trois pour cent) des étudiants volontaires de l'autre groupe acceptèrent. La stratégie du rejet-retrait s'avérait donc plus efficace même pour obtenir de nouveaux dons[16].

Curieusement, il semble donc que cette tactique pousse les victimes non seulement à accepter une proposition, mais aussi à s'y tenir et enfin, à accepter des propositions ultérieures. Quel est le secret de cette technique qui fait que ceux qui ont été persuadés frauduleusement sont enclins à se laisser persuader à nouveau ? La réponse se trouve dans l'acte de concession accompli par le solliciteur, qui est le cœur du procédé. Nous avons déjà vu que, pourvu que la ruse ne soit pas perçue de façon évidente, la concession produira une autre concession en retour. Mais ce que nous n'avons pas encore vu, ce sont les deux sous-produits intéressants de l'opération : le sentiment d'être responsable de l'accord et la satisfaction par rapport à l'accord lui-même. Ce sont ces effets secondaires de la concession qui incitent les victimes à remplir leur engagement et à conclure d'autres pactes.

Les effets avantageux de la concession apparaissent très bien dans les études sur la négociation. Une expérience menée par des psychologues de l'Université de Californie-Los Angeles en apporte une démonstration parfaite[17]. Dans cette étude, un sujet était opposé à un « partenaire » avec lequel il devait négocier le partage d'une certaine somme fournie par les expérimentateurs. Le sujet était informé qu'au cas où aucun accord ne pourrait être conclu au bout d'une certaine période, aucun des deux adversaires ne toucherait quoi que ce soit. Le soi-disant adversaire était en réalité un comparse qui avait pour instruction de négocier de trois manières différentes. Avec certains sujets, il exprimait des exigences exorbitantes, se réservant pratiquement toute la somme en jeu, et ne démordait pas de cette position. Avec un autre groupe de sujets, il proposait dès l'abord un partage qui ne lui était que légèrement favorable, et là aussi, refusait obstinément de diminuer ses prétentions. Avec un troisième groupe, il commençait par la position extrême, puis, progressivement, modérait son attitude au cours de la négociation, si bien qu'il aboutissait à la fin à la position « modérée » du deuxième cas.

L'expérience révélait trois choses qui expliquent

pourquoi la technique du rejet-retrait est si efficace. D'abord, par comparaison avec les deux autres manières de procéder, la stratégie de l'exigence exorbitante suivie d'un repli sur une position modérée était celle qui rapportait le plus d'argent à la personne qui l'utilisait. Ce résultat n'apporte rien de nouveau par rapport à ce que nous avons vu précédemment : la tactique des requêtes décroissantes permet d'aboutir à un pacte avantageux. En revanche, les deux autres éléments mis en lumière par l'expérience sont plus nouveaux.

La responsabilité. Les sujets opposés à un adversaire utilisant la tactique du retrait se sentaient davantage responsables de l'accord final. Bien plus que les sujets négociant avec un adversaire inflexible, ils indiquaient qu'ils avaient réussi à convaincre l'adversaire de se contenter d'une somme plus raisonnable. Bien évidemment, il n'en était rien. C'est l'expérimentateur qui avait recommandé à leur adversaire de concéder progressivement du terrain, quoi que fasse le sujet. Mais il leur semblait à eux qu'ils l'avaient fait changer d'avis, qu'ils avaient provoqué ces concessions. Ils se sentaient par conséquent responsables de l'issue de la négociation. Cela nous met sur la voie. Si la technique du rejet-retrait amène si souvent les sujets à se conformer au pacte, c'est que la concession du solliciteur, non seulement les incite à accepter, mais les rend responsables de l'accord qu'ils ont « imposé ». C'est ainsi que s'explique cette étonnante faculté du rejet-retrait : il pousse ses victimes à remplir leur contrat. En effet, quelqu'un qui se sent responsable des termes d'un contrat sera plus disposé à en respecter les clauses.

La satisfaction. Même si, en moyenne, ils donnaient plus d'argent à un adversaire utilisant les concessions, les sujets soumis à cette tactique étaient les plus satisfaits de l'accord final. Il semble donc qu'un accord auquel on a abouti par de feintes concessions de l'adversaire peut être tout à fait satisfaisant. En gardant cela à l'esprit, nous pouvons expliquer l'autre curieuse propriété de la tactique du rejet-retrait : la faculté qu'elle a d'inciter la victime à accepter des propositions ultérieures. Comme la tactique comprend des concessions, la victime sera portée à se trouver plus satisfaite du résultat. Et il est évident que quelqu'un qui est satisfait d'un accord sera disposé à en conclure d'autres semblables.

Comment dire non

Un solliciteur qui recourt à la règle de réciprocité est un ennemi redoutable. En se présentant armé d'une faveur initiale, ou d'une concession initiale, le solliciteur s'assure le concours d'un puissant allié dans sa campagne de persuasion. À première vue, nos chances de sortir vainqueurs du combat semblent réduites. Nous pouvons satisfaire à la requête du solliciteur, succombant ainsi à la force de la règle de réciprocité. Ou nous pouvons nous y refuser, et subir les rigueurs de la règle, qui pèse sur nos sentiments conditionnés d'équité et d'obligation. Se rendre ou essuyer de lourdes pertes : triste perspective en vérité.

Fort heureusement, nous n'en sommes pas réduits à ces extrémités. Si nous savons reconnaître la nature de l'adversaire, nous pouvons sortir indemnes de la bataille, et même nous en tirer à notre avantage. Il est essentiel de comprendre que le solliciteur qui invoque la règle de réciprocité (ou toute autre arme d'influence) pour nous faire accepter sa proposition n'est pas le véritable adversaire. Le solliciteur, tel un combattant entraîné au jiu-jitsu, a choisi de s'allier au pouvoir de la réciprocité ; il se contente de libérer cette énergie que renferme la règle en faisant le premier une faveur, ou une concession. Le véritable adversaire, c'est la règle. Si nous ne voulons pas en être les victimes, nous devons trouver le moyen de la contrecarrer.

Mais comment faire pour neutraliser un principe social tel que la réciprocité ? La règle a un champ d'action trop étendu pour qu'on puisse prétendre se soustraire à son influence, et trop de puissance pour qu'on puisse la combattre une fois qu'elle entre en jeu. La solution est donc, sans doute, de prévenir son activation. Nous pouvons peut-être éviter d'avoir à affronter son pouvoir en refusant de laisser le solliciteur l'utiliser contre nous. Peut-être, en repoussant l'offre initiale faite par le solliciteur, pouvons-nous éluder le problème. Peut-être ; mais ce n'est pas sûr. Rejeter invariablement toutes les faveurs, ou les sacrifices initiaux qui nous sont consentis, c'est une attitude difficile à mettre en pratique. La difficulté est de savoir, lorsque l'offre nous est faite, si c'est une offre honnête, ou simplement la première étape d'une tentative d'exploitation. Si l'on supposait toujours le pire, il ne serait pas possible de bénéficier des avantages ou des concessions que nous offrent des individus qui n'ont aucune intention d'exploiter la règle de réciprocité.

L'un de mes collègues raconte avec amertume comment sa petite fille de dix ans a été très affectée par l'attitude d'un homme qui, pour éviter les pièges de la réciprocité, avait pris le parti de refuser brutalement une offre dictée par la gentillesse. Les élèves de la classe recevaient dans leur école leurs grands-parents, et cette petite fille était chargée d'offrir une fleur à chacun des invités qui passait le portail. Mais le premier visiteur à qui elle tendit une fleur lui jeta : « Garde ça. » Ne sachant que faire, elle recommença son geste, et s'entendit demander ce qu'il fallait donner en échange. « Rien du tout, c'est un cadeau », répondit-elle faiblement. L'homme la dévisagea sans aménité, lui dit qu'il ne s'y laissait pas prendre et lui passa devant sans plus lui prêter attention. La petite fille en fut si bouleversée, qu'elle ne put s'adresser à aucun autre visiteur et qu'il fallut la libérer de cette tâche, dont elle s'était tant réjouie par avance. Il est difficile de dire s'il faut blâmer davantage l'insensibilité de cet homme ou le cynisme des exploiteurs qui avaient abusé de sa tendance à la réciprocité automatique jusqu'à le conduire à une attitude de refus systématique. Quoi qu'il en soit, la leçon à tirer de l'incident est claire. Nous rencontrerons toujours des individus authentiquement généreux, aussi bien que bien des gens qui s'efforceront de faire jouer honnêtement la réciprocité, sans chercher à exploiter leur partenaire. Ces personnes se sentiront sans aucun doute insultées si l'on repousse toutes leurs tentatives. Il pourrait bien en résulter des tensions, et un isolement néfaste. Une politique de refus généralisé ne semble donc pas à conseiller.

Une autre solution semble plus viable. Il suffit d'accepter les offres initiales qui nous sont faites quand elles sont avantageuses, mais de ne les accepter que pour ce qu'elles sont, non pour ce qu'elles prétendent être. Si quelqu'un nous fait une faveur, par exemple, nous pouvons accepter en sachant que nous nous obligeons à rendre la pareille à l'occasion. S'engager dans cette sorte de pacte avec une autre personne ne signifie pas pour autant se faire exploiter par elle sous couvert de réciprocité. Bien au contraire ; c'est participer honorablement au réseau d'obligations mutuelles qui nous a si bien servi, à tous et à chacun, depuis les origines de l'humanité. Cependant, si la faveur initiale s'avère n'être qu'un stratagème, une ruse, un artifice destiné tout spécialement à nous faire consentir une faveur plus grande encore, la situation n'est plus la même. Notre partenaire n'est plus un partenaire honnête, c'est un profiteur. Et c'est là que nous devons répondre à cette action précisément dans les mêmes termes. Lorsque nous sommes sûrs que l'offre initiale n'était pas un geste authentique, mais une tactique de persuasion, il nous suffit de réagir en conséquence pour nous libérer de son influence. À partir du moment où nous redéfinissons l'attitude de notre partenaire et où nous la considérons comme un moyen de persuasion, le principe de réciprocité ne joue plus contre nous : la règle dit en effet qu'il faut répondre à un présent par un autre présent ; elle ne dit pas qu'il faille aussi répondre par un présent à un geste calculé.

Un exemple concret peut donner une idée de la marche à suivre. Supposons qu'on vous téléphone un jour de la part de l'Association de la sécurité anti-incendie de votre ville. Supposons qu'on vous demande si vous seriez intéressé par des conseils sur le sujet, et qu'on vous propose d'inspecter votre logement pour détecter les risques d'incendies et de vous fournir un extincteur, le tout gratuitement. Supposons encore que vous soyez intéressé par ce genre de choses et que vous preniez rendez-vous avec l'Association pour une inspection de votre logement. Lorsque l'inspecteur arrive, il vous donne un petit extincteur à main, et commence à examiner votre appartement pour y détecter les risques d'incendie. Puis il vous fournit quelques renseignements intéressants, quoique assez inquiétants au sujet des dangers d'incendie en général, ainsi qu'une évaluation de la vulnérabilité de votre habitation. Enfin, il vous suggère de vous procurer un système d'alarme anti-incendie, et s'en va.

Un tel scénario n'est pas invraisemblable. Dans certaines villes, il existe de telles associations à but non lucratif, composées le plus souvent de pompiers qui se proposent bénévolement pour donner des conseils de sécurité anti-incendie. Si les événements se déroulaient de la sorte, l'inspecteur de l'Association vous aurait, de toute évidence, rendu un service. Conformément à la règle de réciprocité, vous devriez être prêts à lui rendre service à votre tour si vous en aviez un jour l'occasion ; un tel échange de bons procédés serait dans la meilleure tradition de la règle de réciprocité.

Un scénario semblable, avec, cependant, un dénouement différent est également possible, et même plus probable. Au lieu de s'en aller après avoir recommandé l'acquisition d'un système d'alarme, l'inspecteur se lancerait dans une démonstration de vente afin de vous persuader d'acheter un coûteux système d'alarme réagissant à la température, fabriqué justement par la société qu'il représente. Les sociétés de vente à domicile de systèmes d'alarme anti-incendie ont souvent recours à ce procédé. En général, leur produit, quoique assez efficace, est vendu à un prix abusif. Comptant sur votre ignorance des prix de ces systèmes, espérant que vous vous sentirez obligés à l'égard de la société qui vous a offert l'extincteur gratuit et l'inspection de votre logement, ces compagnies feront pression sur vous pour conclure la vente sur l'heure. Grâce à cette habile entrée en matière, les sociétés de vente d'alarmes anti-incendie se développent et prospèrent dans tout le pays[18].

Si vous deviez vous trouver dans une telle situation et que vous compreniez que le véritable motif de la visite était de vous vendre un coûteux système d'alarme, la mesure la plus efficace serait d'effectuer dans votre for intérieur une manœuvre toute simple : redéfinir mentalement les choses. Il suffit de considérer ce que vous avez reçu de l'inspecteur – un extincteur, des conseils pratiques, une inspection de sécurité – non comme un cadeau, mais comme un procédé de vente, et vous vous sentirez libres de décliner l'offre – ou de l'accepter – sans ressentir la moindre pression intérieure : il est normal qu'un service en appelle un autre, mais une manœuvre tactique de promotion commerciale ne vous oblige en rien. Et si le solliciteur réagit à votre refus en vous proposant de lui donner au moins les noms d'amis qui pourraient être intéressés, refaites la même manœuvre de redéfinition. Considérez son repli sur une requête moindre pour ce qu'il est : une tactique de persuasion. Cela fait, vous n'aurez pas besoin de votre côté d'offrir les adresses demandées à titre de compromis, car le retrait de votre interlocuteur ne sera pas une véritable concession. Alors, libéré de la contrainte d'un sentiment d'obligation déclenché mal à propos, vous pourrez, encore une fois, accepter ou refuser à votre convenance.

Si vous le désirez, vous pouvez même retourner son arme contre l'exploiteur. Rappelez-vous que la règle de réciprocité donne droit à l'auteur d'un certain acte à être payé en la même espèce. Si vous vous êtes rendu compte que les cadeaux du soi-disant inspecteur de l'Association anti-incendie n'étaient pas de vrais cadeaux, mais servaient simplement à faire un profit à vos dépens, vous pouvez même tirer parti de la situation. Prenez tout simplement ce que l'inspecteur vous donne – des conseils, un extincteur –, remerciez-le poliment et reconduisez-le sur le palier. Après tout, conformément à la règle de réciprocité, il n'est que juste que les exploiteurs soient exploités.

TÉMOIGNAGE
d'un ex-vendeur de téléviseurs et équipements hi-fi

« Pendant assez longtemps, j'ai travaillé au rayon télé et hi-fi d'un grand magasin. Nous étions payés à la commission ; mais, pour garder notre poste, et c'est d'ailleurs toujours le cas, nous devions démontrer notre aptitude à vendre non seulement des appareils, mais surtout des contrats de service après-vente. La politique de la maison voulait que, sur dix ventes, nous placions au moins quatre de ces contrats. Si nous ne parvenions pas à remplir cet objectif pendant deux mois d'affilée, c'étaient des menaces, des reclassements, voire le licenciement pur et simple.

Bien conscient de l'importance de remplir mon quota, j'élaborai un plan fondé sur la méthode du rejet-retrait, sans toutefois savoir qu'elle s'appelait ainsi. Lors de l'achat d'un appareil, le client pouvait signer un contrat de service après-vente d'une durée d'un à trois ans. La majorité de mes collègues tentaient, sans plus, de placer un contrat d'une année. Je visais à un résultat identique, car un contrat d'un an comptait autant dans notre quota qu'un contrat de trois ans. Mais, dans mon argumentaire, je préconisais la couverture la plus longue et la plus chère (à cent quarante dollars), tout en sachant que la plupart des clients refuseraient d'entrer dans cette dépense. Une fois ma tentative rejetée, j'avais un excellent prétexte pour proposer le contrat d'un an, d'un tarif relativement modeste (environ trente-cinq dollars), qui faisait en réalité l'objet de tous mes efforts. Ma tactique s'avérait très efficace car je parvenais à placer des contrats de service après-vente à soixante-dix pour cent de mes clients, qui semblaient très satisfaits de l'affaire conclue, tandis que les autres vendeurs du rayon plafonnaient autour de quarante pour cent. Jusqu'à présent, je n'avais jamais dévoilé ma méthode à personne. »

Observons que, le plus souvent, le recours à la tactique du rejet-retrait va de pair avec le principe de contraste. Outre que le vendeur semble faire une concession en renonçant au contrat à cent quarante dollars pour proposer celui à trente-cinq, le montant du premier fait paraître le second meilleur marché.

3

Engagement et cohérence

Les démons de l'esprit

Il est plus facile de résister d'abord qu'ensuite.

Léonard De Vinci

Une étude réalisée par deux psychologues canadiens a mis en évidence une attitude très intéressante chez les habitués des champs de courses. Après avoir parié sur un cheval, les joueurs sont beaucoup plus confiants quant aux chances de leur champion qu'ils ne l'étaient avant de parier[1]. Bien sûr, les chances du cheval restent inchangées ; c'est le même cheval, dans le même couloir, sur la même piste ; et pourtant, dans l'esprit des parieurs, ses chances s'améliorent nettement dès qu'ils ont acheté le ticket. Ce changement d'opinion, assez étonnant à première vue, est à mettre en rapport avec une arme d'influence sociale très répandue. Comme les autres armes d'influence, celle-ci utilise un de nos ressorts secrets pour diriger, avec une tranquille assurance, nos actions. Il s'agit tout simplement de notre désir quasi obsessionnel d'être et de paraître cohérents dans notre comportement. Dès que nous avons pris position ou opté pour une certaine attitude, nous nous trouvons soumis à des pressions intérieures et extérieures qui nous obligent à agir dans la ligne de notre position première : nous réagirons de façon à justifier nos décisions antérieures.

Revenons aux parieurs sur le champ de courses. Trente secondes avant de risquer leur argent, ils hésitaient encore et n'étaient pas tout à fait convaincus. Trente secondes après le pari, ils se montrent optimistes et sûrs de leur jugement. L'acte de prendre une décision définitive, dans ce cas, d'acheter un ticket, avait été le moment critique. Une fois que le choix était fait, le besoin de cohérence poussait ces gens à mettre leur opinion en accord avec leurs actes. Ils se persuadaient qu'ils avaient fait le bon choix et, sans aucun doute, s'en sentaient réconfortés.

Mais ne croyons pas que cette auto-persuasion soit particulière aux habitués des champs de courses. Voyez plutôt l'histoire de ma voisine Sara et de son ami Tim. Tim et Sara s'étaient rencontrés à l'hôpital, où lui travaillait comme technicien en radiologie, et elle, comme diététicienne. Ils sortirent ensemble pendant un certain temps, même après que Tim eut été licencié, et finalement se mirent à vivre ensemble. Pour Sara, les choses n'allaient pas très bien : elle aurait voulu qu'ils se marient et que Tim cesse de boire. Tim n'était pas d'accord. Après une période particulièrement tendue, Sara décida de mettre fin à leur histoire et Tim dut s'en aller. À ce moment-là, un ancien ami de Sara revint dans la ville, qu'il avait quittée depuis des années, et reprit contact avec elle. Ils commencèrent à se voir assez souvent et décidèrent bientôt de se marier. La date du mariage était déjà fixée et les invitations lancées quand Tim se manifesta. Il se repentait et voulait revenir. Quand Sara lui dit qu'elle allait se marier, il la supplia de changer d'avis ; il voulait vivre avec elle comme avant. Mais Sara refusa, et lui déclara qu'elle ne voulait plus vivre ce qu'elle avait vécu avec lui. Tim lui proposa même de l'épouser, mais elle lui répondit qu'elle lui préférait l'autre. Finalement, Tim s'engagea à cesser de boire si elle se laissait fléchir. Devant cet argument-massue, Sara décida de rompre ses fiançailles, d'annuler le mariage, de décommander les invités et de laisser Tim revenir.

Il ne fallut pas un mois à Tim pour annoncer à Sara qu'il ne voyait pas pourquoi il devrait arrêter de boire ; un mois plus tard, il avait décidé qu'il valait mieux attendre avant de se marier. Depuis, deux ans ont passé. Tim et Sara continuent à vivre ensemble comme avant. Il continue à boire, le mariage n'est toujours pas décidé, et pourtant Sara est plus attachée à Tim que jamais. Elle dit que c'est le fait d'avoir à choisir qui lui a fait comprendre que c'était Tim qu'elle aimait. C'est pourquoi, après avoir préféré Tim à son fiancé, Sara était plus heureuse avec lui, bien que les conditions sous lesquelles elle avait pris cette décision n'aient pas été remplies. Il semble donc que les amateurs de courses hippiques ne soient pas les seuls à préférer croire que leur choix est judicieux à partir du moment où ils l'ont fait. Nous en arrivons tous à nous mentir à nous-mêmes de temps en temps pour que nos opinions et nos sentiments restent dans la ligne de ce que nous avons déjà choisi de faire.

Les psychologues connaissent depuis longtemps la force du principe de cohérence dans la détermination de nos actes. D'éminents théoriciens tels que Leon Festinger, Fritz Hieder, et Theodore Newcomb ont considéré le désir de cohérence comme un motivateur essentiel de notre comportement. Mais la tendance est-elle assez forte pour nous contraindre à faire ce que nous ne voudrions pas faire normalement ? Sans aucun doute. Le désir d'être et de paraître cohérent fournit aux exploiteurs une arme d'influence sociale extrêmement puissante. Il peut même nous pousser à agir de façon contraire à nos intérêts.

J'en veux pour preuve une expérience menée par le psychologue Thomas Moriarty, qui consistait à mettre en scène de faux vols à l'arraché sur une plage new-yorkaise dans le but d'observer si les témoins interviendraient, au risque de se prendre un mauvais coup. Pour cela, un assistant devait étendre sa serviette à quelques pas de celle d'une personne choisie au hasard. Après un bref moment passé à écouter la radio, le comparse du psychologue devait se relever, puis partir faire un tour en laissant ses affaires sur place. Quelques instants plus tard, un second chercheur, jouant le rôle du voleur, devait se saisir du poste de radio et s'enfuir avec son butin. Comme vous pouvez vous en douter, les sujets d'étude se montraient très peu enclins à se mettre physiquement en danger en s'opposant au malfaiteur : sur les vingt fois où la scène fut reproduite, seules quatre personnes s'y risquèrent. Mais l'expérience, tentée à vingt nouvelles reprises dans des conditions légèrement modifiées, donna alors des résultats nettement différents. Ce nouveau scénario se distinguait seulement du premier par le fait qu'avant de partir se promener, le propriétaire de la radio demandait à son voisin de bien vouloir surveiller ses affaires, ce qui était toujours accepté. Poussés par la loi de la cohérence, dix-neuf sujets sur vingt se transformèrent dès lors en authentiques zélateurs de l'autodéfense, courant après le voleur pour l'arrêter, lui demander des comptes, voire le neutraliser physiquement ou lui arracher des mains le poste de radio.

Pour comprendre pourquoi le désir de cohérence est une motivation si forte, il faut voir que dans la plupart des cas, la cohérence, du fait de son importance dans l'adaptation, est valorisée. Ainsi, l'inconséquence est généralement considérée comme un défaut. La femme qui change sans cesse d'avis se fait traiter de capricieuse, de cervelle d'oiseau. L'homme qui se laisse facilement influencer est un faible, incapable de se tenir à une décision. Quelqu'un dont les opinions, les paroles et les actes ne concordent pas peut être considéré comme incohérent, hypocrite, ou même déséquilibré. Au contraire, une cohérence sans faille va souvent de pair avec l'intelligence et la force de caractère. C'est la cohérence qui fonde la logique, la rationalité, la stabilité et l'honnêteté. Un commentaire attribué au grand chimiste britannique Michael Faraday indique l'importance qu'on accorde à la cohérence – quitte à la placer, parfois, au-dessus de la pertinence du jugement. Interrogé, à l'issue d'une conférence pendant laquelle il semblait avoir taxé d'erreur systématique un rival détesté, Faraday répondit avec un large sourire : « Il n'est pas cohérent à ce point. »

C'est pour cela, sans doute, que la cohérence de nos actes individuels est tellement valorisée dans notre civilisation. Il n'y a rien à redire à cela. La cohérence nous donne une assise solide dans ce monde. Sans elle nos vies seraient difficiles, marquées par l'incertitude et la discontinuité.

Cependant, comme il est généralement dans notre intérêt d'être cohérents, nous prenons trop aisément l'habitude de l'être systématiquement, même dans les situations où ce n'est pas l'attitude la plus raisonnable. Quand elle opère machinalement, la cohérence peut avoir des conséquences désastreuses. Et pourtant, même la cohérence aveugle a ses avantages.

D'abord, comme la plupart des autres formes de réactions automatiques, elle représente un raccourci dans le dédale de la vie moderne. Une fois notre opinion faite sur une question quelconque, la cohérence obstinée nous offre un luxe bien agréable : nous n'avons plus à réfléchir à la question. Nous n'avons plus à nous frayer un chemin dans l'enchevêtrement d'informations qui nous envahit, à repérer les faits intéressants parmi tous les autres ; nous n'avons plus besoin de dépenser notre énergie mentale à peser le pour et le contre ; nous n'avons plus besoin de faire des choix difficiles. Au lieu de tout cela, la seule chose que nous avons à faire quand cette question se repose à nous est d'enclencher notre cassette « cohérence », *clic*, et nous savons alors que penser, que dire, et que faire : il nous suffit de penser, dire ou faire ce qui concorde avec notre décision antérieure.

Un tel luxe n'est pas à dédaigner. Voilà une méthode commode et relativement efficace pour maîtriser sans effort un environnement quotidien qui demande beaucoup à nos facultés intellectuelles. Il s'ensuit tout naturellement que la cohérence automatique est une réaction difficile à contenir. Et comme l'écrivait Sir Joshua Reynolds : « Il n'y a aucun expédient auquel un homme ne soit prêt à recourir pour s'épargner l'effort et la peine de penser. » Grâce à nos cassettes « cohérence », nous voilà exemptés de cette corvée, libres de vaquer à nos occupations.

La cohérence systématique a un attrait supplémentaire, plus insidieux. Ce n'est pas forcément l'effort intellectuel nécessaire à la réflexion qui nous rebute ; ce peut être les dures conséquences de cette réflexion. Ce sont parfois les conclusions désagréables auxquelles nous conduit inexorablement la logique, qui nous incitent à la paresse mentale. Certaines choses nous dérangent et nous préférerions ne pas les connaître. Permettant une réaction préprogrammée et machinale, la cohérence automatique peut servir à masquer ces faits troublants. Bien à l'abri derrière les remparts d'une stricte cohérence, nous pouvons soutenir les assauts de la raison.

J'eus l'occasion, lors d'une conférence d'initiation donnée par un groupe de Méditation Transcendantale (MT), d'observer comment les individus peuvent s'abriter derrière un mur de cohérence pour se protéger des troublantes conséquences de la réflexion. La réunion était présidée par deux jeunes gens très sérieux et avait pour but de recruter de nouveaux membres. Le groupe prétendait proposer une forme de méditation particulière permettant d'atteindre tout ce qu'on pouvait désirer, depuis la simple paix intérieure jusqu'à des résultats plus spectaculaires, tels que la lévitation et la faculté de passer à travers les murs, au fur et à mesure que l'on franchissait les étapes (de plus en plus coûteuses) du programme.

J'avais décidé d'assister à la réunion pour observer les tactiques de persuasion utilisées dans de telles réunions de recrutement et j'avais amené un ami, professeur d'université, spécialiste de statistiques et de logique formelle. Tout au long de la réunion, alors que les conférenciers exposaient la théorie de la méditation transcendantale, je remarquai que mon ami s'agitait. Il semblait souffrir, s'agitait sur son siège, et finalement, il n'y tint plus. Quand le président, à la fin de la conférence, demanda s'il y avait des questions, il leva la main et, calmement, mais sûrement, mit en pièces l'argumentation des conférenciers. En moins de deux minutes, il avait mis en évidence les points par lesquels elle péchait comme contradictoires, illogiques et insoutenables. L'effet sur les conférenciers fut dévastateur. Après un silence embarrassé, ils tentèrent faiblement d'opposer des objections, s'arrêtant au milieu de leurs phrases pour se concerter et, finalement, durent admettre que les objections soulevées par mon collègue étaient intéressantes et « méritaient plus ample réflexion ».

Ce qui m'intéressait, quant à moi, c'était l'effet sur le public. Après les questions, une foule d'assistants se précipita pour payer les soixante-quinze dollars de l'inscription au groupe de MT. Les recruteurs trahirent des signes d'étonnement ravi. Après ce qui ressemblait à une démolition en règle de leurs discours de présentation, la réunion s'avérait un franc succès, suscitant un taux d'adhésion étonnamment élevé chez le public. Je ne savais que penser, et j'attribuai la réaction du public au fait qu'on n'avait pas compris la logique de l'argumentation de mon collègue. Or, il apparut que c'était précisément *l'inverse*.

À la sortie de la réunion, nous fûmes abordés par trois personnes qui avaient assisté à la conférence et qui avaient toutes trois payé l'inscription à l'issue de la conférence. Elles voulaient savoir pour quelle raison nous étions venus. Après avoir expliqué les motifs de notre intérêt nous leur posâmes la même question. L'un de nos interlocuteurs était un comédien débutant très désireux de réussir sa carrière ; il était venu à la réunion pour savoir si la MT lui permettrait d'atteindre une maîtrise de soi suffisante pour l'exercice de son art. Le deuxième souffrait d'insomnie persistante et espérait que la MT lui apprendrait à se détendre et lui permettrait de s'endormir sans difficulté. Le troisième participant servait de porte-parole au groupe. Il avait lui aussi un problème de sommeil. Il ne réussissait pas dans ses études parce qu'il n'avait pas le temps d'étudier autant qu'il l'aurait fallu. Il était venu à la réunion pour voir si la MT lui permettrait de réduire le temps de sommeil qui lui était nécessaire, et d'utiliser le temps ainsi gagné pour étudier. Il est intéressant de remarquer que les recruteurs lui avaient dit, de même qu'à l'insomniaque, que la Méditation Transcendantale pourrait résoudre ses problèmes.

Croyant toujours qu'ils avaient signé faute d'avoir compris les arguments de mon ami logicien, je les interrogeai sur certains aspects de la discussion. À ma grande surprise, je m'aperçus qu'ils avaient très bien compris l'intervention de mon ami ; trop bien, même. C'était précisément la pertinence de ses objections qui les avait incités à s'engager immédiatement. Le porte-parole du groupe s'en expliqua clairement : « Moi, je n'avais pas prévu de payer quoi que ce soit ce soir, parce que je suis un peu juste financièrement en ce moment. Je pensais attendre jusqu'à la réunion suivante. Mais quand votre ami s'est mis à parler, j'ai pensé qu'il valait mieux que je paye tout de suite, ou, une fois rentré chez moi, je me mettrais à réfléchir à tout ce qu'il avait dit, et je ne m'inscrirais *jamais.* »

Les choses semblaient plus claires tout à coup. Mes interlocuteurs étaient en butte à des difficultés bien réelles ; et ils voulaient à tout prix trouver un moyen de les vaincre. Leur quête était jusque-là désespérée, et voilà qu'à en croire les conférenciers, ils touchaient enfin au but. Poussés par le besoin, ils voulaient à toute force que la MT soit la solution.

C'est alors que, par la voix de mon collègue, parle la raison, démontrant que la théorie fondant la méthode salvatrice ne résiste pas à l'analyse. C'est la panique ! Il faut agir immédiatement avant que la logique ne l'emporte et ne les laisse à nouveau sans espoir. Il faut, de toute urgence, élever des remparts contre la raison ; et peu importe que ces remparts soient illusoires. « Vite, échapper à la pensée ! Tenez, prenez l'argent. Ouf, sauvés de justesse. Plus besoin de réfléchir à la question. » La décision est prise, et à partir de maintenant la cassette « cohérence » peut se dérouler chaque fois que c'est nécessaire : « La MT ? Bien sûr que je pense que cela va m'aider ; bien sûr que je veux continuer ; bien sûr que j'y crois, puisque j'ai payé... Ah, quel confort que la cohérence irréfléchie. Je vais m'y reposer un moment. C'est tellement plus confortable que l'angoisse de cette recherche par trop ardue. »

Si, comme il le semble, la cohérence automatique joue le rôle d'un bouclier contre la réflexion, il est naturel que cette même cohérence puisse aussi être exploitée par ceux qui préféreraient que nous ne réfléchissions pas trop quand ils nous soumettent à leur influence. Pour les exploiteurs, qui ont intérêt à ce que notre réaction à leurs requêtes soit purement réflexe, mécanique, notre tendance à la cohérence automatique est une véritable aubaine. Ils sont si habiles à faire jouer la cohérence à leur profit que, très souvent, nous ne nous apercevons même pas de la manœuvre. Dans un jiu-jitsu du meilleur style, ils établissent nos relations avec eux de telle sorte que c'est notre propre souci de cohérence qui produira pour eux un bénéfice.

Certains grands fabricants de jouets utilisent précisément cette approche pour pallier l'inconvénient du caractère saisonnier des ventes. La saison des jouets, naturellement, bat son plein dans la période qui précède

Noël. Les sociétés de jouets réalisent alors de confortables bénéfices. Mais malheureusement, les ventes de jouets connaissent un marasme complet pendant les deux mois suivants. Les clients ont déjà épuisé leur budget-jouets, et refusent catégoriquement d'en acheter d'autres à leurs enfants. Même les enfants dont les anniversaires tombent peu après les fêtes reçoivent moins de jouets, du fait de la récente débauche de cadeaux de Noël.

D'où le problème des fabricants : profiter de la fièvre de Noël et, en même temps, maintenir un certain niveau de demande pour les jouets dans les mois qui suivent. La difficulté ne consiste certainement pas à convaincre nos insatiables progénitures de réclamer une autre cargaison de cadeaux. Une suite de publicités télévisées irrésistibles placées au milieu des dessins animés du mercredi matin suffit à susciter la frénésie habituelle chez les bambins toujours prêts à réclamer, à pleurer et à tenter de nous enjôler, même hors saison. Non, le problème n'est certes pas d'exciter de nouveaux désirs chez les enfants après Noël.

Le problème est d'amener les parents du mois de janvier à dépenser l'argent qu'il leur reste pour acheter de nouveaux jouets à des enfants déjà comblés. Que peuvent faire les sociétés de jouets pour produire ce comportement peu raisonnable ? Certaines ont essayé de lancer de grandes campagnes publicitaires, d'autres de réduire les prix pendant la période creuse. Aucun de ces procédés classiques n'a été efficace. Ces deux tactiques sont à la fois coûteuses et impuissantes à élever suffisamment le niveau des ventes. C'est que les parents ne sont pas d'humeur à acheter des jouets, et l'influence de la publicité ou des prix réduits ne suffit pas à ébranler leur résolution.

Certains grands fabricants de jouets, pourtant, croient avoir trouvé un moyen. C'est un moyen ingénieux, n'engageant guère qu'une dépense ordinaire de publicité et reposant simplement sur la force active du besoin de cohérence. Cette stratégie des firmes de jouets m'a été révélée alors que, après y avoir succombé une première fois, en bon naïf, je récidivais.

C'était en janvier, et je me trouvais dans le plus grand magasin de jouets de la ville. Après y avoir acheté une charretée de cadeaux pour mon fils, un mois auparavant, je m'étais juré de ne plus pénétrer dans ce lieu redoutable, ni en aucun lieu semblable, pendant un certain temps. Et pourtant j'étais là, non seulement dans cet endroit diabolique, mais en train d'acheter pour mon fils un coûteux jouet de plus, un grand circuit de courses pour voitures miniatures. Devant le rayon des circuits, je me trouvai nez à nez avec un ex-voisin en train d'acheter le même jouet pour son fils. L'étonnant, c'était que nous n'avions jamais l'occasion de nous rencontrer ; et d'ailleurs, la dernière fois où cela s'était produit, c'était dans ce même magasin où nous achetions tous les deux pour nos fils un coûteux cadeau d'après-Noël ; cette fois-là, c'était un robot qui marchait et parlait. Cette étrange habitude de nous voir une fois par an, à la même époque, au même endroit, en train de faire la même chose nous parut cocasse. Un peu plus tard, je racontai cette coïncidence à un ami qui, je l'appris ce jour-là, avait travaillé dans le jouet.

« Ce n'est pas une coïncidence, me dit-il d'un air entendu.

— Comment ça, ce n'est pas une coïncidence ?

— Attends, me dit-il, laisse-moi te poser quelques questions sur ce circuit que tu as acheté cette année. D'abord, est-ce que tu avais promis à ton fils qu'il l'aurait pour Noël ?

— Oui ; Christopher avait vu une série de publicités

pour ces circuits pendant les dessins animés du mercredi matin, et il a dit que c'était ce qu'il voulait pour Noël. J'ai vu quelques publicités moi aussi, et ça avait l'air pas mal, alors j'ai dit d'accord.

— Un point pour moi, annonça-t-il. Deuxième question. Quand tu es allé l'acheter, ne t'es-tu pas aperçu qu'aucun magasin n'en avait plus ?

— C'est vrai ! On m'a dit qu'ils étaient en commande mais qu'on ne savait pas quand on les recevrait. Alors j'ai dû acheter à Christopher d'autres jouets pour remplacer le circuit. Mais comment le sais-tu ?

— Deux points pour moi. Encore une question. Est-ce qu'il ne s'est pas passé la même chose l'année dernière avec le robot ?

— Attends… mais c'est vrai ! Il s'est passé la même chose. C'est incroyable. Comment le sais-tu ?

— Ce n'est pas de la divination. Il se trouve que je sais comment plusieurs grandes sociétés de jouets s'arrangent pour stimuler leurs ventes de janvier et février. Elles lancent avant Noël des publicités télévisées pour certains jouets particuliers. Les enfants, bien sûr, veulent avoir ce qu'ils ont vu à la télévision et arrachent à leurs parents la promesse qu'ils l'auront pour Noël. C'est là que la tactique de ces firmes tient du génie. Elles n'approvisionnent *pas suffisamment* les magasins pour ces jouets que les parents ont promis. La plupart des parents n'arrivent pas à les trouver et sont obligés de les remplacer par d'autres jouets d'égale valeur. Les fabricants, naturellement, s'arrangent pour fournir aux distributeurs quantité de ces substituts. Ensuite, une fois Noël passé, les firmes relancent la publicité sur les premiers jouets. Cela réveille l'ardeur des enfants à réclamer le jouet. Les parents sont assaillis de “Mais tu avais promis” et les adultes doivent aller, en traînant les pieds, au magasin de jouets pour être fidèles à leur parole.

— Et là, dis-je, écumant presque, ils rencontrent d'autres parents qu'ils n'ont pas vus depuis un an, pris au piège une fois de plus, c'est ça ?

— C'est ça. Eh, où vas-tu comme ça ?

— Je vais rapporter ce circuit au magasin. J'étais si furieux que je criais presque.

— Attends. Réfléchis une minute. Pourquoi est-ce que tu l'as acheté ?

— Parce que je ne voulais pas décevoir Christopher et parce que je voulais lui montrer qu'il faut tenir ses promesses.

— Eh bien, qu'est-ce qui a changé depuis ce matin ? Écoute, si tu rapportes le circuit maintenant, il ne comprendra pas. Il comprendra seulement que son père n'a pas tenu sa promesse. C'est ça que tu veux ?

— Non, soupirai-je, bien sûr. Alors, tu me dis qu'ils font un double bénéfice sur mon dos, et je ne m'en suis jamais rendu compte. Et maintenant que je le sais, je n'ai aucun moyen de m'en sortir, je suis prisonnier de mes propres paroles. Alors, si je comprends bien, tu marques le troisième point.

— Exact. Et toi, tu as perdu. »

L'engagement

Une fois que nous avons établi la formidable puissance du désir de cohérence, il se pose immédiatement une question d'ordre pratique : comment cette puissance peut-elle être mise en jeu ? Qu'est-ce qui déclenche le déclic fatidique de la cassette « cohérence » ? À cette question, la psychologie sociale répond : c'est l'engagement. Si je peux vous pousser à un engagement quelconque (c'est-à-dire à prendre position, publiquement), j'aurai préparé le terrain et pourrai vous pousser à vous en tenir, avec une cohérence automatique et inconsidérée, à cet engagement. Lorsqu'on a pris une position, on a naturellement tendance à se comporter de façon obstinément cohérente avec cette position.

Comme nous l'avons vu, les psychologues ne sont pas seuls à connaître le lien entre engagement et cohérence. Les stratégies d'engagement sont utilisées contre nous par toutes sortes de professionnels de la persuasion. Toutes ces stratégies ont pour objectif de nous pousser à des actes ou à des déclarations qui nous enferment dans une attitude docilement cohérente. Les procédés visant à créer un engagement prennent diverses formes. Certains sont assez directs ; d'autres sont, de tous les procédés de persuasion que nous verrons, parmi les plus insidieux.

Supposons que, membre d'une œuvre de bienfaisance, vous souhaitiez augmenter le nombre de volontaires prêts à faire du porte-à-porte dans votre quartier pour récolter des fonds. Vous auriez tout intérêt à vous pencher sur la méthode adoptée par le socio-psychologue Steven J. Sherman. Celui-ci interrogea simplement un échantillon d'habitants de l'Indiana sur ce qu'ils répondraient si on leur demandait de consacrer trois heures à faire la quête au profit de la Ligue américaine contre le cancer. Bien entendu, peu enclins à passer pour des égoïstes aux yeux de l'enquêteur, ni vis-à-vis d'eux-mêmes, ils furent nombreux à déclarer qu'ils accepteraient. Cette sournoise manœuvre se traduisit par une multiplication par huit du nombre de volontaires lorsque, quelques jours plus tard, un bénévole de l'œuvre en question les sollicita pour quadriller leur voisinage. Usant de la même stratégie, une équipe d'enquêteurs dirigée par le socio-psychologue Anthony Greenwald questionna des habitants de l'Ohio sur leurs intentions de vote lors d'une prochaine élection présidentielle. Cela eut pour effet d'augmenter de manière significative le taux de participation de cet échantillon de population.

Les spécialistes de la collecte de fonds par téléphone ont mis au point une autre méthode, encore plus astucieuse. Ils veillent à vous demander des nouvelles de votre santé : « Bonjour, monsieur ou madame Lacible, tout va bien pour vous, vous êtes en forme ? » Le but de cette entrée en matière n'est pas seulement de donner une impression de sympathie, d'intérêt pour votre personne, mais aussi de vous amener à y répondre par un commentaire poli et superficiel, comme il est de bon ton de le faire dans de telles circonstances : « Ça peut aller » ou « Je tiens la forme » ou « Tout va pour le mieux, merci ». Maintenant que vous avez ouvertement déclaré votre parfaite santé, il devient beaucoup plus facile pour votre interlocuteur de vous coincer en vous demandant de l'argent pour ceux qui n'ont pas votre chance : « Je suis ravi de l'apprendre, car je vous appelle pour savoir si vous souhaiteriez faire un don au profit des malheureuses victimes de… »

Cette tactique repose sur une théorie selon laquelle quelqu'un qui vient de dire qu'il va bien, même par convenance, ose difficilement se montrer avare, compte tenu du privilège dont il bénéficie de son propre aveu. Cela vous semble un tantinet tiré par les cheveux ? Voyez les résultats d'une expérience menée dans le but de vérifier la véracité de cette théorie par Daniel Howard, spécialiste des enquêtes auprès des consommateurs. Il fut demandé par téléphone à des habitants de Dallas, au Texas, s'ils seraient d'accord pour recevoir chez eux un membre du Comité contre la faim et lui acheter des gâteaux, les bénéfices de cette action devant servir à procurer des repas à des personnes dans le besoin. Effectuée telle quelle, cette demande (dite « standard ») ne procura que dix-huit pour cent de résultats favorables. Quand, en revanche, l'appelant commençait par interroger son interlocuteur sur son état de santé et n'embrayait sur la demande standard qu'après avoir écouté sa réponse, on observa plusieurs réactions dignes d'intérêt. Tout d'abord, sur les cent vingt personnes contactées, une majorité (cent huit) répondirent, comme il se doit, qu'elles allaient bien. En outre, trente-deux pour cent d'entre elles acceptèrent la visite du vendeur de gâteaux, soit presque deux fois plus que le résultat obtenu par la méthode standard. Enfin, conformément au principe de cohérence, la quasi-totalité (quatre-vingt-neuf pour cent) de celles qui s'étaient déclarées d'accord pour recevoir le vendeur de gâteaux lui en achetèrent effectivement lors de son passage.

Pour s'assurer que le succès de cette méthode n'était pas dû au simple fait qu'un appelant qui l'emploie paraît plus courtois et plus soucieux de son prochain qu'un autre, Daniel Howard entreprit une nouvelle expérience. Cette fois, la conversation commençait soit par la question : « Comment allez-vous ? » (dont l'enquêteur attendait la réponse avant de poursuivre), soit par la phrase suivante : « J'espère que vous allez bien », enchaînant directement sur la demande standard. Dans un cas comme dans l'autre, l'entrée en matière était amicale, chaleureuse. Pourtant, la première « accroche » s'avéra, de loin, produire de meilleurs effets que la seconde (trente-trois pour cent de réussite, contre quinze), car elle seule amenait les cibles visées à s'engager de façon publique et exploitable. Remarquons, en outre, que les résultats positifs obtenus auprès de ces personnes furent doublement supérieurs alors même que, lors de l'appel téléphonique, elles avaient pu penser ne donner qu'une réponse sans conséquence à une question tout à fait anodine. Une fois de plus, il s'agissait là d'une belle illustration de l'efficacité du jiu-jitsu social.

L'efficacité d'un engagement dépend de plusieurs facteurs, qui le rendent plus ou moins apte à infléchir notre comportement futur. On peut en trouver la meilleure illustration dans une entreprise de persuasion qui fut réalisée sur une grande échelle. Il est remarquable que cette entreprise se soit appuyée de façon systématique sur ces facteurs, bien avant que ceux-ci aient été définis par la science.

Pendant la guerre de Corée, beaucoup de soldats américains se trouvèrent retenus dans des camps de prisonniers dirigés par les communistes chinois. Dès le début de la guerre, on s'aperçut que les Chinois traitaient leurs prisonniers tout autrement que leurs alliés nord-coréens, qui recouraient aux brutalités et aux sévices pour briser la volonté des captifs. Extrêmement soucieux d'éviter jusqu'à l'apparence de violence, les Chinois entreprirent, selon leurs propres termes, une politique de douceur, qui était en fait une très subtile, et très délibérée, agression psychologique sur la personne de leurs prisonniers. Après la guerre, les psychologues américains interrogèrent longuement les prisonniers rapatriés pour établir ce qui s'était passé. Une enquête approfondie fut menée, en raison notamment des effets déstabilisants de certains aspects de la méthode des Chinois. Ainsi, les Chinois réussissaient très bien à pousser les Américains à se dénoncer les uns les autres, ce qui offrait un contraste frappant avec le comportement des prisonniers américains pendant la Deuxième Guerre mondiale. De ce fait, les plans d'évasion étaient rapidement découverts et les tentatives en ce sens échouaient presque toujours. « Quand une évasion se produisait, écrit le Dr Edgar Schein, un des enquêteurs chargés d'étudier le programme d'endoctrinement des Chinois, les Chinois arrivaient très facilement à récupérer le fugitif en offrant un sac de riz à quiconque permettrait de le retrouver. » Et de fait, presque tous les prisonniers américains dans les camps chinois semblent avoir collaboré avec l'ennemi d'une façon ou d'une autre[2].

L'examen de la méthode utilisée dans les camps de prisonniers chinois montre que celle-ci reposait en grande partie sur la pression de l'engagement et de la cohérence pour obtenir la soumission des prisonniers. Naturellement, la première difficulté était de s'assurer une collaboration, si infime soit-elle, de la part des Américains. Ces hommes étaient entraînés à ne livrer que leur nom, leur grade et leur matricule. En dehors des violences physiques, comment pouvait-on espérer les amener à donner des informations d'ordre militaire, à dénoncer leurs camarades, ou à renier publiquement leur pays ? La réponse des Chinois était simple : petit à petit.

Ainsi, les prisonniers étaient fréquemment priés de faire des déclarations légèrement anti-américaines ou pro-communistes, mais si légèrement que cela ne semblait pas tirer à conséquence (« Tout n'est pas parfait aux États-Unis » « Dans un pays communiste, il n'y a pas de problème de chômage »). Mais après s'être soumis à ces exigences assez modestes, les hommes étaient poussés à en accepter d'autres du même genre, mais un peu plus fortes. Un homme qui venait d'accorder à son interrogateur que tout n'était pas parfait aux États-Unis se voyait demander d'indiquer les choses qui n'allaient pas aux États-Unis. Quand il s'était expliqué, on lui demandait d'écrire la liste de ces « problèmes » et de la signer. Ensuite, on pouvait par exemple lui demander de lire cette liste au cours d'une réunion avec les autres prisonniers. « C'est bien ce que vous pensez, n'est-ce pas ? » Un peu plus tard, on lui demanderait d'exposer par écrit et en détail tous les problèmes qu'il avait reconnus.

Les Chinois pouvaient alors utiliser son nom et son texte au cours d'une émission de propagande diffusée, non seulement dans tout le camp, mais aussi dans d'autres camps de prisonniers en Corée du Nord ainsi que devant les troupes américaines de Corée du Sud. Le prisonnier se retrouvait soudain collaborateur, il avait prêté son concours à la propagande de l'ennemi. Sachant qu'il n'avait pas écrit ce texte directement sous la menace, bien souvent, le prisonnier se voyait sous un nouveau jour, concordant avec ses actes et avec l'étiquette de « collaborateur » qu'on venait de lui apposer ; et c'est pourquoi il finissait par collaborer activement. Ainsi, « rares furent ceux qui purent éviter totalement la collaboration, écrit le Dr Schein. La majorité des hommes collaborèrent d'une façon ou d'une autre par des actes qui leur semblaient sur le moment sans conséquence, mais que les Chinois savaient retourner à leur avantage... La méthode était particulièrement efficace pour extraire aux prisonniers américains aveux, autocritiques, et renseignements pendant l'interrogatoire[3]. »

Si l'armée chinoise connaissait la force subtile de ce genre de méthode, d'autres organismes intéressés par la persuasion sont conscients de son efficacité. Nombre d'organismes commerciaux y ont recours régulièrement.

Pour le vendeur, la stratégie consiste à réussir une grosse vente en commençant par une petite. La nature du premier achat importe peu car le but n'est pas de produire un bénéfice. Le but est de produire un engagement. D'autres achats, même beaucoup plus importants, sont supposés découler tout naturellement de cet engagement. Un article de la revue *American Salesman* explique la chose :

> « Il s'agit de préparer la voie aux futures commandes en commençant par un petit achat… Considérez-le ainsi : quand une personne a commandé un des articles que vous proposez, même si le bénéfice est si faible qu'il compense à peine le temps passé et les efforts déployés, vous n'avez plus affaire à un consommateur quelconque, mais à un client[4]. »

La tactique consistant à commencer par une petite requête afin d'ouvrir la voie à d'autres requêtes est bien connue : c'est la technique du pied dans la porte. Son efficacité a été reconnue dans les années 1960 quand les psychologues Jonathan Freedman et Scott Fraser publièrent des résultats étonnants[5]. Il s'agissait d'une expérience réalisée dans une banlieue résidentielle de Californie. Un enquêteur, se présentant comme un travailleur bénévole, allait présenter à tous les résidents d'un quartier résidentiel une requête exorbitante. Les propriétaires étaient priés de laisser apposer sur leur pelouse une pancarte en faveur de la sécurité routière. Pour qu'ils aient une idée de l'effet que produirait la pancarte, on leur montrait une photo d'une jolie maison dont la façade était presque entièrement obscurcie par un immense panneau, portant, dans une graphie très laide, l'inscription PRUDENCE AU VOLANT. Alors que la requête était très naturellement rejetée par la grande majorité (quatre-vingt-trois pour cent) des autres habitants du quartier, ce groupe particulier de gens réagit très favorablement. Soixante-seize pour cent d'entre eux acceptèrent de prêter leurs pelouses.

La raison principale de cette étonnante bonne volonté se trouve dans quelque chose qui leur était arrivé quinze jours auparavant : ils s'étaient engagés dans une petite action en faveur de la sécurité sur les routes. Un autre « bénévole » s'était présenté chez eux et leur avait demandé d'accepter d'apposer une petite pancarte (20 cm^2) avec l'inscription SOYEZ UN BON CONDUCTEUR. La requête était si minime que presque tous ces habitants avaient accepté. Mais les effets de cette acceptation furent énormes. Parce qu'ils avaient accepté, en toute innocence, une requête minime en faveur de la sécurité routière quelques jours auparavant, ces habitants devinrent tout à fait disposés à en accepter une bien plus importante.

Freedman et Fraser n'en restèrent pas là. Ils essayèrent un procédé légèrement différent sur un troisième groupe d'habitants. Ces habitants reçurent d'abord une pétition à signer, pour « préserver la beauté de notre Californie ». Naturellement, presque tout le monde signa, car préserver la beauté d'une région, de même que disposer d'un gouvernement efficace ou assurer une bonne prévention prénatale, est une ambition que personne ne peut trouver illégitime. Quinze jours plus tard, Freedman et Fraser envoyèrent un autre « bénévole » chez ces habitants pour leur demander d'accepter qu'on érige le grand PRUDENCE AU VOLANT sur leur pelouse. Leur réaction est en un sens la plus étonnante de toutes celles produites par cette expérience. La moitié d'entre eux environ accepta l'installation du panneau. Et pourtant, le petit engagement qu'ils avaient pris quelques jours plus tôt n'avait rien à voir avec la sécurité sur les routes, puisqu'il s'agissait d'un autre sujet d'intérêt général, la beauté de la région.

Au premier abord, Freedman et Fraser furent les premiers étonnés de ces résultats. Pourquoi le simple fait de signer une pétition pour la défense de la beauté de l'État rendrait-il les gens si complaisants devant une tout autre requête, qui les engageait bien plus ? Après avoir envisagé d'autres explications, Freedman et Fraser en proposèrent une qui permettait de rendre compte du phénomène : le fait de signer la pétition pour la défense du paysage avait modifié l'opinion que ces gens avaient d'eux-mêmes. Ils se considéraient désormais comme des citoyens soucieux de l'intérêt général et guidés par leur seul esprit civique. Lorsque, quinze jours après, on leur avait demandé de rendre à nouveau service à la communauté en acceptant devant chez eux le panneau PRUDENCE AU VOLANT, ils avaient accepté afin de se montrer cohérents avec la nouvelle image qu'ils avaient d'eux-mêmes. Selon Freedman et Fraser,

> « ce qui se produit sans doute, c'est un changement dans les sentiments de l'individu vis-à-vis de l'engagement et de l'action positive. Une fois qu'il a accepté la proposition, il devient à ses propres yeux le genre de personne qui s'engage de la sorte, qui accepte de collaborer avec des inconnus, qui s'engage pour obéir à ses convictions, qui soutient des causes justes[6]. »

La leçon à tirer des découvertes de Freedman et Fraser est donc d'y réfléchir à deux fois avant d'accepter de se prêter à des actions, même minimes. Notre consentement peut non seulement nous amener à accepter d'autres propositions similaires, quoique bien plus importantes, mais aussi nous disposer favorablement à l'égard de requêtes exorbitantes qui n'ont qu'un rapport lointain avec le petit service que nous avons rendu d'abord. C'est cette deuxième forme d'influence, plus générale, que je trouve inquiétante.

Cela m'inquiète à tel point que je refuse presque toujours de signer les pétitions, même pour les causes que je défends. Ma signature a le pouvoir d'influencer, non seulement mon comportement futur, mais aussi l'idée que je me fais de moi-même, de façon peut-être non désirée. Et une fois ce résultat atteint, celui qui désire m'exploiter peut en tirer quantité d'avantages invisibles.

Qui parmi les sujets de l'expérience Freedman et Fraser aurait pensé que le « bénévole » qui leur demandait de signer une pétition pour la défense de la beauté de la région voulait en fait leur faire accepter un panneau pour la sécurité routière quinze jours plus tard ? Et lequel d'entre eux aurait pu soupçonner que sa décision d'autoriser le panneau s'expliquait par le fait qu'il avait signé la pétition ? Aucun, à mon avis. S'il y avait eu quelques regrets une fois le panneau érigé, à qui auraient-ils pu s'en prendre sinon à *eux-mêmes* et à leur civisme malvenu ? Ils n'auraient sans doute même pas pensé au porteur de la pétition « préserver la beauté de notre Californie », encore moins à l'art du jiu-jitsu.

Remarquez que toutes les utilisations du pied-dans-la-porte se fondent sur le même principe, qui est qu'on peut, à partir de petits engagements, manipuler l'idée qu'un individu se fait de lui-même. On peut changer le citoyen ordinaire en personne soucieuse de l'intérêt général, le consommateur quelconque en client, le prisonnier de guerre en collaborateur. Et lorsqu'on a modifié cette image de l'individu de la façon voulue, celui-ci se conforme *tout naturellement* à ce que vous lui demandez dans la ligne de son nouveau personnage.

Tous les engagements n'affectent pas l'image de l'individu. Il faut que certaines conditions soient réunies pour que le procédé soit efficace. Pour en avoir la preuve, il suffit d'examiner à nouveau l'expérience des Américains dans les camps de prisonniers chinois en Corée. Il faut savoir que l'objectif premier des Chinois n'était pas d'arracher des renseignements à leurs prisonniers. Les Chinois voulaient avant tout endoctriner les soldats américains, changer leurs opinions : leur façon de se considérer eux-mêmes, de considérer leur système politique, le rôle joué par leur pays dans la guerre et le communisme. Les faits montrent que les méthodes chinoises ont eu une efficacité inquiétante.

Le Dr Henry Segal, responsable de l'équipe de neuropsychiatres qui examina les prisonniers américains à leur retour, la guerre finie, indique que leurs opinions concernant cette guerre s'étaient notablement transformées. La majorité des hommes étaient convaincus que les États-Unis avaient utilisé l'arme bactériologique, comme le prétendaient les Chinois. Beaucoup d'entre eux pensaient que leur pays avait été l'agresseur responsable du déclenchement de la guerre. Et les Chinois avaient réussi à ouvrir des brèches du même ordre dans les convictions politiques de ces hommes.

> « Beaucoup d'entre eux exprimaient leur antipathie à l'égard des communistes chinois, mais en même temps pensaient que ceux-ci avaient fait du bon travail en Chine. » D'autres déclaraient : « Le communisme, ça ne marcherait pas en Amérique, mais je pense que c'est une bonne chose pour l'Asie[7]. »

Le véritable but des Chinois était de modifier, au moins pour un temps, les cœurs et les esprits de leurs prisonniers. Si nous mesurons leur réussite en termes de « désertion, déloyauté, démoralisation, retournement d'attitude et d'opinion, atteinte à la discipline et à l'esprit de corps », le Dr Segal conclut que leurs efforts ont été couronnés de succès. La manipulation de l'engagement a donc très bien servi l'agression menée par les Chinois sur les esprits. C'est pourquoi il nous sera utile d'examiner de plus près leurs tactiques.

L'acte magique

Les meilleurs indices de ce que les gens sentent et croient réellement se trouvent moins dans leurs paroles que dans leurs actes. Quelqu'un qui s'efforce de découvrir la personnalité d'un homme observe ce qu'il fait. Ce que les Chinois ont découvert, c'est que l'homme lui-même utilise les mêmes indices pour connaître sa propre personnalité. Son comportement lui révèle beaucoup de choses sur lui-même ; c'est pour lui la première source d'information sur ses propres opinions et ses propres valeurs. Comprenant parfaitement cet important principe d'auto-observation, les Chinois ont organisé les camps de prisonniers de sorte que les prisonniers agissent continûment de la façon désirée. Avant longtemps, ces actions amèneraient leurs auteurs à adopter une nouvelle vision d'eux-mêmes, dans la ligne de leur propre comportement.

Les Chinois pressaient dans tous les cas les soldats américains d'écrire afin de confirmer leurs positions. Il ne suffisait jamais d'écouter simplement ou même d'approuver verbalement les discours ; il fallait toujours écrire en plus. Les Chinois étaient si désireux d'obtenir une déclaration écrite que si un prisonnier ne voulait pas écrire de lui-même la réponse désirée, on le pressait de la copier. Le psychologue américain Edgar Schein décrit en ces termes la tactique utilisée au cours des séances d'endoctrinement :

> « Une autre méthode consistait à faire écrire par le prisonnier les questions, puis les réponses (procommunistes). S'il refusait de l'écrire directement, on lui demandait de le copier d'après le mémorandum, ce qui devait sembler une concession assez raisonnable. »

Ah, ces petites concessions ! Nous avons déjà vu comment des engagements apparemment sans conséquence peuvent entraîner d'extraordinaires comportements par la suite. Les Chinois savaient que, en tant que procédé d'engagement, une déclaration écrite a de grandes vertus. D'abord, elle constitue une preuve matérielle. Après avoir écrit ce que voulaient les Chinois, il était difficile de croire qu'on ne l'avait pas fait. Il n'existait aucune possibilité pour le soldat d'oublier, ou de nier, comme c'était le cas quand la déclaration était purement verbale. Il voyait ce texte écrit de sa main, preuve d'un acte irréversible qui le conduisait à mettre ses opinions et sa personnalité en accord avec l'acte qu'il avait indéniablement commis.

Le deuxième avantage de la déclaration écrite est de pouvoir être montrée à d'autres personnes. Bien sûr, cela veut dire qu'elle peut être utilisée pour persuader ces autres personnes. Elle peut les persuader de changer leur propre attitude dans le sens suggéré par la déclaration. Mais, ce qui est encore plus important pour l'engagement, cela peut les persuader que l'auteur croyait réellement ce qu'il écrivait. Les gens ont une tendance naturelle à croire qu'une déclaration reflète l'opinion véritable de la personne qui la fait. Ce qui est surprenant, c'est qu'ils ne changent pas d'opinion quand ils savent que l'auteur de la déclaration n'était pas libre de son choix.

Ce phénomène a été mis en évidence scientifiquement par les psychologues Edward Jones et James Harris. Lors d'une expérience, ils présentèrent à différentes personnes un texte favorable à Fidel Castro en leur demandant de deviner les véritables sentiments de son auteur[8]. Jones et Harris dirent à certaines des personnes interrogées que l'auteur avait choisi d'écrire un texte favorable à Castro ; à d'autres, que l'on avait demandé à l'auteur d'écrire en faveur de Castro. Or même ceux qui savaient que l'auteur avait été prié d'écrire en faveur de Castro estimèrent que l'auteur avait de la sympathie pour Castro… On dirait qu'une déclaration engagée produit un déclic chez ceux qui en sont témoins. À moins que tous les faits indiquent le contraire, les observateurs supposent automatiquement la sincérité de l'auteur d'une déclaration.

Voyez l'effet à double détente produit sur un prisonnier qui a écrit un texte prochinois ou anti-américain. Ce texte sert à la fois à lui rappeler par la suite ses propres actes, et à persuader son entourage que la déclaration représente ses véritables convictions. Et comme nous le verrons dans le chapitre 4, ce que croit notre entourage a une importance énorme, car cela détermine ce que nous croirons à notre tour. C'est ainsi par exemple que, d'après une enquête réalisée à New Haven, Connecticut, après avoir entendu qu'on les considérait comme des personnes charitables, les ménagères de New Haven, Connecticut, donnaient beaucoup plus d'argent à un quêteur de l'Association d'aide aux victimes de la sclérose en plaques[9]. Apparemment le fait de savoir qu'on les considérait comme des gens charitables poussait ces femmes à aligner leurs actions sur l'idée qu'autrui se faisait d'elles.

Quand l'engagement existe positivement, l'image du sujet se trouve soumise à des pressions internes et externes. De l'intérieur, le sujet se sent poussé à mettre son image en conformité avec ses actes. De l'extérieur, il est conduit, plus sournoisement encore, à adapter son image à la façon dont les autres le voient. Et comme les autres pensent que nous croyons ce que nous avons écrit (même si nous n'avons guère de liberté de choix), nous nous sentirons à nouveau poussés à mettre notre opinion en accord avec nos déclarations écrites.

En Corée, on utilisait divers procédés pour amener, sans coercition directe, les prisonniers à écrire ce que les Chinois voulaient qu'ils écrivent. Ainsi, les Chinois savaient que leurs prisonniers tenaient à faire savoir à leurs familles qu'ils étaient vivants. En même temps, les soldats savaient que leurs geôliers censuraient le courrier et que seules certaines lettres arrivaient à franchir le barrage. Pour être sûrs que leurs lettres soient expédiées, certains prisonniers commencèrent à inclure dans leurs messages des appels à la paix, des assurances qu'ils étaient bien traités, et des déclarations favorables au communisme. Ils espéraient que les Chinois voudraient que leurs lettres soient lues, et donc, les feraient partir. Naturellement, les Chinois étaient ravis de coopérer car ces lettres servaient leurs intérêts au mieux. D'abord, leur propagande internationale ne pouvait rêver mieux que ces opinions procommunistes professées par des soldats américains. Ensuite, du point de vue de l'endoctrinement des prisonniers, ils avaient, sans recourir le moins du monde à la violence physique, amené de nombreux soldats à soutenir publiquement la cause chinoise.

Une méthode similaire comportait des concours de textes politiques qui étaient régulièrement organisés dans le camp. Les prix offerts aux vainqueurs étaient invariablement minimes – quelques cigarettes ou quelques fruits – mais ces marchandises étaient assez rares pour que les hommes soient intéressés par le concours. En général, le texte qui remportait le prix était celui qui prenait une position nettement procommuniste… mais pas toujours. Les Chinois étaient assez avisés pour se rendre compte que la plupart des prisonniers ne participeraient pas à un concours qu'ils ne pouvaient gagner qu'en écrivant un tract communiste. Ils étaient aussi assez habiles pour savoir semer chez ces hommes des sentiments d'engagement envers le communisme qui, avec des soins attentifs, pourraient croître et embellir par la suite. C'est pourquoi, de temps à autre, le prix couronnait un texte qui soutenait de façon générale les États-Unis tout en faisant une ou deux concessions à la position chinoise. Les effets de cette stratégie furent très satisfaisants. Les hommes continuèrent à participer volontairement aux concours parce qu'ils voyaient qu'on pouvait gagner avec un texte défendant la position de leur pays. Mais sans même s'en rendre compte, ils commencèrent à gauchir légèrement leurs textes pour les rendre un peu plus favorables au communisme, afin d'accroître leurs chances de gagner. Les Chinois étaient prêts à saisir au vol toute concession au dogme communiste et à faire jouer la pression exercée par le souci de cohérence. Dans le cas d'une déclaration écrite volontairement, ils disposaient de l'engagement idéal ; à partir de là, ils pouvaient bâtir tout un plan de collaboration et de conversion.

D'autres professionnels de la persuasion connaissent le pouvoir d'engagement que représentent les déclarations écrites. Par exemple, la société Amway, au développement exceptionnel, a trouvé un moyen de pousser son personnel à améliorer sans cesse ses performances. Les vendeurs doivent fixer des objectifs individuels, et s'engagent vis-à-vis de ces buts en les couchant sur le papier :

> « Un dernier conseil avant de commencer : fixez-vous un objectif et *écrivez-le*. Quel que soit l'objectif, l'important est de le fixer pour savoir ce que vous recherchez, et donc, de l'écrire. Il y a un élément de magie dans le fait d'écrire quelque chose. Donc fixez-vous un objectif et écrivez-le. Lorsque vous l'aurez atteint, fixez-en un autre et écrivez-le aussi. Vous verrez le résultat[10]. »

Si la société Amway a découvert « un élément de magie dans le fait d'écrire », elle n'est pas la seule à avoir fait cette découverte. Certaines sociétés de vente au porte-à-porte utilisent la magie des engagements écrits pour contrer les lois instaurant un délai de réflexion votées dans certains pays. Ces lois permettent aux clients d'annuler le contrat quelques jours après la vente sans aucune perte financière. À première vue, cette législation est un mauvais coup porté aux sociétés de vente par démarchage. Ces sociétés ayant largement recours à la pression sur le client, celui-ci achète souvent, non parce qu'il désire le produit mais parce qu'on le pousse à l'achat, par intimidation et par ruse. Quand les nouvelles lois entrèrent en vigueur, les clients se mirent à annuler en masse.

Les sociétés ont depuis découvert un procédé extrêmement simple qui réduit le nombre de ces annulations de façon spectaculaire. Il suffit de faire remplir le contrat de vente, non par le vendeur, mais par l'acheteur. Selon le programme de formation d'une importante société d'encyclopédies, cet engagement personnel à lui seul s'est avéré « un atout psychologique essentiel pour empêcher les clients de résilier leurs contrats ». Comme la société Amway, ces organismes estiment donc qu'il se produit quelque chose de particulier quand les individus couchent leur engagement sur le papier : ils se conforment à ce qu'ils ont écrit.

Une autre façon pour les entreprises commerciales de se reposer sur la « magie » des déclarations écrites est de recourir à un moyen de promotion à l'apparence innocente. Avant de commencer à étudier les armes d'influence, je me demandais pourquoi de grandes sociétés telles que Procter & Gamble ou General Foods organisent sans cesse des concours du genre « votre avis en 25, en 50, ou en 100 mots maximum ». Tous ces concours se ressemblent. Les candidats doivent composer un petit texte commençant par les mots : « J'aime tel produit parce que » et continuer en détaillant les qualités de la préparation pour pâtisserie ou de la cire à parquets en question. La société départage les concurrents et accorde des prix très élevés aux gagnants. Je me demandais ce que les sociétés retiraient de l'opération. Très souvent, il n'y a aucune obligation d'achat ; toute personne présentant un texte peut participer au concours. Or les sociétés semblent curieusement désireuses d'engager les frais nécessaires à tous ces concours successifs.

Je ne me le demande plus. L'objectif caché de ces concours est le même que celui des concours d'articles politiques des communistes chinois. Dans les deux cas, le but est d'amener le plus de gens possible à affirmer publiquement qu'ils aiment le produit. En Corée, le produit était une variété de communisme ; en Europe, ce peut être une marque de crème de beauté. Peu importe le type de produit ; le processus est le même. Les participants, appâtés par des prix alléchants qu'ils ont peu de chance de gagner, écrivent volontairement des textes. Mais ils savent que, pour qu'un texte ait la moindre chance de gagner, il faut qu'il vante les qualités du produit. Ils trouvent donc les aspects positifs du produit et les exposent dans leur texte. C'est ainsi que des centaines d'hommes en Corée ou des centaines de milliers de consommateurs en Occident témoignent par écrit de la qualité du produit et sont soumis de la sorte au pouvoir « magique » de la chose écrite.

L'œil public

L'une des raisons pour lesquelles les témoignages écrits sont si efficaces pour induire un véritable changement d'opinion est qu'ils peuvent être rendus publics avec la plus grande facilité.

L'expérience des prisonniers en Corée a montré que les Chinois savaient appliquer un important principe de psychologie : les engagements rendus publics sont des engagements durables. Les Chinois faisaient en sorte que les déclarations procommunistes de leurs prisonniers soient connues de leurs camarades. L'auteur d'un texte qui avait été apprécié des Chinois, par exemple, en trouvait des copies affichées dans tout le camp, ou devait le lire lors d'une réunion politique, ou même lors d'une émission de la radio du camp. Du point de vue chinois, il fallait qu'il y ait le maximum de publicité. Pourquoi ?

Chaque fois qu'un individu prend une position au vu de tous, il ressent par la suite le besoin de conserver cette position de façon à paraître un individu cohérent. Rappelez-vous ce que nous avons montré plus haut : avoir une conduite cohérente est considéré comme une qualité majeure ; celui qui en est dépourvu est un individu changeant, hésitant, influençable, léger, ou instable ; celui qui reste cohérent est au contraire rationnel, sûr de lui, raisonnable et digne de confiance. Dans ces conditions, on ne saurait s'étonner que chacun s'efforce d'éviter jusqu'à l'apparence de l'incohérence. Et donc, pour sauver les apparences, nous hésiterons d'autant plus à nous désavouer nous-mêmes que notre prise de position aura été publique.

La façon dont un engagement public peut entraîner une attitude obstinément cohérente avec une première position est parfaitement illustrée par une expérience célèbre menée par deux éminents spécialistes de psychologie sociale, Morton Deutsch et Harold Gerard[11]. L'expérience se déroulait de la façon suivante : d'abord, on montrait à des étudiants plusieurs lignes dont ils devaient évaluer la longueur. Après quoi, un groupe d'étudiants devait, pour que leur évaluation représente un engagement public, l'inscrire sur une feuille de papier, signée de leur nom, qu'ils remettaient à l'expérimentateur. Les étudiants d'un deuxième groupe devaient également s'engager sur leur première estimation, ce qu'ils faisaient en l'écrivant sur une « ardoise magique », en effaçant ensuite sans que personne ait pu lire ce qu'ils avaient écrit. Un troisième groupe d'étudiants ne s'engageait pas du tout sur leurs premières estimations ; ils se contentaient de garder les chiffres en tête.

Par ce procédé, Deutsch et Gerard avaient réussi à faire en sorte que certains étudiants s'engagent publiquement, d'autres secrètement, et d'autres enfin ne s'engagent pas du tout vis-à-vis de leurs choix initiaux. Ce qui intéressait Deutsch et Gerard était de découvrir dans quel groupe les étudiants seraient le plus disposés à s'en tenir à leur premier jugement après avoir été informés que ce jugement était faux. On donna donc à tous les étudiants de nouvelles indications, leur permettant de se rendre compte que leurs premières estimations étaient inexactes, et on leur laissa la possibilité de réviser leur réponse.

Les résultats furent très clairs. Les étudiants qui n'avaient pas écrit leur réponse furent les moins fidèles à leur décision. Lorsque de nouvelles indications remettaient en cause la justesse d'une décision qui était restée intérieure, ces étudiants se montraient influençables ; ils modifiaient la réponse qu'ils avaient considérée comme « juste ». En comparaison, ceux qui avaient simplement écrit leur décision l'espace d'un moment sur leur ardoise magique changeaient d'avis moins volontiers lorsqu'ils en avaient l'occasion, et ce, dans des proportions significatives. Bien qu'ils ne se soient compromis que de façon totalement anonyme, l'acte d'écrire les engagea suffisamment pour qu'ils résistent à l'influence d'indications contraires et qu'ils s'en tiennent à leur première réponse. Mais Deutsch et Gerard constatèrent que, de loin, c'étaient les étudiants qui avaient exprimé publiquement leur position qui refusaient le plus résolument de les renier par la suite. Leur engagement public les avait rendus particulièrement opiniâtres. Cette façon de camper sur ses positions peut se manifester y compris dans des circonstances où il importerait particulièrement d'accorder à la vérité la priorité sur la cohérence. Lors d'une expérience qui consistait à faire statuer un jury de six ou douze personnes, les situations de blocage s'avérèrent largement plus fréquentes quand il était demandé aux participants de s'exprimer à main levée qu'à bulletin secret. Dès lors que ceux-ci avaient émis un premier avis au vu et au su de tous, ils se montraient réticents à changer d'opinion de manière tout aussi publique. C'est pourquoi, s'il vous arrive un jour de présider un jury dans des conditions comparables, vous aurez tout intérêt, pour limiter les risques de vote sans majorité, à choisir la méthode du vote à bulletin secret plutôt qu'à main levée. D'après Deutsch et Gerard, nous sommes donc plus fidèles à nos choix si nous les avons exprimés publiquement. Ces résultats peuvent être mis à profit. Observons les organismes dont la vocation est d'aider les gens à se débarrasser de leurs mauvaises habitudes. Beaucoup de cliniques d'amaigrissement, par exemple, savent qu'une décision personnelle de perdre du poids ne résistera pas longtemps aux vitrines de boulangerie, aux bonnes odeurs de cuisine, et aux appels des publicités télévisées. C'est pourquoi on s'arrange pour que la décision personnelle soit étayée par un engagement public. Les patients doivent fixer sur le papier un objectif de poids à atteindre et montrer ce programme à tous leurs amis, parents et voisins. Les spécialistes des cures d'amaigrissement affirment que cette simple technique réussit fréquemment là où toutes les autres ont échoué.

Bien évidemment, il n'est pas nécessaire de faire les frais d'une clinique spécialisée pour s'appuyer sur un engagement public. Une femme de San Diego m'a raconté comment elle avait utilisé une promesse publique pour arriver à arrêter de fumer :

> « Je me rappelle que je venais d'entendre parler d'une étude scientifique qui montrait que le tabac provoque des cancers. Chaque fois qu'il était question de ce genre de choses, j'étais résolue à arrêter, mais je n'y arrivais jamais. Cette fois-là, pourtant, je décidai de faire quelque chose. J'ai ma fierté ; je n'aime pas qu'on me voie sous un mauvais jour. Alors j'ai pensé : “Je peux peut-être

m'appuyer sur ma fierté pour en finir avec cette mauvaise habitude." J'ai fait une liste de toutes les personnes dont je tenais à conserver l'estime. Puis je suis allée me procurer des cartes de visite et j'ai écrit sur chaque carte : "Je m'engage à ne plus fumer une seule cigarette." »
En l'espace d'une semaine, j'avais envoyé une de ces cartes signées à toutes les personnes de la liste : mon père, mon frère, mon patron, ma meilleure amie, mon ex-mari ; à tout le monde, sauf à l'homme avec lequel je sortais à l'époque. J'étais vraiment amoureuse de lui, et je tenais à ce qu'il ait de l'estime pour moi. Croyez-moi, j'y ai réfléchi à deux fois avant de lui donner une carte, parce que je savais que si je ne tenais pas une promesse que je lui avais faite, j'en mourrais. Mais un jour, au bureau – il travaillait au même endroit que moi –, je me suis approchée de lui, je lui ai tendu ma carte et je suis partie sans rien dire.
Décrocher du tabac, c'est ce que j'ai fait de plus dur dans ma vie. J'ai dû me dire des milliers de fois qu'il fallait absolument que je fume une cigarette ; mais à chaque fois, j'imaginais ce que penseraient toutes les personnes de ma liste, en particulier cet homme, si je craquais. Et ça a suffi. Je n'ai plus touché à une cigarette.
Ce qu'il y a de drôle, c'est que cet homme était en fin de compte totalement nul. Je ne comprends pas ce que j'ai pu lui trouver. Mais à l'époque, sans le savoir, il m'a aidée à traverser les moments les plus difficiles de cette épreuve. Je ne l'aime plus du tout maintenant. Pourtant, je lui suis reconnaissante en un sens parce que je crois qu'il m'a sauvé la vie. »

L'effort supplémentaire

Si les engagements écrits sont si efficaces, c'est qu'ils demandent plus d'effort que les engagements verbaux. Et les faits montrent que plus un engagement requiert un effort important, plus il influencera la personne qui l'a pris. Ce phénomène peut s'observer autour de nous aussi bien que dans les sociétés les plus primitives. Ainsi, dans une tribu d'Afrique australe, la tribu des Thonga, tous les jeunes garçons doivent passer par un rituel d'initiation très complexe avant d'être considérés comme des hommes de la tribu. Comme c'est souvent le cas dans les peuples primitifs, le jeune Thonga doit tout endurer avant d'être admis parmi les adultes du groupe. Les anthropologues Whiting, Kluckhohn et Anthony ont fait de cette épreuve de trois mois une description très frappante.

> « Quand un garçon a entre dix et seize ans, ses parents l'envoient à l'"école de circoncision" qui a lieu tous les quatre ou cinq ans. Là, en compagnie des garçons du même âge, il est en butte aux brimades des hommes adultes de la tribu. L'initiation commence lorsque chaque garçon passe entre deux rangées d'hommes qui le frappent avec des bâtons. Ensuite, on lui arrache ses vêtements et on lui coupe les cheveux. Il est mis en présence d'un homme couvert d'une crinière de lion et doit rester assis sur une pierre en face de cet "homme-lion". Quelqu'un le frappe alors par-derrière, et quand il tourne la tête pour voir qui l'a frappé, son prépuce est saisi et coupé par l'"homme-lion". Après cela, il est confiné pendant trois mois dans le "lieu des mystères" où il ne peut être vu que des initiés. Pendant son initiation, le garçon traverse six grandes épreuves : les coups, le froid, la soif, les nourritures immangeables, les punitions et les menaces de mort. Sous le plus léger prétexte, il peut être battu par l'un des nouveaux initiés, sur l'ordre d'un membre plus âgé de la tribu. Il dort sans couverture et souffre durement du froid hivernal. Il ne doit pas boire une goutte d'eau pendant trois mois entiers. Les repas sont rendus répugnants par l'herbe à moitié digérée, tirée de l'estomac d'une antilope,

qu'on verse sur la nourriture. Si le nouvel initié enfreint une des règles importantes de la cérémonie, il est sévèrement puni. L'un des châtiments, par exemple, consiste à placer des bâtons entre les doigts du coupable, puis à serrer fortement sa main, presque au point de lui casser les doigts. On oblige le jeune Thonga à la soumission en le terrorisant ; on lui raconte qu'autrefois, des garçons qui avaient essayé de s'échapper ou qui avaient révélé les secrets d'initiation aux femmes ou aux non-initiés avaient été pendus et leur corps réduit en cendre[12]. »

À première vue, ces rites semblent étranges et absurdes. Ils sont cependant curieusement semblables dans leur principe, et même dans leur détail, aux habituelles cérémonies d'initiation pratiquées par les confréries d'étudiants. Pendant le traditionnel bizutage qui a lieu chaque année sur les campus, les nouveaux doivent mener à bien un certain nombre d'activités ordonnées par les anciens pour mettre à l'épreuve leur résistance à l'épuisement physique, à la tension nerveuse, et au ridicule. À la fin de la semaine de bizutage, ceux qui ont tenu bon sont acceptés comme membres du groupe à part entière. La plupart du temps leurs tribulations n'ont occasionné qu'une grande fatigue et quelques émotions, même si parfois les conséquences peuvent en être plus graves.

Il est intéressant de constater que, dans ses traits caractéristiques, le bizutage ressemble aux rites tribaux d'initiation. Nous avons vu les six grandes épreuves que l'initié Thonga doit subir pendant son séjour dans le « lieu des mystères ». Les extraits de presse suivants montrent que chacune de ces épreuves a sa place dans les rituels de brimades pratiqués par les sociétés d'étudiants.

• *Les coups.* Le jeune Michael Kalogris, quatorze ans, a passé trois semaines dans un hôpital de Long Island en raison de lésions internes reçues durant la cérémonie d'initiation de la société Omega Gamma Delta. Ses futurs « frères » lui avaient infligé le supplice de la « bombe atomique », consistant à lui faire lever les bras au-dessus de la tête, à se rassembler autour de lui et à lui envoyer tous à la fois et à plusieurs reprises des coups de poing dans le ventre.

• *Le froid.* Pendant une nuit d'hiver, Frederick Bronner, élève d'une école secondaire californienne, a été emmené dans une forêt à mille mètres d'altitude. Abandonné à quinze kilomètres du point de départ, vêtu seulement d'un mince sweat-shirt et d'un pantalon, le Gros Freddy, comme on l'appelait, grelottant sous un vent glacial, est tombé dans un ravin, se faisant ainsi diverses fractures et se blessant à la tête. Son état ne lui permettant plus de continuer, il est resté là, recroquevillé, et on l'a retrouvé mort de froid.

• *La soif.* Deux nouveaux élèves de l'Université de l'État d'Ohio se sont trouvés enfermés dans le « donjon » après avoir enfreint la règle qui imposait à tous les bizuts d'entrer en rampant dans la salle à manger pour les repas. Confinés dans la réserve de la maison, ils n'ont reçu que des nourritures salées pendant presque deux jours. On ne leur fournissait rien qui leur permette de boire si ce n'est deux récipients en plastique où ils pouvaient recueillir leur propre urine.

• *Les nourritures répugnantes.* À la société Kappa Sigma sur le campus de l'Université de Californie du Sud, les onze bizuts ont frémi d'horreur à la vue de l'épreuve écœurante qui les attendait. Onze morceaux de foie crus d'un quart de livre reposaient sur un plateau. Ces morceaux compacts et trempés dans l'huile devaient être avalés tout rond par les bizuts. Hoquetant et s'étranglant à chaque fois, le jeune Richard Swanson s'efforça à trois reprises d'avaler le sien sans y parvenir. Déterminé à y réussir, il finit par loger la viande pleine d'huile dans sa gorge où elle resta coincée, ce qui, malgré tous les efforts déployés pour l'en retirer, entraîna la mort.

• *Les punitions*. Dans le Wisconsin, un bizut qui avait oublié une partie d'une incantation rituelle que devaient mémoriser tous les initiés a été puni de son erreur. On lui a fait mettre les pieds sous les pieds d'une chaise sur laquelle s'est assis le plus lourd des anciens, le temps de boire une bière. Bien que le nouvel initié n'ait pas protesté pendant son supplice, il en est sorti avec deux fractures.

• *Les menaces de mort*. Un nouvel initié de la société Zeta Beta Tau a été conduit sur une plage du New Jersey où il a dû creuser « sa propre tombe ». Il venait, sur l'ordre des anciens, de se coucher dans le trou fraîchement creusé quand les bords se sont éboulés, l'étouffant avant qu'on puisse le sortir du sable.

Les rites initiatiques des tribus et des sociétés d'étudiants ont un autre point commun : leur persistance. Toutes les tentatives faites pour les éliminer ou les interdire sont vouées à l'échec, car ces rites de brimades sont extrêmement vivaces. Les autorités, qu'il s'agisse de gouvernements coloniaux ou d'administrations universitaires, ont essayé les menaces, les promesses, les pressions, les poursuites judiciaires, l'exclusion, les interdictions de toutes sortes pour amener les groupes à renoncer aux dangers et aux humiliations de ces cérémonies initiatiques. Rien n'y a fait. Certes, les choses peuvent se passer différemment tant que les autorités les surveillent de près. Mais ce changement est plus apparent que réel, car les épreuves les plus dures se déroulent secrètement jusqu'à ce que la surveillance se relâche, prêtes à resurgir au grand jour.

Dans certains campus, les autorités ont essayé de supprimer les brimades les plus dangereuses en instaurant à la place de la semaine de bizutage une semaine de solidarité, ou encore en prenant directement eux-mêmes en charge les rituels d'initiation. Quand ces tentatives ne sont pas sournoisement sabotées par les anciens, elles rencontrent une résistance ouverte. Ainsi, après la mort par étouffement de Richard Swanson à l'Université de Californie du Sud, le président de l'Université annonça que désormais toutes les épreuves du bizutage devraient être soumises préalablement aux autorités universitaires. De plus, des conseillers adultes devaient être présents durant les cérémonies d'initiation. D'après un journal national : « Le nouveau règlement déclencha des protestations si violentes que la police municipale et les pompiers n'osaient pas pénétrer sur le campus. »

Se résignant à l'inévitable, d'autres universités ont abandonné l'idée d'abolir les excès de la semaine de bizutage. « Si les brimades d'initiation sont un phénomène universel, et tout me porte à le croire, il est très probable qu'on n'arrivera pas à les supprimer. Si on les interdit, elles se poursuivront de façon souterraine. On ne peut pas interdire les relations sexuelles, on ne peut pas interdire l'alcool, et, sans doute, on ne peut pas non plus interdire le bizutage[13] ! »

Pourquoi ces sociétés tiennent-elles à ce point aux brimades ? Pourquoi ces groupes cherchent-ils à contourner, ou à contester tous les règlements interdisant les épreuves dégradantes ou dangereuses des cérémonies d'initiation ? On a dit que ces groupes étaient composés de déviants qui éprouvaient un besoin pervers de molester et d'humilier autrui. Mais ce point de vue n'est pas corroboré par les faits. Les études réalisées sur la personnalité des membres de ces groupes montrent que ceux-ci sont, au contraire, plutôt plus équilibrés et mieux intégrés que les autres étudiants. De plus, chacun sait que les fraternités sont toujours disposées à participer à des actions d'intérêt général. Ce qu'elles refusent, par contre, c'est de remplacer par de telles actions leurs cérémonies initiatiques. Une enquête réalisée à l'Université de Washington a révélé que, dans la plupart des fraternités, il y avait une tradition se rapprochant d'une semaine de solidarité, mais que cette action bénévole avait lieu en dehors de la semaine de bizutage. Dans un cas seulement l'action bénévole était directement associée aux rites initiatiques[14].

Voilà donc l'image qui se dégage des auteurs de ces brimades des individus normaux, plutôt équilibrés, bien intégrés, mais qui, en une seule occasion, s'acharnent collectivement sur leurs victimes : juste avant l'admission de nouveaux membres dans la société. C'est donc, apparemment, dans la cérémonie elle-même qu'il faut chercher l'explication. Les rigueurs de l'initiation doivent avoir quelque chose de vital pour le groupe. La dureté de cette pratique doit avoir une fonction que le groupe défend avec vigueur. Mais laquelle ?

Mon opinion personnelle sur cette question est que la réponse nous est donnée par les résultats d'une étude peu connue en dehors de la psychologie sociale. Deux jeunes chercheurs, Elliot Aronson et Judson Mills, décidèrent de vérifier leur thèse, selon laquelle des individus qui traversent des épreuves douloureuses pour arriver à quelque chose ont tendance à lui attribuer plus de valeur que les individus qui ont atteint le même but avec un effort minimal ». Ils se montrèrent particulièrement inspirés en choisissant les cérémonies d'initiation comme théâtre de leurs expériences. Ils découvrirent ainsi que des femmes qui avaient dû affronter une initiation particulièrement embarrassante pour avoir accès à un groupe de discussion féminin se convainquirent que leur nouveau groupe et le débat auquel elles avaient assisté étaient très intéressants, bien qu'Aronson et Mills aient donné consigne aux autres participantes d'avoir un débat ennuyeux et sans intérêt. D'autres étudiantes, qui étaient passées par une initiation beaucoup moins dure ou qui n'avaient subi aucune initiation, exprimaient une opinion beaucoup moins positive au sujet du groupe « inintéressant » auquel elles venaient d'adhérer. D'autres recherches aboutirent à des résultats similaires lorsque les nouvelles venues devaient endurer, non pas des situations embarrassantes, mais une douleur physique. Plus fortes étaient les décharges électriques reçues au cours de l'initiation, plus le sujet se persuadait que le groupe avait des activités intéressantes, intelligentes et méritait tous ces efforts[15].

À la lumière de ces résultats, les brimades, les épreuves, et même les coups endurés pendant les rituels initiatiques prennent un autre sens. L'homme de la tribu Thonga qui regarde, les larmes aux yeux, son fils âgé de dix ans grelotter toute la nuit sur le sol du « lieu des mystères », l'étudiant de deuxième année qui rit nerveusement tout en bourrant de coups le « nouveau » ne sont pas des sadiques. Ils agissent pour la survie du groupe. Ils font en sorte, paradoxalement, que les futurs membres de la société estiment davantage leur appartenance au groupe.

Et tant que les individus attacheront plus de prix à ce qu'ils ont eu du mal à obtenir, ces sociétés continueront à organiser des rites d'initiation difficiles et pénibles. L'enthousiasme et la fidélité de ceux qui ont traversé ces épreuves augmentent considérablement la cohésion du groupe et ses chances de survie.

De fait, une étude comparative de cinquante-quatre sociétés tribales a montré que celles qui avaient les cérémonies d'initiation les plus spectaculaires et les plus dures étaient aussi celles où l'on trouvait la plus grande solidarité[16]. À la lumière des observations d'Aronson et Mills, on peut comprendre que, si la dureté d'une cérémonie d'initiation accroît notablement *l'engagement* du nouveau venu dans le groupe, celui-ci s'opposera à toutes les tentatives de suppression de cette attache vitale pour l'avenir du groupe.

Les forces armées ne sont en aucun cas exemptes de rituels similaires. Lors de leurs classes, les nouvelles recrues subissent de légendaires avanies. L'écrivain William Styron, ex-marine, dresse un inventaire de ses propres expériences en des termes qui pourraient facilement s'appliquer aux coutumes des Thonga (ou, en l'occurrence, des Kappa, des Sigma ou des Bêta) : « Les impitoyables exercices imposés pendant des heures sous un soleil de plomb, les humiliations, les sévices physiques et mentaux, le sadisme fréquent des instructeurs, toutes les injures à l'esprit humain, sont propres à faire de garnisons telles que Quantico ou Parris Island ce qui se rapproche le plus, dans le monde libre, de camps de concentration. » Mais Styron, allant au-delà du simple récit des souffrances vécues pendant ce qu'il qualifie d'« entraînement au cauchemar », en identifie la finalité : « Je ne connais aucun ancien marine, quelle que soit l'orientation politique ou spirituelle qu'il ait suivie après notre folle jeunesse, qui ne considère être sorti de cette épreuve plus résistant et courageux, en bref, plus aguerri. »

Faut-il donner foi au jugement de William Styron ? Après tout, chez les spécialistes de la narration, la frontière entre fiction et réalité est souvent imprécise. Pourquoi devrions-nous prendre pour argent comptant son témoignage, quand il affirme que son entraînement militaire, quoique « infernal », eut non seulement un effet positif, mais que, de plus, ce résultat était voulu pour créer des rapports de fierté et de camaraderie entre ceux qui l'avaient enduré et y avaient survécu ? Il existe au moins une raison de croire à son opinion : il s'agit de l'exemple bien réel d'un cadet de West Point, John Edwards. Celui-ci fut expulsé de l'école militaire américaine en 1988, pour un motif lié aux brimades infligées par les aînés, avec la bénédiction des autorités, à toutes les recrues de première année, afin de garantir leur aptitude à résister aux rigueurs de leur futur entraînement. Non pas que John Edwards, l'un des meilleurs parmi les sept cents éléments de sa classe, se soit montré incapable de supporter les rituels auquel il était soumis. Ce n'est pas non plus à cause d'une cruauté outrancière envers ses benjamins qu'il fut renvoyé. Il s'était simplement rendu coupable d'avoir refusé de leur imposer ce qui, selon lui, était un traitement « absurde et déshumanisant ». Il faut en conclure, une fois encore, qu'au sein d'un groupe pour lequel il importe de susciter un sens durable de la solidarité et de l'appartenance, la rudesse des rites d'initiation est valorisée à ce point que nul ne se montre prêt à y renoncer – même ceux qui, aspirant à s'y intégrer, n'ont pas plus envie d'en subir les souffrances que de rester à la porte.

Le choix intérieur

L'examen de phénomènes aussi divers que l'endoctrinement opéré par les communistes chinois et les rituels initiatiques des confréries universitaires nous a appris un certain nombre de choses sur l'engagement. Il semble que les engagements réussissent d'autant mieux à modifier l'image d'un individu et son comportement qu'ils sont pris de façon active, publique, et qu'ils représentent un certain effort. Mais leur efficacité dépend en outre d'un autre facteur, peut-être plus important encore que les précédents réunis. Pour bien comprendre son fonctionnement, il nous faut d'abord résoudre deux énigmes que pose le comportement des interrogateurs chinois et des membres des sociétés d'étudiants.

La première énigme réside dans le refus des sociétés estudiantines d'intégrer des activités d'intérêt général dans leurs cérémonies d'initiation. Rappelons que d'après une étude, les actions de solidarité, quoique fréquentes, avaient presque toujours lieu en dehors du programme d'initiation des nouveaux membres. Pourquoi cela ? Si ce que les confréries cherchent à obtenir par tous ces rites est un engagement difficile, elles pouvaient sans aucun doute trouver pour leurs nouveaux initiés assez d'activités bénévoles pénibles et déplaisantes. On peut trouver en abondance des tâches ingrates à accomplir, telles que faire des réparations pour les hospices, du jardinage pour les asiles psychiatriques, ou vider les bassins dans les hôpitaux. De plus, des entreprises aussi louables auraient aidé à améliorer l'image très négative qu'ont dans l'opinion publique et les médias les rites de bizutage des confréries. Un examen de la presse a montré en effet que pour une nouvelle positive concernant les pratiques de bizutage, on relève cinq nouvelles négatives. Ne serait-ce que pour des raisons de relations publiques, donc, des confréries devraient intégrer des actions utiles à la communauté dans leurs pratiques initiatiques. Or elles n'en font rien.

Pour la deuxième énigme, il nous faut revenir aux camps de prisonniers en Corée et aux concours d'articles politiques régulièrement proposés aux soldats américains. Les Chinois voulaient que le plus grand nombre possible de soldats américains participent à ce concours, afin qu'ils soient amenés à écrire des déclarations favorables aux positions communistes. S'il s'agissait, cependant, d'attirer un grand nombre de participants, pourquoi les prix étaient-ils si modestes ? Tout ce que le vainqueur du concours pouvait espérer gagner, c'étaient quelques cigarettes ou quelques fruits. En la circonstance, ces prix avaient quand même une certaine valeur, mais il existait des choses beaucoup plus précieuses : les Chinois auraient pu, pour encourager les auteurs de textes, promettre des vêtements chauds, des privilèges concernant le courrier, une plus grande liberté de mouvement à l'intérieur du camp. Or ils choisirent de recourir à des récompenses modestes au lieu de proposer des avantages réellement intéressants…

Bien que les circonstances soient très différentes, c'est pour la même raison que les sociétés d'étudiants refusaient d'inclure des actions utiles à la communauté dans leurs cérémonies d'initiation et que les Chinois préféraient, plutôt que d'offrir des prix intéressants, se contenter de petits encouragements ; il fallait que les individus puissent assumer pleinement ce qu'ils avaient fait. Aucune excuse, aucune échappatoire n'était possible. L'homme qui avait subi des épreuves pénibles ne pouvait pas penser qu'il faisait en même temps une bonne action. Un prisonnier qui émaillait son texte de quelques commentaires anti-américains n'avait pas la possibilité d'attribuer son acte au seul espoir d'une grosse récompense. Aussi bien chez les Chinois que chez les étudiants, on visait le long terme. Il ne suffisait pas d'arracher un engagement aux hommes ; ces hommes devaient endosser la pleine responsabilité de leurs actes.

Étant donné la propension des autorités communistes chinoises à recourir aux concours d'essais politiques pour susciter un engagement de la part de leurs opposants, il n'est pas étonnant qu'elles aient remis ce genre de compétition au goût du jour à la suite du massacre de la place de Tienanmen, en 1989, au cours duquel des manifestants prodémocrates trouvèrent la mort sous les balles des forces gouvernementales. Rien qu'à Pékin, neuf journaux ou chaînes de télévision d'État parrainèrent de tels concours, sur le thème de « l'anéantissement de la rébellion contre-révolutionnaire ». Fidèle à une politique astucieuse et éprouvée de longue date, le gouvernement chinois, loin de promettre d'alléchantes récompenses, ne précisait pas en quoi consisteraient les prix remis aux lauréats.

Les sociologues ont établi que nous acceptons intérieurement la responsabilité d'un comportement lorsque nous pensons que nous l'avons choisi, libres de toute forte pression extérieure. Or une grosse récompense est précisément une forte pression extérieure. Elle peut nous amener à agir dans un certain sens, mais elle ne nous fera pas accepter intérieurement la responsabilité de l'acte. Et par conséquent, nous ne nous sentirons pas engagés par elle. On peut dire la même chose d'une menace franche ; elle peut entraîner une soumission immédiate, mais normalement, elle sera impuissante à créer un engagement durable.

Tous ces principes ont leur application dans l'éducation des enfants. Ils nous indiquent que nous ne devrions jamais nous faire obéir de nos enfants par des promesses ou des menaces de quelque conséquence. De telles pressions produisent sans doute une soumission momentanée. Mais si nous voulons plus que cela, si nous voulons que nos enfants croient au bien-fondé de ce que nous leur demandons, si nous voulons qu'ils continuent à se comporter correctement quand nous ne sommes pas là pour exercer ces pressions extérieures, alors nous devons faire en sorte qu'ils acceptent dans leur for intérieur la responsabilité de la conduite que nous leur enseignons à tenir. Une expérience réalisée par Jonathan Freedman nous donne à cet égard quelques indications sur les choses à faire et à ne pas faire.

Freedman voulait voir s'il était possible d'empêcher des garçons de sept à neuf ans de jouer avec un jouet très séduisant, simplement en le leur interdisant six semaines à l'avance. Quiconque a l'expérience des enfants de cet âge peut mesurer la difficulté de la tâche. Mais Freedman avait un plan. S'il pouvait d'abord amener les garçons à se convaincre qu'il ne fallait pas jouer avec le jouet interdit, cette conviction pourrait peut-être les empêcher d'y toucher par la suite. La tâche la plus difficile était de faire croire aux enfants qu'il était mal de s'amuser avec ce jouet, un luxueux robot fonctionnant sur piles.

Freedman savait qu'il serait assez facile de faire obéir un enfant sur le moment. Il lui suffisait de le menacer de sévères punitions si jamais on le prenait à jouer avec le jouet. Tant qu'il était dans les parages pour appliquer le cas échéant les sévères punitions, Freedman pensait que les enfants, pour la plupart, ne se risqueraient pas à mettre le robot en marche. Il avait raison. Après avoir montré à l'enfant un assortiment de cinq jouets et l'avoir averti : « Il ne faut pas jouer avec le robot. Si tu joues avec le robot, je serai très fâché, et je serai obligé de sévir », Freedman quitta la pièce pour quelques minutes. Pendant ce temps, l'enfant était observé secrètement à travers un miroir sans tain. Freedman testa cette méthode des menaces sur vingt-deux enfants, parmi lesquels vingt et un ne touchèrent pas au robot pendant qu'il n'était pas là.

Ainsi, une menace franche était efficace tant que les enfants pensaient pouvoir se faire prendre et être punis. Mais Freedman avait prévu ce résultat. Ce qui l'intéressait vraiment, c'était l'efficacité de la menace sur le comportement ultérieur des enfants, quand il ne serait plus dans les parages. Pour savoir ce qui se passerait à ce moment-là, il envoya une jeune femme dans la même école environ six semaines plus tard. La jeune femme faisait sortir les enfants un par un pour leur faire passer un test. Sans jamais indiquer que sa présence avait un rapport quelconque avec la visite de Freedman, elle conduisait chaque enfant dans la pièce aux cinq jouets où elle lui faisait passer un test de dessin. Pendant qu'elle corrigeait le test, elle disait à l'enfant qu'il était libre de jouer avec tous les jouets contenus dans la pièce. Bien sûr, presque tous les enfants jouèrent avec l'un des jouets. Ce qui est intéressant, c'est que, de tous les enfants qui prirent un jouet, soixante-dix-sept pour cent choisirent de jouer avec le robot qu'on leur avait auparavant interdit. Les menaces de Freedman, qui avaient été si efficaces six semaines auparavant, n'avaient plus aucun effet lorsqu'il n'était pas là pour appliquer le châtiment.

Mais Freedman avait son idée. Il appliqua, avec un deuxième groupe d'enfants, une méthode légèrement différente. Il montra aux enfants l'assortiment de cinq jouets et les avertit de ne pas jouer avec le robot pendant qu'il s'absentait de la pièce : « Ce n'est pas bien de jouer avec le robot. » Mais cette fois-là, il n'utilisa aucune menace pour effrayer les enfants. Il se contenta de quitter la pièce et d'observer les enfants à travers le miroir sans tain pour voir si sa recommandation de ne pas jouer avec le robot était suffisante. Ce fut le cas. Exactement comme dans l'autre groupe d'enfants, un seul des vingt-deux enfants toucha au robot pendant la courte absence de Freedman.

La grande différence entre les deux groupes apparut six semaines plus tard, lorsqu'ils eurent l'occasion de jouer avec les cinq objets alors que Freedman n'était plus dans les parages. Les enfants qui n'avaient pas été menacés de punitions au cas où ils joueraient avec le robot eurent une réaction étonnante : quand on leur donnait toute liberté de s'amuser avec le jouet qu'ils voulaient, la plupart évitèrent de toucher au robot, alors que c'était de loin le jouet le plus intéressant des cinq (les autres étaient un affreux sous-marin en plastique, un gant de base-ball d'enfant, sans la balle, un fusil-jouet non chargé, et un tracteur). Sur les enfants qui utilisèrent l'un des jouets, seulement trente-trois pour cent choisirent le robot.

Pour chacun des deux groupes d'enfants, il y avait eu un événement marquant. Pour le premier groupe, il s'agissait de la menace qu'ils avaient entendue dans la bouche de Freedman pour renforcer son affirmation qu'il n'était pas bien de jouer avec le robot. Cette menace avait été assez efficace tant que Freedman pouvait les prendre en flagrant délit d'infraction. Par la suite, cependant, lorsqu'il n'était plus là pour observer le comportement des enfants, sa menace se révéla inopérante et par conséquent son interdiction ne fut pas respectée. Il semble évident que sa menace n'avait pas appris aux enfants qu'il était mal de toucher au robot, mais seulement qu'il était plus prudent de n'en rien faire tant qu'il existait la possibilité d'une punition.

Pour les autres enfants, l'événement marquant était d'ordre intérieur et non extérieur. Freedman leur avait dit, à eux aussi, qu'il ne fallait pas jouer avec le robot, mais il n'avait assorti sa recommandation d'aucune menace en cas de désobéissance. Il y eut deux résultats importants. D'abord, la recommandation de Freedman suffisait à elle seule à empêcher les garçons de toucher au robot pendant que Freedman s'absentait brièvement de la pièce. Ensuite, les enfants se sentirent personnellement responsables de leur décision de ne pas toucher au robot à ce moment-là. Ils décidèrent que s'ils n'avaient pas joué avec le robot, c'est parce qu'ils ne voulaient pas jouer avec le robot. Après tout, ce jouet n'évoquait aucune punition permettant de donner une autre explication à leur comportement. C'est pourquoi, des semaines plus tard, quand Freedman n'était plus là, ils continuèrent à ne pas toucher au robot parce que c'est un changement intérieur qui les portait à croire qu'ils n'en avaient aucune envie[17].

Les adultes qui ont affaire à l'éducation des enfants peuvent retenir la leçon de l'expérience de Freedman. Supposons que des parents veuillent apprendre à leur petite fille qu'il ne faut pas mentir. Une forte menace exprimée explicitement (« C'est mal de mentir, ma chérie ; et si je t'y prends, je te couperai la langue ») peut être efficace tant que les parents sont présents ou que la petite fille pense qu'elle risque de se faire prendre. Mais la menace n'atteindra pas l'objectif plus ambitieux qui est de convaincre l'enfant qu'elle ne veut pas mentir parce qu'elle pense, *elle-même*, que c'est mal. Pour cet objectif-là, la méthode doit être beaucoup plus subtile. Il faut donner une motivation qui soit juste assez puissante pour que l'enfant soit la plupart du temps sincère, mais pas assez forte pour qu'il la perçoive de façon évidente comme la véritable raison de sa sincérité. La chose n'est pas facile, car le choix de cette motivation juste suffisante dépend de la personnalité de l'enfant. Pour une certaine petite fille, une simple recommandation peut suffire (« C'est mal de mentir, ma chérie ; alors j'espère que tu ne le feras pas ») ; pour une autre, il peut être nécessaire d'ajouter un motif supplémentaire («… parce que si tu mens, tu me décevras beaucoup ») ; pour une troisième, un léger avertissement doit être inclus dans la recommandation (« … et il faudra que je fasse quelque chose que je n'ai pas envie de faire »). Les parents avisés savent à quel type de motivation ils peuvent recourir pour leurs propres enfants. Ce qui est important, c'est d'utiliser une motivation qui produira initialement le comportement désiré et permettra, en même temps, à l'enfant de se charger de la responsabilité de ce comportement. Ainsi, moins la pression extérieure est détectable, plus la motivation sera efficace. Le choix de cette motivation n'est pas une tâche aisée. Mais l'effort mérite d'être entrepris. Cela fait toute la différence entre un engagement éphémère et un engagement à long terme.

Pour toutes les raisons que nous venons de voir, les professionnels de la persuasion aiment beaucoup les engagements qui produisent un changement intérieur. D'abord, ce changement n'est pas simplement associé à une situation particulière, mais produira ses effets dans d'autres situations du même ordre. Ensuite, les effets de ce changement sont durables. Ainsi, une fois qu'un individu a été amené à une action qui lui donne de lui-même l'image d'un citoyen soucieux de l'intérêt général, il continuera probablement à agir conformément à cette image, aussi longtemps que celle-ci persistera.

Les engagements produisant un changement intérieur ont un avantage supplémentaire : ils se développent d'eux-mêmes. Le professionnel de la persuasion n'a pas besoin d'entreprendre un effort long et coûteux pour consolider ce qu'il a construit ; le besoin de cohérence s'en charge. Lorsque notre ami se sera persuadé qu'il est un citoyen soucieux de l'intérêt général, il commencera automatiquement à voir les choses sous un jour nouveau. Il se convaincra que cette attitude est la bonne. Il se mettra à trouver au service de la communauté des vertus qu'il ne lui voyait pas auparavant. Il sera ouvert aux arguments en faveur de l'action collective. Et il trouvera ces arguments beaucoup plus convaincants qu'auparavant. En général, poussé par son besoin d'être cohérent dans son système de valeurs, il se dira que sa décision d'entreprendre une action d'intérêt général était judicieuse. Ce qui est important dans ce processus de création d'une justification à l'engagement, c'est précisément que les raisons invoquées sont *neuves*. Ainsi, même si la raison originale du comportement civique n'existe plus, ces raisons nouvellement découvertes peuvent suffire à elles seules à justifier le comportement.

Ce phénomène est extrêmement profitable aux professionnels de la persuasion. Comme nous échafaudons de bonnes raisons pour étayer le choix dans lequel nous sommes engagés, un individu sans scrupule peut nous fournir un mobile pour nous inciter à un certain choix, et, une fois la décision prise, faire disparaître le mobile, sachant que notre décision tiendra désormais toute seule en s'appuyant sur les nouvelles raisons. Les vendeurs de voitures essaient souvent de profiter de cet effet en ayant recours à une tactique d'appât. J'ai vu employer cette tactique pour la première fois lorsque j'étais vendeur stagiaire chez un dépositaire Chevrolet. Après une semaine de formation élémentaire, je fus autorisé à regarder travailler le vendeur expérimenté. Une des pratiques utilisées attira tout de suite mon attention :

On offre à certains clients un prix très intéressant pour un modèle, par exemple quatre cents dollars de moins que le prix du marché. La bonne affaire, cependant, n'en est pas une ; le vendeur n'a aucune intention de conclure le marché. Son but est d'amener le client à décider d'acheter un de ses modèles. Une fois que la décision est prise, on agit de façon à renforcer le sentiment d'engagement du client vis-à-vis de cette voiture : on remplit des formulaires, on fixe les modalités de paiement, parfois on propose au client de prendre la voiture pour un jour « pour vous habituer et pouvoir la montrer à vos voisins et à vos collègues ». Pendant ce temps, et le vendeur le sait bien, le client cultive automatiquement de nouvelles bonnes raisons de faire le choix qu'il a déjà fait.

C'est alors que se produit un incident. On découvre une « erreur » dans les calculs, peut-être que le vendeur a oublié d'inclure le prix du système d'air conditionné, et si l'acheteur veut toujours un système d'air conditionné, il faut ajouter quatre cents dollars au prix convenu. Pour détourner les soupçons, certains vendeurs laissent aux banques qui ouvrent le crédit le soin de découvrir l'erreur. Dans d'autres cas, le contrat est désavoué au dernier moment par le patron, parce que « ça nous ferait perdre de l'argent ». La voiture peut être achetée pour seulement quatre cents dollars de plus, ce qui, dans le contexte d'un marché de plusieurs milliers de dollars, semble raisonnable ; et d'ailleurs, comme le souligne le vendeur, le prix est égal à celui pratiqué par les concurrents, et, « C'est bien ce modèle-là que vous vouliez, n'est-ce pas ? » Une variante de cette tactique, plus insidieuse encore, consiste à proposer au client une reprise très avantageuse sur sa vieille voiture, dans le cadre de l'achat d'une neuve. Le client voit que l'offre est très généreuse et saute sur l'occasion. Par la suite, avant la signature du contrat, le responsable des reprises dit que l'estimation du vendeur était trop haute de quatre cents dollars, et il réduit l'offre de reprise au niveau normal de l'Argus. Le client, qui sait que l'offre réduite est équitable, l'accepte volontiers et peut même se sentir coupable d'avoir essayé de profiter de la surestimation du vendeur. J'ai vu une femme présenter des excuses embarrassées à un vendeur qui avait utilisé avec elle la seconde variante, et ce, alors qu'elle était en train de signer un contrat d'achat pour une nouvelle voiture, qui allait rapporter au vendeur une coquette commission. Il eut l'air peiné, mais, magnanime, lui adressa un sourire de pardon.

Quelle que soit la variante utilisée, la séquence est toujours la même : on propose un avantage qui produit une décision d'achat ; puis, parfois après que la décision a été prise mais avant que le contrat soit signé, l'avantage initial est habilement supprimé. Il semble presque incroyable qu'un client accepte d'acheter une voiture dans ces conditions. Et pourtant, le procédé est efficace ; pas avec tous les clients, bien sûr, mais l'efficacité est assez grande pour qu'il soit un moyen de persuasion très largement employé dans le secteur automobile. Les vendeurs ont compris qu'un engagement personnel était capable de bâtir ses propres fondations, constituées de tout un système de nouvelles justifications à l'engagement. Ces justifications sont autant de supports à la décision, si bien que lorsque le vendeur retire l'un des supports, celui sur lequel tout reposait au début, l'édifice ne s'écroule pas. La perte peut être supportée d'un cœur léger par le client qui se console, et même se réjouit, en pensant à toutes les bonnes raisons qu'il a de prendre cette décision. Que ces raisons supplémentaires n'auraient jamais existé si le choix n'avait pas d'abord été fait, cela ne vient jamais à l'esprit de l'acheteur[18].

La qualité la plus remarquable de la tactique est qu'elle conduit ses victimes à se satisfaire d'un mauvais choix. C'est pourquoi ceux qui n'ont que des articles sans intérêt à nous proposer apprécient tellement cette technique. Nous les voyons à l'œuvre dans les affaires commerciales ou personnelles. Prenons par exemple mon voisin Tim, un véritable connaisseur en la matière. Rappelez-vous que c'est lui qui, en promettant de changer de conduite, incita son amie Sara à annuler son prochain mariage avec un autre et à le reprendre. Depuis sa décision en faveur de Tim, Sara lui est plus attachée que jamais, bien qu'il n'ait jamais tenu ses promesses. Elle explique le fait en disant qu'elle sait voir maintenant chez Tim toutes sortes de qualités qu'elle ignorait auparavant.

Je sais de science certaine que Sara est victime de la tactique de l'appât. Comme j'avais regardé des acheteurs se faire prendre au truc du cadeau repris par la suite, je l'ai regardée se laisser prendre au même truc avec Tim. Pour sa part, Tim reste l'homme qu'il a toujours été. Mais comme les nouvelles qualités que lui avait découvertes – ou inventées – Sara étaient pour elle tout à fait réelles, elle semble maintenant satisfaite d'une situation qui lui semblait inacceptable avant l'engagement radical qu'elle avait pris. La décision de choisir Tim, qui peut être d'un point de vue objectif une décision malheureuse, repose maintenant sur ses propres bases et semble avoir fait le bonheur de Sara. Je n'ai jamais parlé à Sara de ce que je sais des techniques d'appât. Si je me tais, ce n'est pas que je pense qu'elle soit plus heureuse de rester dans l'ignorance. En règle générale, il vaut toujours mieux savoir qu'être dans l'erreur. C'est seulement que, si je lui en disais le premier mot, elle m'en voudrait mortellement.

Suivant les motivations de la personne qui les utilise, toutes les techniques de persuasion décrites ici peuvent être employées pour un bon ou pour un mauvais usage. Il est donc logique que la tactique de l'appât puisse être utilisée de façon plus utile à la société que la vente de voitures ou la reprise de la vie commune avec un ex-ami. Un projet de recherche réalisé en Iowa, par exemple, montre comment un appât peut être utilisé pour inciter des propriétaires à économiser l'énergie[19]. Le projet, dirigé par le Dr Michael Pallack, démarra au début de l'hiver où des habitants d'Iowa qui chauffaient leurs maisons au gaz furent contactés. Un enquêteur leur donna quelques conseils d'économie d'énergie et leur demanda d'essayer d'économiser le gaz à l'avenir. Bien que toutes les personnes sollicitées aient accepté d'essayer, lorsque les chercheurs examinèrent les relevés des compteurs de ces familles après un mois, puis de nouveau à la fin de l'hiver, il apparut qu'aucune économie n'avait été réalisée. Les habitants qui avaient promis de faire un effort d'économie consommaient autant de gaz qu'un échantillon-témoin de leurs voisins, qui n'avaient pas été contactés par l'enquêteur. Les bonnes intentions assorties d'une information sur les économies d'énergie ne suffisaient donc pas à modifier de mauvaises habitudes.

Même avant la mise en œuvre du projet, Pallack et son équipe de recherche avaient pensé qu'il faudrait quelque chose de plus pour retourner de vieilles tendances de consommation. Ils appliquèrent donc une méthode légèrement différente sur un groupe comparable d'utilisateurs de gaz naturel en Iowa. Ces gens furent également contactés par un enquêteur, qui leur suggéra différents moyens d'économiser l'énergie et leur demanda à eux aussi de faire un effort. Mais à ces familles-là, l'enquêteur proposait quelque chose de plus ; les habitants qui acceptaient d'économiser l'énergie verraient leur nom publié dans le journal en hommage à leur civisme et à leur effort d'économie d'énergie. L'effet fut immédiat. Un mois plus tard, lorsque les compagnies de gaz relevèrent les compteurs, les habitants de ce groupe avaient économisé en moyenne 10 m^3 de gaz par foyer. L'espoir d'avoir leur nom dans le journal avait motivé ces habitants suffisamment pour qu'ils fassent un effort d'économie substantiel sur une durée d'un mois.

Puis on retira la poutre maîtresse de l'édifice. Les chercheurs supprimèrent la raison qui avait initialement poussé les habitants à économiser l'énergie. Toutes les familles à qui l'on avait promis la publicité reçurent une lettre les informant qu'il ne serait finalement pas possible de publier leurs noms.

À la fin de l'hiver, l'équipe de recherche étudia l'effet de la lettre sur la consommation de gaz de ces familles. Était-on revenu aux vieilles habitudes de gaspillage quand la possibilité de voir son nom imprimé avait disparu ? Pas du tout. Pour chacun des mois d'hiver suivant l'envoi de la lettre, les habitants avaient en fait économisé plus d'énergie qu'à l'époque où ils pensaient être publiquement félicités. En pourcentage d'économies d'énergie, ils avaient réussi à diminuer leur consommation de 12,2 % pendant le premier mois, dans l'espoir d'être félicités par le journal. Mais après avoir été informés que ce serait impossible, ils n'étaient pas revenus à leur niveau de consommation antérieur ; au contraire, l'économie réalisée était passée à 15,5 % pour le reste de l'hiver.

Bien qu'il soit difficile de trancher avec certitude dans un cas de ce genre, une explication de ce comportement se présente immédiatement à l'esprit. Ces gens avaient été incités à s'engager dans des économies d'énergie par une promesse de publicité dans les journaux. Cet engagement, une fois pris, avait créé ses propres bases ; les habitants commencèrent à adopter de nouvelles habitudes de consommation d'énergie, à se sentir fiers de leur esprit civique, à se convaincre que les États-Unis avaient un besoin vital de réduire leur dépendance énergétique vis-à-vis de l'étranger, à apprécier l'épargne qu'ils réalisaient dans leurs notes de gaz, à valoriser les sacrifices qu'ils étaient capables de faire et, surtout, ils se mirent à se considérer eux-mêmes comme des partisans des économies d'énergie. Toutes ces nouvelles raisons de réduire leur consommation d'énergie expliquent que l'engagement soit demeuré ferme après que la motivation initiale, la publicité dans les journaux, eut été éliminée.

Mais curieusement, quand l'éventualité d'une publicité flatteuse avait disparu, ces habitants ne s'étaient pas contentés de maintenir leur effort d'économie d'énergie, ils l'avaient accru. On pourrait proposer à ce phénomène un certain nombre d'explications ; mais il y en a une qui me plaît particulièrement. En un sens, la promesse de bénéficier d'une publicité dans les journaux avait empêché les sujets de s'investir pleinement dans leur effort d'économie. De toutes les raisons qui soutenaient la décision d'économiser l'énergie, c'était la seule qui venait de l'extérieur ; c'était la seule qui les empêchait de penser que s'ils économisaient l'énergie, c'était pour obéir à leurs convictions. Lorsque la lettre vint supprimer la contrepartie publicitaire, elle élimina le seul élément qui troublait l'image que ces habitants se faisaient d'eux-mêmes, celle de citoyens responsables, conscients du problème de l'énergie. Cette nouvelle image, plus nette, les poussa alors à un effort encore plus soutenu. Que cette explication soit la bonne ou non, une étude réalisée pour confirmation par Pallack montre que cet avantage caché de la tactique de l'appât est certain.

L'expérience fut réalisée en été auprès d'habitants de

l'Iowa dont les maisons étaient équipées d'un système d'air conditionné. Les habitants à qui l'on avait promis la publicité dans le journal réduisirent leur consommation d'électricité de 27,8 pour cent en juillet, par rapport aux habitants à qui l'on n'avait promis aucune publicité ou qui n'avaient pas été contactés du tout. À la fin du mois de juillet, ils reçurent une lettre annulant la promesse de publicité. Au lieu de revenir à leurs vieilles habitudes, les habitants préalablement « appâtés » arrivèrent en août à obtenir une économie record de 41,6 pour cent. Tout à fait comme Sara, ils s'étaient sans doute engagés dans cette décision à la suite d'une incitation particulière, et se montraient encore plus enthousiastes après que l'incitation avait été supprimée.

Comment dire non

« La cohérence est le démon des petits esprits. » C'est du moins ainsi que l'on formule habituellement cette pensée attribuée à Ralph Waldo Emerson. Mais quelle curieuse réflexion en vérité. Si nous regardons autour de nous, il nous semble évident, plutôt, que, contrairement à ce que semble suggérer Emerson, la cohérence est la marque d'un esprit logique et intelligent, alors que l'inconséquence caractérise les individus faibles et bornés. Que pouvait bien vouloir dire un penseur aussi profond qu'Emerson en attribuant aux petits esprits cette qualité de cohérence ? La chose m'intriguait assez pour que je me reporte à la source de cette citation, l'essai *La Confiance en soi*. Or le paradoxe ne vient pas d'Emerson lui-même mais de la citation qu'on en fait communément. Il avait écrit en réalité : « La cohérence *malavisée* est le démon des petits esprits. » Pour quelque obscure raison, une distinction essentielle avait été perdue au cours des années, et la version simplifiée de la citation disait quelque chose d'entièrement différent, et, à y bien réfléchir, d'entièrement faux[20].

La distinction ne devrait pas être négligée pour notre étude, cependant, car elle est un élément essentiel de notre défense contre l'arme d'influence que constitue la combinaison des principes d'engagement et de cohérence. Bien que la cohérence soit en général louable, et même indispensable, il en existe une variété stupide, rigide, qu'il faut éviter. C'est à cette tendance à être automatiquement et sans réflexion cohérent qu'Emerson fait allusion. Et c'est de cette tendance que nous devons nous méfier, car elle ouvre la voie à toutes les manœuvres de ceux qui veulent exploiter la séquence engagement/cohérence à leur profit.

Mais comme la cohérence automatique est très utile, dans la mesure où elle nous permet d'arriver de façon économique à un comportement judicieux, nous ne pouvons décider simplement de l'éliminer entièrement de nos vies. Les résultats seraient désastreux. Si, au lieu d'obéir au déclic et de nous conformer à nos décisions et positions antérieures nous prenions le temps de réfléchir longuement à chacun de nos actes avant de le mettre à exécution, nous n'aurions jamais le temps d'accomplir quoi que ce soit de valable. Nous avons besoin de cette sorte de cohérence mécanique, même si elle est dangereuse. La seule façon de résoudre le dilemme, c'est de savoir quand cette cohérence peut nous amener à faire des choix malheureux. Il y a certains signaux, plus exactement deux types de signaux, qui peuvent nous mettre la puce à l'oreille. Chacun de ces types de signaux est enregistré par une partie différente de notre temps.

Le premier signal est facile à reconnaître ; c'est le creux que nous ressentons à l'estomac lorsque nous sentons que nous sommes obligés de consentir à quelque chose contre notre gré. Cela m'est arrivé des centaines de fois. J'ai ainsi éprouvé cette sensation, pour citer un exemple particulièrement mémorable, le jour où on sonna à ma porte, un soir d'été, bien avant que j'aie commencé l'étude des tactiques de persuasion. C'était une éblouissante jeune femme en short et débardeur ultra-décolleté. Je remarquai néanmoins qu'elle avait à la main un bloc-notes et qu'elle me demandait de participer à une enquête. Désireux de lui faire la meilleure impression, j'acceptai de me soumettre à son interrogatoire, et je dois avouer que j'exagérai un peu mes réponses afin de me montrer sous un jour favorable. Voici notre conversation :

ÉBLOUISSANTE JEUNE FEMME : Bonjour, monsieur, je fais une enquête sur les loisirs des habitants de cette ville. Est-ce que vous accepteriez de répondre à quelques questions ?

CIALDINI : Entrez donc.

EJF : Merci. Je vais m'asseoir là et nous allons commencer. Combien de fois par semaine allez-vous dîner au restaurant, approximativement ?

C : Oh, je dirais trois, peut-être quatre fois par semaine. Chaquc fois que je peux ; j'aime aller dans un bon restaurant.

EJF : Très bien. Et commandez-vous du vin, habituellement ?

C : Uniquement si c'est du vin importé.

EJF : Bon. Et le cinéma ? Allez-vous souvent au cinéma ?

C : Le cinéma ? Je vais voir tous les bons films. J'aime surtout le genre intellectuel, avec les dialogues écrits au bas de l'écran. Et vous ? Aimez-vous aller au cinéma ?

EJF : Euh... oui, bien sûr. Mais revenons à notre enquête. Allez-vous souvent au concert ?

C : Certainement. De musique classique, bien sûr ; mais je sais apprécier aussi un groupe rock de qualité.

EJF (*écrivant rapidement*) : Formidable. Plus qu'une question, sur les troupes de théâtre ou de ballet en tournée ; vous allez les voir quand ils passent dans la ville ?

C : Ah, les ballets, le mouvement, la grâce, l'harmonie, j'adore ça. Mettez que *j'adore* les ballets. Je ne rate pas une occasion d'y aller.

EJF : Parfait. Laissez-moi revoir mes chiffres un instant. Vous êtes M. Cialdini ?

C : Le Docteur Cialdini, oui. Mais appelez-moi Bob.

FJF : D'accord, *Bob*. D'après les renseignements que vous venez de me donner, j'ai le plaisir de vous annoncer que vous pourriez économiser jusqu'à douze cents dollars par an en adhérant à Clubamerica ! Un droit d'adhésion très modique vous donne droit à des réductions sur la plupart des activités que vous avez citées. Quelqu'un qui a une vie sociale aussi active que vous ne peut être qu'intéressé par les incroyables économies que notre société peut vous proposer sur toutes les sorties que vous m'avez dit faire régulièrement.

C (*fait comme un rat*) : Eh bien... euh... je... euh... il me semble.

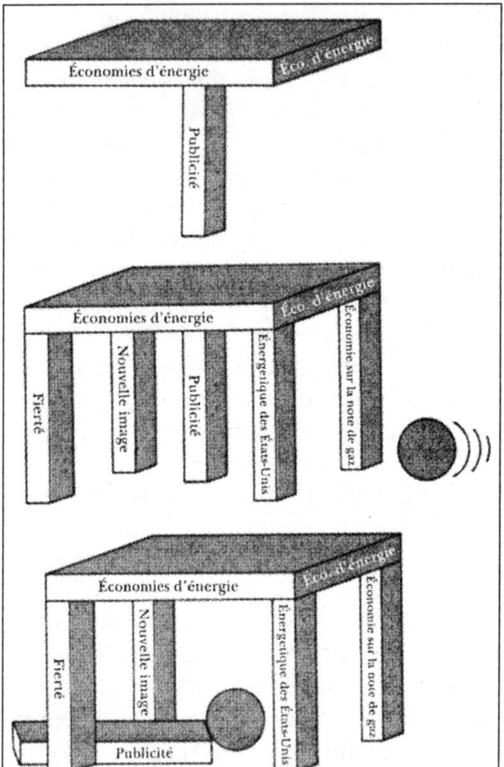

Ce schéma illustre l'étude sur l'économie d'énergie en Iowa. On voit comment l'effort initial d'économie d'énergie reposait sur la promesse de publicité (en haut). Bientôt, cet engagement en faveur des économies d'énergie a produit ses propres supports, autonomes, ce qui permet aux chercheurs de retirer le premier support (milieu). La conséquence en est la persistance des économies d'énergie, reposant sur ses propres bases après que l'offre initiale de publicité a été retirée (en bas). (Schéma de Maria Picardi ; copyright © Robert B. Cialdini.)

Je me rappelle parfaitement avoir senti mon estomac se contracter alors que je bégayais une acceptation. C'était un signal très clair envoyé à mon cerveau. « Attention, tu te fais avoir ! » Mais je ne voyais aucun moyen de m'en sortir. J'avais été acculé au consentement par mes propres paroles. Refuser l'offre de la jeune femme à ce moment-là me laissait devant un choix difficile ; si j'essayais de me dérober en disant que je n'étais pas l'homme mondain que j'avais prétendu être, j'étais un menteur ; si j'essayais de refuser sans avouer ma forfanterie, j'avais l'air d'un imbécile, car je laissais perdre l'occasion d'économiser douze cents dollars. J'achetai donc la carte, tout en sachant très bien que j'avais été conditionné à me prendre moi-même au piège de la cohérence.

Cela ne m'arrive plus maintenant. À présent, j'écoute ce que me dit mon estomac. Et j'ai trouvé la façon de traiter les gens qui essayent d'utiliser le principe de cohérence contre moi. Je me contente de leur dire exactement ce qu'ils sont en train de faire. C'est merveilleusement efficace. La plupart du temps, mes interlocuteurs ne comprennent même pas ce que je leur dis ; mais ils sont suffisamment troublés pour préférer me laisser tranquille. Je pense qu'ils soupçonnent un état de déséquilibre mental chez toute personne qui répond à leurs sollicitations en leur expliquant ce que Ralph Waldo Emerson entendait par sa distinction entre cohérence et cohérence malavisée. En général, ils cessent de m'écouter quand je cite « le démon de l'esprit » et sont déjà loin avant que j'aie pu décrire l'effet de déclic lié à l'engagement et à la cohérence. Il arrive pourtant qu'ils comprennent que j'ai vu clair dans leur jeu. Je m'en aperçois toujours ; cela se voit comme le nez au milieu de la figure. Ils se troublent, cherchent désespérément une sortie, et se précipitent vers la porte.

Cette tactique est devenue ma contre-attaque favorite. Chaque fois que mon estomac me dit qu'il serait stupide d'accepter une proposition simplement pour rester conséquent avec quelque engagement antérieur auquel j'ai été conduit par la ruse, je transmets le message au solliciteur. Je n'essaye pas de nier l'importance de la cohérence ; je me contente de souligner l'absurdité de la cohérence malavisée. Quand, en conséquence, le solliciteur bat précipitamment en retraite, ou reste interdit, je suis satisfait. J'ai gagné ; un exploiteur vient de perdre.

J'imagine parfois comment les choses se passeraient si cette éblouissante jeune femme d'il y a quelques années venait aujourd'hui me vendre une carte d'adhésion à un club de loisirs. J'ai tout prévu. Le dialogue serait le même, sauf la fin :

EJF :… quelqu'un qui a une vie sociale aussi active que la vôtre voudra certainement profiter des incroyables économies que notre société peut vous offrir sur toutes les activités que vous m'avez citées.

C (*avec beaucoup d'assurance*) : Pas du tout. Voyez-vous, je comprends ce qui vient de se passer. Je vois que ce que vous m'avez raconté n'était qu'un faux prétexte pour me faire dire si je sortais souvent, et, dans la circonstance, une tendance naturelle m'a poussé à exagérer. Je vois aussi que vos patrons vous ont choisie pour ce travail en raison de votre physique très séduisant, qu'ils vous ont dit de porter des vêtements révélant une grande partie de vos tissus cutanés, parce qu'une jolie jeune femme légèrement vêtue incite les hommes à se vanter de leur vie trépidante pour l'impressionner.

C'est pourquoi je ne suis pas intéressé par votre club, à cause de ce qu'a dit Emerson sur la cohérence malavisée et les démons de l'esprit.

EJF (*d'un air hagard*) : Hein ?

C : Écoutez. Ce que je vous ai dit pendant votre prétendue enquête n'a aucune importance. Je refuse de me laisser enfermer dans une séquence automatique d'engagement et de cohérence quand je sais qu'elle n'a aucune raison d'être. Il n'y a pas de *déclic* qui tienne.

EJF : Hein ?

C : Très bien, laissez-moi m'expliquer autrement : (1) Il serait stupide de ma part de dépenser de l'argent pour quelque chose dont je ne veux nullement. (2) Je sais de source sûre, par mon estomac, que je ne veux pas de votre carte de membre. (3) Par conséquent, si vous croyez que je vais l'acheter, vous vous faites des illusions. Quelqu'un dont l'intelligence est aussi brillante que la vôtre comprendra certainement cela.

EJF (*faite comme un joli jeune rat*) : Eh bien… euh… je… il me semble.

Les estomacs ne sont pas des organes particulièrement sensibles ou subtils. Ce n'est que quand il est évident que nous nous trouvons enfermés dans un piège qu'ils peuvent enregistrer et transmettre le message. Il y a des situations où l'erreur n'est pas évidente, et où nos estomacs restent muets. Dans ces cas-là, nous devons chercher ailleurs le signal d'alarme. L'histoire de ma voisine Sara en fournit la parfaite illustration. Elle s'était engagée de façon importante envers Tim en abandonnant ses projets de mariage. Cet engagement avait créé ses propres soutiens, si bien que même si les raisons initiales de l'engagement avaient disparu, Sara y restait fidèle. Elle s'est convaincue, au moyen de motifs fabriqués après coup, qu'elle avait pris la bonne décision, et donc, elle reste avec Tim. Il est facile de comprendre pourquoi Sara ne ressent pas cette contraction de l'estomac. L'estomac nous indique que nous pensons être en train de faire quelque chose de stupide. Or Sara ne *pense* rien de tel. Dans son esprit, elle a fait le bon choix et agit conformément à ce choix.

Cependant, à moins que je n'aie rien compris, il y a une part de Sara qui sait qu'elle a commis une erreur, et que sa vie actuelle repose sur une cohérence malavisée. Il est difficile de dire de quelle partie du corps vient cette indication. Mais nous lui donnons communément un nom : le fond du cœur. C'est par définition le seul endroit où nous ne pouvons pas nous leurrer. C'est l'endroit où aucune des justifications a posteriori, aucun de nos raisonnements spécieux ne vaut. Sara possède là la vérité, bien que, pour le moment, elle ne puisse entendre parler le fond de son cœur, étouffé par l'appareil de justification qu'elle a édifié.

Si Sara s'est trompée en choisissant Tim, combien de temps peut-elle continuer à ne pas le voir, sans provoquer un effondrement intérieur ? Nul ne peut le dire. Une chose est sûre, pourtant ; au fur et à mesure que le temps passe, la possibilité de remplacer Tim se fait plus lointaine ; Sara doit se décider rapidement si elle veut reconnaître son erreur.

Cela est plus facile à dire qu'à faire, bien sûr. Elle doit répondre à une question extrêmement compliquée : « Sachant ce que je sais maintenant, si je pouvais revenir en arrière, prendrais-je la même décision ? » La difficulté réside dans le « sachant ce que je sais maintenant ». Car que sait-elle vraiment sur Tim ? Dans quelle mesure ce qu'elle pense de lui est-il le résultat d'un effort désespéré pour justifier son engagement d'alors ? Elle prétend que, depuis qu'elle a décidé de le reprendre, il l'aime davantage, qu'il fait tous ses efforts pour arrêter de boire, a appris à faire de très bonnes omelettes, etc. Ayant eu l'occasion de goûter à ces omelettes, je reste sceptique. L'important, cependant, c'est de savoir si elle croit *elle-même* à ce qu'elle dit, pas seulement intellectuellement, car nous pouvons tous abuser nos esprits en cas de besoin, mais au fond de son cœur.

Il peut y avoir un moyen pour Sara de savoir quelle part de sincérité et quelle part de cohérence malavisée il y a dans son choix de rester avec Tim. Toutes les expériences de psychologie montrent que nous ressentons les sentiments réels pendant une fraction de seconde avant de pouvoir les intellectualiser[21]. Je soupçonne que le message envoyé par le fond de notre cœur est un sentiment purement élémentaire. Si nous nous entraînons à être attentifs, nous devrions l'enregistrer, ne serait-ce que légèrement avant que les processus cognitifs n'entrent en jeu. En appliquant cette méthode, si Sara devait se poser la question clé : « Prendrais-je la même décision aujourd'hui ? », il lui faudrait écouter son premier mouvement et faire confiance à cet éclair jailli du fond du cœur, qui est sans doute le signal qui arrive à se glisser dans son intégrité avant que les moyens de s'abuser soi-même ne soient mis en branle[22].

J'adopte maintenant la même méthode chaque fois que je soupçonne que je risque d'agir avec une cohérence malavisée. Un jour, par exemple, je m'étais arrêté à une pompe à essence en libre service, dans une station qui affichait un prix inférieur de deux cents à celui pratiqué dans la région. Mais une fois le tuyau en main, je remarquai que le prix affiché sur la pompe était de deux cents de plus que celui affiché à l'entrée de la station. Quand je signalai la différence à un pompiste qui se trouvait là, qui se révéla être le propriétaire, il grommela sans conviction que le prix avait changé depuis quelques jours, et qu'on n'avait pas eu le temps de changer les affiches. J'essayai de décider de ce que je devais faire. Quelques raisons de rester me vinrent à l'esprit : « J'ai vraiment besoin d'essence tout de suite. » « Cette pompe est libre, et je suis pressé. » « Il me semble me rappeler que cette marque d'essence réussit bien à ma voiture. »

Il me fallait savoir si ces raisons étaient authentiques, ou de simples prétextes justifiant mon arrêt à cette station d'essence. Je me posai donc la question cruciale : « Sachant ce que je sais sur le prix réel de cette essence, si je pouvais revenir en arrière, est-ce que je choisirais à nouveau de m'arrêter ? » En me concentrant sur ma première impression, la réponse était claire et sans équivoque. Je serais passé devant cette station sans même ralentir. Je savais donc que sans l'avantage de prix, les autres raisons ne m'auraient pas amené là. Ces raisons n'avaient pas été à l'origine de ma décision ; c'est ma décision qui avait été à l'origine de ces raisons.

Cela établi, je devais trancher une autre question. Puisque je tenais déjà le tuyau de la pompe à essence, ne serait-il pas préférable de prendre de l'essence, plutôt que d'avoir à prendre la peine d'aller ailleurs pour payer le même prix ? Fort heureusement, le pompiste-propriétaire vint à mon secours dans mon indécision. Il vint me demander pourquoi je ne prenais pas d'essence. Je lui dis que je n'appréciais pas beaucoup la différence de prix, et il aboya : « Écoutez, personne n'a à me dire comment je dois mener mes affaires. Si vous croyez que je suis en train de vous rouler, vous n'avez qu'à poser ce tuyau *tout de suite* et débarrasser le plancher aussi vite que vous pourrez, mon pote ! » Étant maintenant sûr que ce pompiste était malhonnête, je fus ravi de pouvoir agir de façon cohérente aussi bien avec mes convictions qu'avec ses désirs. Je lâchai immédiatement le tuyau, et je me dirigeai vers la sortie la plus proche, en écrasant le tuyau au passage. La cohérence procure parfois des sensations délicieuses…

TÉMOIGNAGE
d'une habitante de Portland, dans l'Oregon

« J'étais dans le centre de Portland, en train de me rendre à pied à un déjeuner, lorsqu'un séduisant jeune homme m'arrêta, avec un grand sourire et un argument irrésistible : "Excusez-moi, je participe à un concours et, pour gagner, j'ai besoin d'une jolie femme comme vous." Sachant que de nombreuses femmes beaucoup plus belles que moi courent les rues, j'étais sceptique ; toutefois, il m'avait prise un peu au dépourvu et j'étais curieuse de savoir où il voulait en venir. Il m'expliqua que chaque baiser échangé avec une inconnue lui permettait de gagner des points. Ayant la tête sur les épaules, je ne croyais pas un mot de son boniment, mais il insistait et, comme je risquais de me mettre en retard pour mon rendez-vous, je me dis : "Après tout, autant accepter, histoire de m'en débarrasser". J'allai donc totalement à l'encontre de ma nature et embrassai sur la joue ce type que je n'avais jamais vu, là, en plein centre-ville !

Moi qui pensais être tirée d'affaire, je n'en étais qu'au début de mes peines. À mon grand dam, il enchaîna en ces termes : "Vous embrassez très bien, mais, en réalité, le concours auquel je participe consiste à vendre des abonnements à un magazine. Peut-être une de ces revues vous intéresserait-elle ?" J'aurais dû le planter là vertement mais, puisque j'avais répondu à sa première demande, je donnai suite à la deuxième, me sentant dans l'obligation d'être cohérente avec moi-même. C'est vrai, alors que je n'y croyais pas moi-même, je pris effectivement un abonnement à un magazine de ski que j'aime lire à l'occasion, mais pas au point d'acheter tous les numéros. Je lui versai un acompte et m'en allai au plus vite, très mécontente d'avoir agi ainsi et sans comprendre ce qui m'y avait poussée.

Après avoir lu votre livre, j'ai réfléchi à cet incident et, bien que cela me contrarie toujours d'y repenser, je m'explique au moins ce qui s'est produit. Si la tactique de ce jeune homme a aussi bien fonctionné, c'est parce qu'une fois de modestes engagements passés (dans cet exemple, un simple baiser), on cherche à leur apporter un surcroît de justification, en s'engageant plus profondément encore. En l'occurrence, j'ai éprouvé le besoin de satisfaire à la seconde demande par souci de cohérence avec mon attitude initiale. Si seulement j'avais prêté attention aux signaux d'alarme lancés par mon estomac, je me serais épargné une bonne dose d'humiliation. »

En soutirant un baiser à cette jeune femme, le vendeur exploite le principe de cohérence de deux façons. Tout d'abord, quand il en vient à lui demander si elle souhaite s'abonner à un magazine, elle lui a d'ores et déjà montré – en l'embrassant – qu'elle est d'accord pour l'aider à gagner un concours. De plus, il semble bien naturel (autrement dit, logique) qu'une femme qui apprécie suffisamment un homme pour lui accorder un baiser soit prête à lui apporter son aide.

4

La preuve sociale

La vérité, c'est les autres

Lorsque tout le monde pense pareil, personne ne pense vraiment.

WALTER LIPPMANN

Je ne connais personne qui aime les rires préenregistrés. J'ai fait un jour une petite enquête auprès des gens qui sont passés dans mon bureau (plusieurs étudiants, deux réparateurs du téléphone, des professeurs d'université et le concierge). La réaction était chaque fois négative. C'est la télévision, avec son emploi systématique du rire et de la gaieté artificiels, qui recevait le plus de critiques. Toutes les personnes que j'ai interrogées détestaient les rires préenregistrés. Ils jugeaient cette pratique stupide, malhonnête, et ridicule. Quoique mon échantillon soit limité, je parierais volontiers que cette opinion reflète les sentiments négatifs du public américain envers les rires préenregistrés.

Pourquoi les responsables des télévisions américaines aiment-ils tellement les rires préenregistrés ? Ils sont parvenus à leur haute position et à leur salaire royal grâce à une judicieuse anticipation des goûts du public. Et pourtant, ils s'en tiennent religieusement à ce procédé que leur public trouve si désagréable. Et cela, contre l'avis de leurs artistes les plus talentueux. Il n'est pas rare que des metteurs en scène, des scénaristes ou des acteurs connus réclament la suppression des réactions préenregistrées pour les projets qu'ils entreprennent. Ces réclamations ne sont que rarement entendues, et quand elles le sont, ce n'est pas sans mal.

Pourquoi les rires préenregistrés sont-ils si précieux aux responsables des programmes ? Pourquoi ces hommes d'affaires imposent-ils une pratique que leurs spectateurs potentiels trouvent désagréables et que leurs plus grands talents reçoivent comme une insulte personnelle ? La réponse est à la fois simple et surprenante : ils connaissent les résultats de certaines recherches. Des expériences ont prouvé que le public rit plus souvent et plus longtemps des produits humoristiques lorsqu'on a recours à la gaieté artificielle, et qu'il les juge plus drôles. De plus, certains résultats semblent indiquer que le rire artificiel est d'autant plus efficace que l'humour de la pièce est douteux[1].

À la lumière de ces faits, l'attitude des responsables des chaînes de télévision devient compréhensible. L'introduction de rires préenregistrés dans les émissions comiques augmente les réactions de gaieté et d'appréciation du public, même et surtout si le produit est de qualité médiocre. Comment s'étonner, dans ces conditions, que la télévision, où abondent les tentatives d'émissions comiques exécutées sans talent, soit parcourue de rires artificiels ? Les responsables savent très bien ce qu'ils font.

Une fois résolu le mystère de l'usage si largement répandu des rires préenregistrés, reste une question encore plus difficile : pourquoi le rire préenregistré a-t-il cet effet sur nous ? Ce ne sont plus les responsables des chaînes de télévision qui nous étonnent ; ils agissent logiquement dans leur meilleur intérêt. Mais ce qui semble curieux, c'est le comportement du public, notre comportement à tous. Comment se fait-il que nous riions plus volontiers des produits comiques lorsqu'ils sont noyés dans une gaieté fabriquée mécaniquement ? Et pourquoi trouvons-nous ce déluge de rires comique ? La télévision ne nous abuse pas vraiment. N'importe qui peut reconnaître le rire doublé. C'est un rire contrefait de manière si flagrante qu'il est impossible de le confondre avec le rire authentique. Nous savons pertinemment que l'hilarité que nous percevons est sans rapport avec la qualité comique du passage qu'elle souligne ; nous savons qu'elle est créée, non pas spontanément, par un véritable public, mais de façon artificielle, par un technicien qui appuie sur un bouton.

Mais la mystification a beau être transparente, elle parvient à son but.

Pour comprendre l'efficacité du rire préenregistré, nous devons ajouter à notre liste une puissante arme d'influence : la preuve sociale. Suivant ce principe, l'un des moyens de déterminer ce qui est bien est de découvrir ce que d'autres personnes pensent être bien. Le principe s'applique essentiellement aux situations où nous essayons de déterminer quel est le comportement à tenir. Nous jugeons qu'un comportement est plus approprié à une circonstance particulière si nous voyons d'autres personnes l'adopter. Que la question posée soit ce qu'il convient de faire avec un emballage de pop-corn vide dans une salle de cinéma, la vitesse à adopter sur un tronçon d'autoroute, ou la façon de manger son poulet lors d'un dîner, les actions des personnes qui nous entourent seront un élément important de la réponse.

La tendance à croire qu'un comportement est approprié à partir du moment où d'autres l'adoptent produit normalement de bons résultats. En règle générale, nous faisons moins d'erreurs en agissant conformément aux indications que nous fournit le groupe social qu'en allant à leur encontre. Habituellement, quand un grand nombre de gens fait quelque chose, c'est que c'est la meilleure chose à faire. Cette vérification par les faits est à la fois la force et la faiblesse du principe de la preuve sociale. Comme les autres principes des armes d'influence, la preuve sociale représente un raccourci commode, mais elle rend en même temps celui qui l'emprunte vulnérable aux assauts des profiteurs embusqués sur le chemin.

Dans le cas du rire préenregistré, le problème vient du fait que nous subissons l'influence de la preuve sociale de façon si instinctive et si irréfléchie que nous nous laissons abuser par des signes insuffisants, ou même falsifiés. Ce qui est déraisonnable, ce n'est pas de recourir au rire d'autrui pour juger du comique d'une situation et savoir s'il y a lieu de rire ; ce qui est déraisonnable, c'est de s'en reposer sur un rire qui est, de façon évidente, frelaté. Il se trouve qu'un phénomène isolé d'un contexte comique, en l'occurrence, un son, agit comme l'essence du comique. L'exemple, proposé au premier chapitre, du putois et de la dinde s'impose à l'esprit. Rappelez-vous que, comme le « tchip-tchip » particulier aux dindonneaux s'associe normalement à ses poussins, la mère dinde, sur la seule foi de ce son, adoptera ou non un comportement maternel. Rappelez-vous aussi que, de la même façon, la dinde prenait sous son aile un putois empaillé émettant, au moyen d'un magnétophone, le « tchip-tchip » du dindonneau. Le cri simulé du poussin suffisait à déclencher la cassette « maternage » de la dinde.

L'exemple de la dinde et du putois n'illustre que trop bien l'effet produit, sur le spectateur moyen, par le rire enregistré. Nous sommes si accoutumés à considérer le rire de nos semblables comme la preuve d'une qualité comique que, comme la dinde, nous réagissons au stimulus sonore et non à la réalité des choses. De même qu'un « tchip-tchip » non accompagné d'un poussin réel déclenche chez la dinde le comportement maternel, de même un « ha-ha » enregistré, coupé de la réalité d'un véritable public, déclenche le rire. Les responsables des télévisions exploitent notre goût des raccourcis, notre tendance à réagir automatiquement sur la base d'indices insuffisants. Ils savent ce que leurs enregistrements déclenchent en nous. *Clic !*

Il n'y a pas qu'à la télévision qu'on sait tirer parti du principe de la preuve sociale. Notre tendance à croire qu'un acte est approprié si nous voyons d'autres le faire est exploitée dans les circonstances les plus diverses. Les barmen disposent souvent sur le bar quelques billets d'un dollar en début de soirée, comme s'il s'agissait de pourboires laissés par les premiers clients, afin de faire croire qu'il est d'usage de laisser au bar des pourboires de cette importance. Dans les églises, on « amorce » parfois les corbeilles de la même façon avec un résultat identique. Il est bien connu que les prédicateurs évangélistes* s'arrangent pour que des personnes de

* Très réceptif à la religion, le peuple américain favorise largement l'émergence de nouvelles églises et de prédicateurs. Les plus

l'assistance s'avancent à un moment convenu afin de rendre témoignage et d'apporter une contribution. Ainsi, une équipe de recherche de l'Université de l'État d'Arizona qui a infiltré l'organisation de Billy Graham* a décrit les préparatifs réalisés à l'occasion de l'une des tournées de sa « Croisade ». « Quand Graham arrive dans la ville et lance son appel, une véritable armée de six mille personnes attend le moment convenu pour s'avancer à des intervalles divers, afin de créer l'impression d'un mouvement de masse spontané[2]. »

Les publicitaires sont toujours ravis de nous dire qu'un produit est « en plein essor » ou fait des « ventes record », car ils n'ont alors pas besoin de nous convaincre de façon directe que le produit est bon, il leur suffit de nous dire que c'est l'opinion des autres consommateurs, ce qui semble en soi suffisamment convaincant. Au plus fort de la vague disco, certains propriétaires de discothèques fabriquaient des preuves apparentes de la qualité de leur club en créant artificiellement de longues files d'attente devant la porte, alors qu'il restait beaucoup de place à l'intérieur. On recommande aux vendeurs de mentionner de précédents acheteurs du produit. Le célèbre consultant en vente et marketing Cavett Robert formule très bien ce principe dans ses conseils aux apprentis vendeurs : « Comme quatre-vingt-quinze pour cent des gens sont par nature des imitateurs, et seulement cinq pour cent des innovateurs, les gens sont plus facilement persuadés

célèbres possèdent, grâce aux donations, chaînes de télévision, actifs immobiliers, réseaux de vente par correspondance. La loi américaine les dispense de déclarations fiscales et du paiement de l'impôt (*N. d. E.*).

* Évangéliste célèbre. On peut citer également : Jimmy Swaggart, Jerry Falwell, Pat Robertson (*N. d. E.*).

par les actions de leurs semblables que par tout autre argument que nous pouvons leur donner. »

Les chercheurs se sont également intéressés aux procédés de persuasion fondés sur le principe de la preuve sociale, avec des résultats parfois surprenants. Le psychologue Albert Bandura, en particulier, a ouvert la voie en recourant à cette méthode pour supprimer les comportements pathologiques. Bandura et ses collègues ont montré comment les personnes souffrant de phobies peuvent se débarrasser de ces terreurs extrêmes par une méthode très simple. Ainsi, dans une première étude, des enfants d'âge préscolaire, choisis pour leur terreur des chiens, regardaient simplement, vingt minutes chaque jour, un petit garçon visiblement heureux de jouer avec un chien. Ce spectacle provoqua un changement si marqué dans les réactions des enfants qu'après seulement quatre jours, soixante-sept pour cent d'entre eux acceptaient de se mettre dans un parc avec un chien et restaient là, à caresser le chien pendant que tout le monde quittait la pièce. De plus, lorsque les psychologues procédèrent de nouveau à une évaluation de la peur de ces enfants, un mois plus tard, ils constatèrent que l'amélioration n'avait pas été éphémère ; les enfants étaient plus que jamais disposés à jouer avec les chiens.

Une seconde étude réalisée permit de faire une découverte d'une grande importance pratique. Pour diminuer les craintes des enfants, il n'était pas nécessaire de leur montrer dans la réalité un enfant jouant avec un chien ; il suffisait de projeter un film montrant la scène. Les films les plus efficaces étaient ceux qui montraient non pas un, mais plusieurs enfants avec leurs chiens. Le principe de la preuve sociale a semble-t-il d'autant plus de force que la preuve est administrée par les actes d'un grand nombre d'autres personnes[3].

L'influence des exemples filmés sur le comportement des enfants peut être une thérapie dans bien des cas. Les recherches du psychologue Robert O'Connor sur les enfants d'âge préscolaire non intégrés au groupe le montrent de façon frappante. Nous avons tous vu de ces enfants extrêmement timides, restant isolés, en marge des jeux et des rassemblements de leurs camarades. O'Connor pensait qu'il risquait de se former dès la petite enfance un processus d'isolement durable, qui entraînerait par la suite des difficultés d'adaptation et d'intégration sociale pour l'adulte. Pour essayer de briser le processus, O'Connor réalisa un film comprenant onze scènes tournées dans le cadre d'une école maternelle. Chaque scène montrait un enfant différent qui, d'abord, solitaire, regardait un groupe, puis se joignait activement à l'activité du groupe, à la satisfaction générale. O'Connor choisit dans quatre écoles maternelles des enfants particulièrement renfermés et leur montra le film. L'effet fut radical. Les enfants isolés commencèrent immédiatement à se mêler à leurs camarades de la même manière que les autres enfants des écoles maternelles. Le plus étonnant fut ce que O'Connor constata lorsqu'il revint observer les enfants six semaines plus tard. Alors que les enfants repliés sur eux-mêmes qui n'avaient pas vu le film de O'Connor restaient plus isolés que jamais, ceux qui avaient vu le film étaient devenus des « meneurs » sur le plan de l'activité sociale. Ce film de vingt-trois minutes, qui n'avait été vu qu'une seule fois, suffit à renverser la tendance ; le risque d'une inadaptation permanente pouvait être écarté par le seul pouvoir du principe de preuve sociale[4].

Parmi les exemples illustrant la force de la preuve sociale, il y en a un que j'aime tout particulièrement. Il est séduisant à plus d'un titre ; il est le produit d'une méthode un peu négligée, l'observation par participation, dans laquelle un chercheur étudie un phénomène en se plongeant dans le milieu concerné ; il intéresse aussi bien les historiens et les théologiens que les psychologues ; et surtout, il montre comment nous pouvons subir l'effet de la preuve sociale – administrée, non par autrui, mais par nous-mêmes – qui fait en sorte que ce que nous préférons croire semble en effet vrai.

Les faits en eux-mêmes sont classiques, et nous amènent à examiner des événements anciens, car l'histoire est parcourue de mouvements religieux millénaristes. Différentes sectes et différentes religions ont prophétisé qu'une certaine date marquerait l'avènement d'une période de rédemption et de grand bonheur pour ceux qui croiraient aux enseignements du groupe. Dans chaque cas, il était prédit que le commencement du temps du salut serait marqué par un événement éclatant, le plus souvent, la fin du monde dans un cataclysme. Naturellement, ces prédictions ont toujours été démenties par les faits. Pour le plus grand désarroi des membres de ces groupes, la fin du monde ne s'est jamais produite à l'heure dite.

Or dès que la prophétie apparaît comme manifestement fausse, les événements prennent un tour inattendu. Au lieu de se disperser dans l'amertume générale, les adeptes se trouvent souvent renforcés dans leurs convictions. Bravant les sarcasmes de la population, ils se répandent dans les rues, prêchant leurs dogmes et s'efforçant de convertir les incrédules avec une ferveur augmentée, et non diminuée, par l'écroulement d'un article de foi essentiel. Ce fut le cas des montanistes au IIe siècle en Asie Mineure, des anabaptistes en Hollande au XVIe siècle, des sabbathiens au XVIIe siècle à Izmir, des adventistes au XIXe siècle aux États-Unis. Ce pourrait donc être le cas, à ce qu'ont pensé trois sociologues intéressés par le phénomène, d'une secte apocalyptique moderne installée à Chicago. Les chercheurs, Leon Festinger, Henry Riecken, et Stanley Schachter, qui travaillaient alors tous trois à l'Université du Minnesota, entendirent parler de la secte de Chicago et estimèrent qu'elle méritait une étude approfondie. Ils décidèrent donc, afin de mieux l'étudier, de se joindre au groupe incognito, en se faisant passer pour de nouveaux adeptes, et d'introduire dans la secte des observateurs à leur solde. Cette manœuvre d'infiltration permit d'observer directement le cours des événements précédant et suivant le jour prévu pour la catastrophe[5].

FIGURE 5 – À la recherche d'un sens (toujours) plus élevé
Souvent, l'influence de la masse se révèle d'une puissance diabolique.
(Dessin extrait de Punch, publié par William Hewison, St. Martin's Press, inc. Copyright © 1979 Punch Publications Ltd.)

Le nombre des adeptes était réduit ; il n'y en eut jamais plus de trente. Les chefs de la secte étaient un homme et une femme d'âge mûr, que les chercheurs rebaptisèrent, pour publier leur étude, le Dr Thomas Armstrong et Mme Marian Keech. Le Dr Armstrong, médecin travaillant dans un service de médecine scolaire, s'intéressait depuis longtemps au mysticisme, à l'occulte et aux soucoupes volantes. Il faisait autorité sur ces questions dans la secte. Mme Keech était cependant la personnalité centrale de la secte. Elle avait commencé cette année-là à recevoir des messages envoyés par des esprits habitant d'autres planètes, qu'elle appelait les Gardiens. C'étaient ces messages, transcrits par la main de Marian Keech par le procédé de l'écriture automatique, qui formaient l'essentiel de l'enseignement religieux de la secte. Les enseignements des Gardiens étaient vaguement en relation avec la pensée chrétienne traditionnelle. Il ne faut donc pas s'étonner que l'un des Gardiens, Sananda, ait fini par révéler qu'il était la réincarnation de Jésus.

Les messages envoyés par les Gardiens, qui étaient toujours sujets à de nombreuses discussions et réinterprétations à l'intérieur du groupe, acquirent une importance nouvelle quand ils se mirent à prédire une catastrophe imminente, un déluge qui commencerait en Amérique et engloutirait le monde entier. Les adeptes furent d'abord très inquiets, mais de nouveaux messages leur assurèrent que tous ceux qui croyaient à la Parole annoncée par Mme Keech seraient sauvés. Avant la catastrophe, des hommes de l'espace devaient arriver et emporter les fidèles à bord de leur soucoupe volante pour les mettre à l'abri, probablement sur une autre planète. Il y avait très peu de détails sur le sauvetage lui-même ; on savait seulement que les fidèles devaient se tenir prêts pour l'embarquement en retenant en mémoire certains mots de passe (« J'ai laissé mon chapeau chez moi » « Quelle est votre question ? » « Je suis mon propre porteur ») et en retirant de leurs vêtements tous les éléments métalliques, car le fait de porter du métal rendait le voyage en soucoupe « extrêmement dangereux ».

En observant les préparatifs pendant les deux semaines précédant la date du déluge, Festinger, Riecken et Schachter remarquèrent tout particulièrement deux comportements intéressants chez les adeptes. D'abord, leur adhésion au système de croyances de la secte était entière. Dans l'attente de leur départ de cette planète condamnée, les membres du groupe prirent des mesures définitives. La plupart d'entre eux s'étaient trouvés en butte à l'opposition de leur famille et de leurs amis, mais avaient néanmoins persisté dans leurs convictions, même si cela leur faisait perdre l'affection de leurs proches. De fait, plusieurs des membres furent menacés par leurs familles d'une interdiction judiciaire. Dans le cas du Dr Armstrong, sa sœur entreprit de lui faire retirer la tutelle de ses deux enfants mineurs. Beaucoup de fidèles quittèrent leur travail ou négligèrent leurs études pour se consacrer à plein temps au mouvement. Certains même distribuèrent ou jetèrent leurs effets personnels, pensant bientôt ne plus en avoir besoin. Ces gens avaient donc une certitude qui avait résisté à d'énormes pressions sociales, économiques, même judiciaires, et leur adhésion au dogme se fortifiait chaque fois qu'ils triomphaient d'une de ces pressions.

Le deuxième aspect intéressant de l'attitude des fidèles avant le déluge était leur curieuse inaction. Pour des individus si convaincus du bien-fondé de leurs croyances, ils faisaient bien peu de choses pour répandre la bonne parole. Ils rendirent publique dès le début la nouvelle de l'imminence du désastre, mais ils ne firent aucune tentative pour chercher de nouveaux adeptes ; il n'y eut pas de prosélytisme actif. Ils consentaient à prévenir du danger et à conseiller ceux qui venaient d'eux-mêmes a eux, mais leur zèle s'arrêtait là.

Le manque d'enthousiasme prosélyte du groupe se manifestait clairement dans le peu d'efforts qu'il déployait pour le recrutement de nouveaux adeptes. Le secret était jalousement gardé sur certaines questions : les copies de la Parole étaient brûlées, des mots de passe et des signes de reconnaissance furent institués, le contenu de certains enregistrements ne devait pas être révélé à l'extérieur ; ces enregistrements étaient si secrets que même les membres les plus anciens n'avaient pas le droit de prendre des notes. On évitait toute publicité. Au fur et à mesure que le jour de la catastrophe approchait, un nombre croissant de journalistes de la presse écrite, de la radio et de la télévision accourait au quartier général de la secte, la maison de Mme Keech. En général, ces journalistes étaient éconduits ou ignorés. La réponse que recevaient le plus souvent leurs questions était : « Pas de commentaire. » Découragés pour un temps, les journalistes revinrent, ravis, lorsqu'en raison de ses activités le Dr Armstrong fut démis de ses fonctions dans le service de médecine scolaire. Un reporter particulièrement insistant dut être menacé de poursuites judiciaires. Un assaut du même ordre fut repoussé la veille du déluge, où une horde de reporters se bousculait pour arracher quelque renseignement aux fidèles. Après coup, les sociologues décrivirent avec un certain respect l'attitude de ce groupe vis-à-vis de la publicité et du recrutement de nouveaux adeptes. « Exposés à une publicité tapageuse, les adeptes s'efforcèrent constamment d'esquiver la célébrité ; ayant de multiples occasions de répandre leur foi, ils étaient restés évasifs, secrets même, et montraient une indifférence presque hautaine. »

Enfin, quand tous les journalistes et tous les non-initiés eurent été chassés de la maison, les fidèles commencèrent leurs préparatifs en vue de l'arrivée de la nef spatiale prévue pour minuit. La scène, telle que l'ont racontée Festinger, Riecken, et Schachter, relevait du théâtre de l'absurde. Ces citoyens ordinaires – des ménagères, des étudiants, un lycéen, un éditeur, un docteur en médecine, un employé de quincaillerie et sa mère – prenaient part, le plus sérieusement du monde, à une tragi-comédie. Ils étaient dirigés par deux membres en liaison régulière avec les Gardiens. Les messages écrits de Sananda étaient transmis ce soir-là par « Bertha », une ancienne esthéticienne par la bouche de laquelle le « Créateur » donnait ses instructions. Ils répétèrent tous consciencieusement leurs répliques, donnant en chœur les réponses qu'il fallait faire pour monter à bord de la soucoupe de sauvetage : « Je suis mon propre porteur. » « Je suis mon propre indicateur. » On débattit très sérieusement d'un appel téléphonique de quelqu'un qui prétendait être Captain Video (héros d'un feuilleton de science-fiction diffusé à l'époque) ; était-ce une mauvaise plaisanterie ou fallait-il l'interpréter comme un message codé envoyé par les sauveteurs ? Et les comédiens étaient en costume. Écoutant le conseil de ne rien emporter de métallique à bord de la soucoupe volante, les fidèles portaient des vêtements qu'on avait coupés pour en ôter les parties métalliques. Les œillets en métal des chaussures avaient été arrachés. Les femmes ne portaient pas de soutiens-gorge, ou en avaient retiré les crochets métalliques. Les hommes avaient arraché la fermeture Éclair de leur pantalon, et remplacé les ceintures par des cordes.

Le fanatisme du groupe sur ce point fut confirmé par l'expérience de l'un des sociologues, qui remarqua, à minuit moins vingt-cinq, qu'il avait oublié de retirer la fermeture Éclair de son pantalon. Comme le rapporte l'un des observateurs, « cette découverte suscita un début de panique. On l'entraîna dans la chambre, où le Dr Armstrong, les mains tremblantes, jetant sans cesse des regards inquiets à la pendule, découpa la fermeture avec une lame de rasoir et en arracha les agrafes avec une pince ». Une fois cette opération hâtivement menée à bien, le sociologue fut renvoyé rejoindre les autres, certes démétallisé, mais, sans doute aussi, un peu pâle.

Comme le moment fixé pour le départ approchait, les fidèles se figèrent dans l'attente. Grâce à la présence sur les lieux de scientifiques qualifiés, nous disposons d'un compte rendu détaillé des événements qui se déroulèrent à ce moment crucial pour la secte :

> Les dernières minutes furent très tendues. Les adeptes n'avaient rien d'autre à faire que s'asseoir et attendre, leur manteau sur le bras. Dans un silence tendu, deux pendules faisaient entendre leur tic-tac ; l'une était en avance de dix minutes sur l'autre. Lorsqu'elle indiqua minuit cinq, l'un des observateurs fit remarquer le fait à voix haute. Les autres répondirent en chœur que ce n'était pas encore minuit. Bob Eastman affirma que c'était l'autre pendule qui était à l'heure ; il l'avait lui-même remontée cet après-midi-là. Elle indiquait minuit moins quatre.
>
> Ces quatre minutes passèrent dans un silence absolu, si l'on excepte une seule parole qui fut prononcée. Quand la

pendule de la cheminée (celle qui retardait par rapport à l'autre) indiqua qu'il ne restait qu'une minute avant l'arrivée du guide de la soucoupe volante, Marian s'écria d'une voix tendue, aiguë : « Tout a marché comme prévu ! » La pendule sonna douze coups, chaque coup résonnant péniblement dans un silence expectatif. Les fidèles restaient assis sans bouger. On aurait pu s'attendre à quelque réaction visible. Minuit avait sonné, et rien ne se passait. Le cataclysme lui-même se produirait d'ici sept heures. Mais les personnes assises dans cette pièce n'avaient aucune réaction apparente. Il n'y eut aucune parole prononcée, aucun son. Tout le monde restait assis, immobile, le visage figé sans aucune expression. Mark Post fut le seul à remuer ; il se coucha sur le divan et ferma les yeux, mais tout en restant éveillé. Par la suite, quand on lui adressa la parole, il répondait par monosyllabes mais demeurait par ailleurs immobile. Les autres ne montraient aucune réaction, bien qu'il apparût par la suite qu'ils avaient durement accusé le coup intérieurement. Progressivement, un sentiment de désespoir et de confusion se répandit dans le groupe. Ils réexaminèrent la prédiction et les messages s'y rapportant. Le Dr Armstrong et Mme Keech réaffirmèrent leur conviction. Les fidèles s'échauffaient peu à peu et rejetaient toutes les explications qu'on leur proposait. À un certain moment, vers 4 heures du matin, Mme Keech ne put résister à la tension et éclata en sanglots. Elle savait bien que certains commençaient à douter, mais le groupe devait être une lumière pour ceux qui en avaient le plus besoin, et il ne fallait pas se diviser. Les autres fidèles, eux aussi, perdaient leur sang-froid. Ils semblaient tous bouleversés et nombre d'entre eux étaient au bord des larmes. Il était près de 4 heures et demie du matin, et aucun moyen n'avait été trouvé de faire face au démenti apporté par les événements. À ce moment-là, la plupart des adeptes parlaient ouvertement de la non-réalisation de la prédiction. Le groupe semblait proche de la dissolution.

Au milieu de ce doute croissant, alors que des failles commençaient à apparaître dans la confiance des fidèles, les chercheurs furent témoins d'incidents étonnants. Le premier se produisit vers cinq heures moins le quart. La main de Marian Keech se mit à transcrire, par écriture automatique, un message de l'au-delà. Quand on lut le message à haute voix, il s'avéra que c'était une élégante explication des événements de la nuit. « Le petit groupe, veillant toute la nuit, seul, avait répandu une telle lumière que Dieu avait épargné le monde. » Quoique simple et efficace, cette explication n'était pas entièrement satisfaisante. Ainsi, après avoir entendu le message, l'un des adeptes se leva, mit son manteau et son chapeau, et s'en alla tout simplement. Il fallait quelque chose de plus pour restaurer la foi des adeptes. C'est à ce moment que se produisit le deuxième incident. De nouveau, le témoignage de ceux qui assistaient à ces événements nous en trace un tableau très vivant.

> L'atmosphère du groupe changea brusquement, et il en fut de même des comportements. Quelques minutes après avoir lu le message expliquant la non-réalisation de la prédiction, Mme Keech reçut un autre message lui ordonnant de publier partout cette explication. Elle saisit le téléphone et se mit à composer le numéro d'un journal. Pendant qu'elle attendait la communication, quelqu'un demanda : « Marian, c'est la première fois que vous appelez les journaux ? » Elle répondit immédiatement : « Oh oui, c'est la première fois. Je n'ai jamais rien eu à leur dire avant, mais maintenant, je sens qu'il est urgent de leur parler. » Tous les membres du groupe auraient pu dire la même chose, car ils éprouvaient tous le même sentiment d'urgence. Dès que Marian eut terminé son appel, les autres membres se mirent à tour de rôle à téléphoner aux journaux, aux

agences de presse, aux radios, et aux grands magazines pour expliquer l'absence de déluge. Dans leur désir de répandre la bonne parole rapidement et de façon retentissante, les fidèles révélaient en public des questions qui étaient restées jusque-là entièrement secrètes. Alors que quelques heures plus tôt ils avaient renvoyé les journalistes et trouvé désagréable d'être assiégés par la presse, ils recherchaient maintenant avidement la publicité.

Non seulement leur politique constante de maintenir le secret et d'éviter toute publicité avait changé du tout au tout, mais il en était de même pour l'attitude du groupe vis-à-vis des éventuels adeptes. Jusque-là, les postulants qui s'étaient présentés avaient été en général ignorés, renvoyés, ou traités sans égards particuliers. Mais le lendemain du non-événement, tout changea. Tous les visiteurs étaient admis, toutes les questions recevaient une réponse, on s'efforçait de convertir tout le monde. L'empressement que montraient maintenant les adeptes à recevoir les nouvelles recrues apparut lorsque, le lendemain soir, arrivèrent neuf lycéens qui voulaient voir Mme Keech.

Ils la trouvèrent au téléphone en grande conversation, au sujet de soucoupes volantes, avec un correspondant qu'elle pensait être un extraterrestre. Désireuse de continuer à lui parler, mais voulant en même temps ne pas laisser échapper ses visiteurs, Marian les invita à se joindre à la conversation, et pendant plus d'une heure, parla alternativement avec les hôtes présents dans la pièce et avec l'« extraterrestre » à l'autre bout du fil. Elle était si soucieuse de prosélytisme qu'elle ne pouvait pas, semble-t-il, laisser passer la moindre occasion.

À quoi pouvons-nous attribuer le brusque revirement des adeptes ? En l'espace de quelques heures, ces possesseurs de la Parole, repliés sur leur société secrète, étaient devenus des prosélytes ardents et zélés. Et quelle étrange idée de choisir un instant aussi inopportun pour cela, alors que la non-arrivée du déluge rendait la secte et son enseignement ridicules à l'extérieur.

Le moment critique avait été la « nuit du déluge », au cours de laquelle il devint peu à peu évident que la prophétie ne serait pas réalisée. Curieusement, ce n'était pas leur certitude qui avait porté les membres à propager leur foi, c'était un sentiment grandissant d'incertitude. C'était l'idée accablante que si les prédictions de déluge et de soucoupe volante ne se réalisaient pas, tout leur système de croyances pouvait être faux. Pour les adeptes réunis dans la maison de Marian Keech, cette perspective dut sembler atroce.

Les membres du groupe étaient allés trop loin, avaient sacrifié trop de choses à leur croyance pour être prêts à la voir s'effondrer. La honte, la perte économique, le ridicule seraient insupportables. Le besoin des adeptes de s'accrocher à ces croyances fut exprimé par eux de façon poignante. Selon une jeune femme ayant un enfant de trois ans :

> « Il faut bien que je croie que le déluge va se produire le 21, parce que je n'ai plus d'argent. J'ai laissé tomber mon travail, j'ai laissé tomber ma formation en informatique… Je dois croire. »

Et le Dr Armstrong déclarait à l'un des sociologues quatre heures après la déconvenue du groupe :

> « J'ai dû passer par bien des choses. J'ai abandonné à peu près tout au monde. J'ai largué les amarres. J'ai brûlé mes vaisseaux. J'ai tourné le dos au reste du monde. Je ne peux pas me permettre de douter maintenant. Il faut que je croie. Et il n'y a pas d'autre vérité. »

Imaginez la situation à laquelle le Dr Armstrong et ses disciples se trouvaient acculés à l'approche du matin. Leur engagement vis-à-vis de leur croyance avait été si radical qu'aucune autre vérité n'était tolérable. Pourtant cette croyance avait été mise à mal par la réalité physique : aucune soucoupe n'avait atterri, aucun extraterrestre ne s'était manifesté, aucun déluge ne s'était abattu sur la terre, rien ne s'était passé ainsi qu'il avait été prédit. Puisque la seule vérité acceptable avait été démentie par des preuves matérielles, il n'y avait qu'un moyen de sortir de l'impasse. Les adeptes devaient établir une autre forme de preuve pour affirmer leur croyance : une preuve sociale.

Ainsi s'explique la transformation de ces conspirateurs jaloux en missionnaires zélés. Et ainsi s'explique également le moment choisi pour cette transformation, à l'instant même où un démenti éclatant à leurs croyances les rendait, vis-à-vis de l'extérieur, moins convaincants que jamais. Il était nécessaire de risquer le mépris et la dérision des non-croyants parce que la publicité et le prosélytisme représentaient leur dernier espoir. S'ils pouvaient répandre la Parole, s'ils pouvaient instruire les ignorants, s'ils pouvaient convaincre les sceptiques, s'ils pouvaient, donc, gagner de nouveaux disciples, leurs principes menacés, mais si précieux, deviendraient plus véridiques. Le principe de la preuve sociale l'affirme : plus il y a de gens pour estimer qu'une idée est juste, plus l'idée sera juste. La mission de la secte était donc claire ; puisque les preuves matérielles ne pouvaient être changées, les preuves sociales devaient les remplacer. Convainquez et vous serez convaincus[6] !

Cause de la mort : l'incertitude

Toutes les armes d'influence décrites ici opèrent mieux dans certaines conditions. Si nous voulons nous défendre de façon adéquate contre ces armes, nous devons impérativement connaître leurs conditions de fonctionnement idéal afin de savoir dans quels cas nous sommes le plus vulnérables. Dans le cas du principe de la preuve sociale, nous avons déjà une indication sur une condition favorable à son application. Parmi les fidèles de la secte de Chicago, c'était un sentiment de confiance ébranlée qui déclencha le besoin de convertir. En général, lorsque nous ne sommes pas sûrs de nous, lorsque la situation est confuse ou ambiguë, lorsque l'incertitude règne, nous sommes davantage disposés à nous en remettre aux actions d'autrui pour déterminer la conduite à tenir.

En examinant les réactions d'autres personnes pour mettre fin à notre incertitude, cependant, nous risquons fort d'oublier un fait peu apparent, mais très important : les personnes en question sont probablement elles aussi à la recherche de preuves sociales. Quand la situation est ambiguë, en particulier, la tendance de chacun à regarder ce que font tous les autres peut produire un phénomène très intéressant d'« ignorance collective ». La compréhension du phénomène d'ignorance collective nous sera d'un grand secours pour expliquer un fait qui se reproduit régulièrement dans nos pays et qu'on a jugé aussi inexplicable que lamentable : l'inaction de tout un groupe de passants devant des victimes ayant un besoin urgent d'assistance.

L'exemple classique de cette inaction des passants est un cas qui a fait couler beaucoup d'encre, et suscité bien des débats dans les milieux politiques et scientifiques. Il s'agit d'une affaire d'homicide ordinaire dans le quartier de Queens à New York. Une femme d'environ trente ans, Catherine Genovese, fut tuée dans sa rue, alors qu'elle rentrait du travail. Le meurtre n'est jamais un acte anodin, mais dans une ville de la taille et du genre de New York, l'incident ne méritait guère qu'une fraction de colonne dans le *New York Times*. L'affaire Catherine Genovese se serait éteinte avec la victime ce même jour de mars 1964 sans un quiproquo qui se produisit.

Le rédacteur en chef du *New York Times*, A.M. Rosenthal, dînait avec le responsable de la police de New York huit jours plus tard. Rosenthal l'interrogea sur un autre homicide s'étant produit dans le même secteur, et le policier, pensant qu'il s'agissait du cas Genovese, révéla un fait qui avait été dissimulé par la police. C'était quelque chose qui avait laissé sans voix tous ceux qui en avaient entendu parler, y compris le responsable de la police lui-même. La mort de Catherine Genovese n'avait pas été rapide, ni cachée ; elle avait été lente, bruyante, et *publique*. L'agresseur avait poursuivi et attaqué sa victime dans la rue, à trois reprises sur une période de trente-cinq minutes, avant de la réduire au silence définitivement. Bien que la chose semble à peine croyable, trente-huit de ses voisins regardèrent se dérouler ces événements, bien à l'abri derrière leurs fenêtres, sans même prendre la peine de prévenir la police.

Rosenthal, ancien lauréat du prix Pulitzer, savait reconnaître une histoire sensationnelle quand il en entendait une. Le jour même, il chargea un journaliste d'enquêter sur l'aspect « spectateurs » de l'affaire Genovese. En une semaine, le *Times* publia un long article en première page, qui devait susciter une tempête de controverses et d'interrogations. Les premiers paragraphes de cet article donnent une idée du ton de l'article et de l'aspect sensationnel de l'affaire à son début.

> « Pendant plus d'une demi-heure, trente-huit honorables citoyens de Queens, respectueux de la loi et de l'ordre, ont regardé un tueur traquer une femme puis la poignarder ; il l'avait attaquée à trois reprises dans Kew Gardens.
> Par deux fois, le son de leurs voix et la lumière soudainement allumée aux fenêtres interrompirent la traque et firent fuir l'assassin. Chaque fois, il revint, retrouva sa victime et la frappa de son couteau. Pas une seule personne ne téléphona à la police durant l'agression ; un seul témoin le fit lorsque la victime eut succombé.
> Cela se passait il y a aujourd'hui deux semaines. Mais l'inspecteur en chef adjoint Frederick M. Lussen, responsable de la police dans le secteur, malgré ses vingt-cinq ans d'expérience des enquêtes criminelles, est encore sous le choc.
> Il est capable de vous décrire froidement toutes sortes de meurtres. Mais le crime de Kew Gardens le confond, non parce que c'est un meurtre, mais parce que les "honnêtes gens" n'ont pas prévenu la police. »

Comme l'inspecteur en chef adjoint Lussen, tous ceux qui eurent connaissance des détails de cette affaire furent horrifiés. La police, tout comme les journalistes et leurs lecteurs, accusa tout d'abord le choc. La stupéfaction suivit. Comment tant d'« honnêtes gens » avaient-ils pu rester passifs en de telles circonstances ? Personne ne parvenait à le comprendre. Les témoins du meurtre eux-mêmes en étaient étonnés. « Je ne sais pas, répondirent-ils les uns après les autres, vraiment, je ne sais pas. » Quelques-uns avancèrent des explications peu convaincantes. Ainsi, deux ou trois personnes prétendirent qu'elles « avaient eu peur », ou qu'elles « n'avaient pas voulu être mêlées à l'affaire ». Mais ces explications ne résistent pas à l'examen. Un simple appel anonyme à la police aurait pu sauver Catherine Genovese sans menacer la sécurité ni la tranquillité du témoin. Non, ce n'était pas la peur des témoins, ni leur souci de ne pas se compliquer la vie qui pouvait expliquer leur inaction ; il y avait là un mystère, même pour les acteurs du drame.

Mais un aveu d'ignorance ne fait pas un bon papier. La presse tout entière – plusieurs journaux, chaînes de télévision et magazines – insista donc sur la seule explication qu'on eût trouvée : les témoins, qui étaient des gens comme vous et moi, ne s'étaient pas souciés de faire quelque chose. Nous étions devenus un pays d'égoïstes, de monstres d'insensibilité. Les difficultés de la vie moderne, en particulier dans les grandes villes, nous avaient endurcis. Nous entrions dans l'ère de l'indifférence, aveugles et sourds aux maux de nos concitoyens.

Pour appuyer ces dires, de nouveaux faits divers commencèrent à paraître régulièrement dans la presse, dans lesquels diverses formes d'apathie du public étaient détaillées. Le *New York Times* semble avoir lancé une certaine mode à cet égard, qui dura un certain temps après les révélations de l'affaire Genovese. Certains des sociologues en chambre qui, par nature, semblent incapables d'admettre devant un micro leur désarroi, appuyèrent cette interprétation. Ils voyaient aussi à cette affaire une profonde signification sociale. Ils utilisèrent tous le mot « apathie », lequel, il est intéressant de le noter, figurait dans le titre de l'article du *Times*, mais ils expliquaient cette apathie de diverses manières. Certains l'attribuaient à l'influence nocive de la télévision et de ses violences, d'autres à l'agressivité refoulée, mais la plupart l'attribuaient à la « dépersonnalisation » produite par la vie urbaine, avec ses « sociétés mégalopolitaines » et son « aliénation de l'individu par rapport au groupe ». Même Rosenthal, le journaliste qui avait lancé l'affaire, et qui en fit par la suite un livre, adhéra à la théorie de l'apathie des grandes villes.

> « Personne ne peut dire pourquoi les trente-huit voisins ne décrochèrent pas le téléphone lorsque Mlle Genovese fut attaquée, s'ils ne peuvent pas le dire eux-mêmes. On peut toutefois admettre que leur apathie est bien le produit de la grande ville. C'est en effet presque une question de survie psychologique, lorsqu'on est entouré et pressé par des millions de gens, de ne pas leur permettre d'empiéter constamment sur sa vie. La seule manière de se protéger est de les ignorer le plus possible. L'indifférence à l'égard de son voisin et de ses ennuis est un réflexe conditionné de la vie à New York comme dans d'autres grandes villes[7]. »

L'affaire Genovese prenait de l'ampleur ; à part le livre de Rosenthal, elle fit l'objet de nombreux articles dans la presse quotidienne et hebdomadaire, et plusieurs magazines à la télévision, et d'une pièce de théâtre. Elle intéressa également deux professeurs de psychologie de New York, Bibb Latané et John Darley. Ils examinèrent les comptes rendus de l'incident, et se fondant sur leur connaissance de la psychologie sociale, proposèrent la plus invraisemblable des explications : la présence des trente-huit témoins. Les commentateurs avaient jusque-là invariablement souligné qu'aucune action n'avait été prise, *malgré* la présence de trente-huit individus qui avaient assisté à la scène. Latané et Darley suggérèrent que si personne n'était venu au secours de la victime, c'était précisément parce qu'un si grand nombre de personnes avaient assisté à la scène. Les psychologues supposaient que, pour au moins deux raisons, un individu placé devant une situation d'urgence serait peu porté à prêter assistance lorsqu'un grand nombre d'autres personnes étaient présentes. La première raison est assez évidente. Si plusieurs autres personnes sont en situation de donner des secours, la responsabilité de chaque individu se trouve diluée d'autant. « Peut-être que quelqu'un va secourir la victime, ou chercher de l'aide ; peut-être que quelqu'un a déjà fait le nécessaire ? » Et donc, chacun pensant que quelqu'un d'autre va porter secours à la victime, ou l'a déjà fait, personne ne fait rien.

La deuxième raison est plus intéressante d'un point de vue psychologique ; elle se fonde sur le principe de la preuve sociale et l'effet de l'ignorance collective. Très souvent, l'urgence n'apparaît pas de façon évidente. L'homme étendu en travers du chemin est-il victime d'une crise cardiaque, ou est-ce un ivrogne qui cuve son vin ? Les bruits secs qu'on entend dans la rue sont-ils des coups de feu, ou les ratés d'un moteur ? Le tapage qu'on entend dans l'appartement voisin, est-ce une agression qui demande une intervention de la police, ou une scène de ménage particulièrement bruyante dans laquelle toute intervention serait très malvenue ? Comment savoir ce qui se passe exactement ? À ces moments d'incertitude, la tendance naturelle est de regarder autour de soi et de se déterminer d'après les actions des autres. Nous saurons, d'après la façon dont les autres réagissent, si le cas est urgent ou non.

Ce qu'on oublie trop facilement, cependant, c'est

que toutes les personnes assistant à l'événement vont probablement, elles aussi, chercher des indications dans l'attitude du groupe. Et parce que nous préférons tous avoir l'air calme et assuré, nous chercherons ces indications sans bruit, en jetant des coups d'œil subrepticement à ceux qui nous entourent. Par conséquent, chacun verra sans doute que tous les témoins semblent impassibles et qu'aucun n'agit. En vertu du principe de la preuve sociale, le cas sera donc considéré comme n'appelant pas de mesures urgentes. C'est là, d'après Latané et Darley, l'état d'ignorance collective « dans lequel chaque individu conclut de l'impassibilité générale que tout va bien. Le danger peut alors dépasser le point où un individu isolé, non influencé par le calme apparent des autres personnes, agirait[8] ».

Ce que Latané et Darley remettent en question, c'est l'idée que pour la victime, la sécurité vient du nombre. Quelqu'un qui a besoin d'une assistance immédiate aura peut-être plus de chances de survie si un seul passant, et non une foule, est présent. Pour mettre à l'épreuve cette thèse inattendue, Darley, Latané, leurs étudiants et collègues mirent sur pied un important programme de recherche et obtinrent des résultats concluants. Leur méthode consistait à mettre en scène des faits apparemment graves auxquels assistaient soit des individus isolés, soit un groupe de gens. Ils relevèrent le nombre de fois où la victime était secourue dans ces circonstances. Dans leur première expérience, un étudiant de New York qui mimait une crise d'épilepsie fut secouru dans quatre-vingt-cinq pour cent des cas lorsqu'une seule personne était présente, mais dans trente et un pour cent des cas seulement lorsque cinq personnes étaient présentes. Presque tous les passants isolés portant secours à la victime, il est difficile de soutenir que nous sommes entrés dans l'ère de l'indifférence, où personne ne se soucie des souffrances de ses semblables. De toute évidence, c'était la présence d'autres témoins qui réduisait l'assistance à ces taux effarants.

FIGURE 6 – Victime ?

À notre époque, il arrive que d'authentiques victimes ne reçoivent aucune aide alors qu'elles sont entourées par la foule, pour peu qu'existe un doute sur la nécessité de leur porter assistance. Si vous étiez le deuxième passant figurant sur cette photo, l'attitude du premier vous inciterait peut-être à croire inutile d'intervenir.

(JAN HALASKA, PHOTO RESEARCHERS, INC.)

D'autres études ont examiné l'importance de la preuve sociale dans l'« apathie » généralisée. Pour cela, un groupe de comparses ayant pour instruction d'agir comme s'il ne se passait rien de grave était mêlé au groupe de témoins. Ainsi, dans une autre expérience réalisée à New York, soixante-quinze pour cent des individus isolés qui avaient observé de la fumée sortant de sous une porte donnaient l'alarme ; cependant, lorsque cette fumée était observée par des groupes de trois personnes, l'alarme n'était donnée que dans trente-huit pour cent des cas. Le taux d'intervention fut au plus bas, cependant, quand les groupes de trois personnes comportaient deux individus à qui l'on avait donné pour consigne de ne pas prêter attention à la fumée. Dans ce dernier cas, l'alarme ne fut donnée que dans dix pour cent des cas. Dans une étude similaire réalisée à Toronto, les passants isolés secouraient la victime dans quatre-vingt-dix pour cent des cas, alors que ce secours n'était donné que dans seize pour cent des cas lorsque le passant était en présence de deux autres témoins qui restaient passifs.

Après plus de dix ans de recherches, les sociologues ont une idée assez précise des cas où le témoin d'un accident secourra la victime. D'abord, et contrairement à l'opinion suivant laquelle notre société est devenue insensible et impitoyable, lorsque les témoins sont convaincus qu'il y a une situation d'urgence, ils proposent leur assistance dans la plupart des cas. Si les conditions sont réunies, le nombre de témoins qui interviennent personnellement ou appellent à l'aide est réconfortant. Ainsi, dans quatre expériences séparées faites en Floride, les sujets assistaient à un faux accident. Quand il était clair que l'homme était blessé et avait besoin d'aide, il était secouru dans cent pour cent des cas dans deux des expériences. Dans les deux autres expériences, où il fallait toucher des fils électriques peut-être dangereux, la victime était encore secourue par les passants dans quatre-vingt-dix pour cent des cas. En outre, ces taux extrêmement élevés étaient observés aussi bien lorsque les sujets avaient observé l'accident isolément qu'en groupe[9].

La situation était tout autre lorsque, comme il arrive souvent, les témoins d'une scène ne peuvent être sûrs qu'il s'agit d'un cas d'urgence. Là, la victime sera beaucoup plus souvent aidée par un témoin isolé que par un groupe, surtout si les membres du groupe ne se connaissent pas entre eux. Il semble que l'effet de l'ignorance collective soit plus grand entre étrangers : comme nous tenons à garder notre sang-froid en public, et comme nous apprécions difficilement les réactions de personnes que nous ne connaissons pas, nous aurons du mal à exprimer notre inquiétude ou à interpréter correctement les expressions d'autrui au milieu d'un groupe d'étrangers. C'est ainsi qu'un cas d'urgence n'est pas considéré comme tel, et c'est la victime qui en pâtit[10].

Un examen approfondi de cet ensemble de recherches permet d'en tirer des conclusions intéressantes. Toutes les conditions qui réduisent les chances d'une victime d'être secourue par les témoins de l'accident sont naturellement réunies dans la grande ville : (1) Contrairement aux zones rurales, les grandes villes sont des endroits bruyants, agités, changeants, où il est difficile d'être certain de la nature des événements qui s'y déroulent. (2) Les environnements urbains sont plus peuplés, nécessairement ; par conséquent, il est plus probable de ne pas se trouver seul lorsqu'il se produit un accident. (3) Les habitants des grandes villes connaissent proportionnellement beaucoup moins de leurs concitoyens que les habitants des petites villes. Par conséquent, les habitants d'une grande ville auront plus de chances de se trouver parmi des inconnus lorsqu'ils sont témoins d'un incident grave.

Ces trois caractéristiques naturelles des environnements urbains, confus, peuplés et où les gens se connaissent peu, concordent parfaitement avec les facteurs qui, d'après les recherches, diminuent le taux d'assistance. Sans avoir à invoquer des notions aussi sinistres que la « dépersonnalisation urbaine » et l'« aliénation mégalopolitaine », donc, nous pouvons expliquer pourquoi les exemples de passivité devant un cas d'urgence sont si nombreux dans nos grandes villes.

Comment ne pas en être victime

Expliquer les dangers de la vie urbaine moderne en des termes moins sinistres ne suffit pas à les conjurer. Comme les populations vont de plus en plus vers les grandes villes – on prévoit que, bientôt, la moitié de l'humanité habitera dans des grandes villes –, il sera de plus en plus nécessaire de réduire ces dangers. Fort heureusement, notre nouvelle compréhension de l'« apathie » du passant ouvre de nouveaux espoirs. Armée de cette connaissance scientifique, une victime peut accroître énormément ses chances d'être secourue par les passants. L'essentiel est de comprendre que si les groupes de témoins restent passifs, c'est un signe d'incertitude et non d'indifférence. Les témoins ne proposent pas leur assistance parce qu'ils ne sont pas sûrs qu'il existe une situation d'urgence et qu'il leur incombe personnellement de faire quelque chose. Lorsqu'ils sont sûrs que c'est à eux d'intervenir, dans un cas où l'urgence est évidente, la réaction des sujets est tout à fait massive.

Une fois établi que l'ennemi n'est pas quelque maladie de la société, telle la dépersonnalisation urbaine, mais, tout simplement, un état d'incertitude, il devient possible pour les victimes d'agir et de se protéger en réduisant l'incertitude du témoin. Imaginons par exemple que vous assistiez à un concert de l'après-midi dans un jardin public. Au moment où le concert prend fin et où les auditeurs commencent à s'en aller, vous sentez une légère raideur dans le bras, qui ne vous inquiète pas outre mesure. Cependant, alors que vous vous rendez parmi la foule au parking situé à une certaine distance, vous sentez la raideur s'étendre à votre main et à une partie de votre visage. Désorienté, vous décidez de vous adosser à un arbre un instant. Tout à coup vous sentez que c'est très grave. Vous asseoir n'a pas amélioré votre état ; et même, vous avez de plus en plus de mal à contrôler vos muscles et à coordonner vos mouvements, au point qu'il devient difficile de remuer la bouche et la langue pour parler. Vous essayez de vous lever, mais vous ne pouvez pas. Une pensée terrifiante vous vient à l'esprit : « Mon Dieu, je suis en train d'avoir une attaque ! » Des groupes de gens passent devant vous et en général ne vous prêtent pas attention. Les rares personnes qui remarquent votre étrange position contre ce tronc d'arbre, ou l'étrange expression sur votre visage se reportent aux indications du groupe social qui les entoure, et voyant que personne ne manifeste d'inquiétude, passent leur chemin, convaincues que tout va bien.

Si vous deviez vous trouver dans cette situation, que pourriez-vous faire pour conjurer cet enchaînement fatal ? Comme vos facultés physiques se détériorent, le temps vous est compté. Si, avant de pouvoir obtenir de l'aide, vous perdiez l'usage de la parole, vous deveniez paralysé ou perdiez conscience, vos chances d'être secouru seraient réduites à néant. Mais quelle serait la façon la plus efficace de demander de l'aide ? Des gémissements, des grognements ou des cris ne vaudraient rien. Ils pourraient attirer l'attention sur vous, mais ils n'indiqueraient pas au passant de façon suffisamment claire que la situation d'urgence existe.

Si de simples cris ne doivent pas suffire à produire un secours de la part de la foule qui passe, vous devez être plus précis. Vous devez absolument faire plus qu'essayer d'attirer l'attention ; vous devez exprimer clairement que vous avez besoin d'aide. Vous ne devez pas permettre aux passants de considérer que la situation n'est pas une situation d'urgence. Criez explicitement « Au secours ! » pour faire comprendre que vous avez besoin d'aide de façon urgente. Et n'ayez pas peur de dramatiser. Le ridicule ici importe peu. Dans le contexte d'une possible attaque, vous ne pouvez vous permettre de craindre de surestimer le problème. Le prix à payer est, dans un cas, un moment de gêne, et dans l'autre, la mort ou la paralysie définitive.

Mais même un appel au secours retentissant n'est pas votre recours le plus efficace. Bien que cela puisse réduire les doutes des personnes présentes quant à l'existence d'une situation d'urgence, cela ne résoudra pas d'autres questions que chacun se pose : quel genre d'aide faut-il apporter ? Est-ce moi qui dois apporter cette aide, ou a-t-on besoin de quelqu'un de plus qualifié ? Quelqu'un est-il déjà allé chercher du secours ou est-ce à moi de le faire ? Pendant que les passants restent là à vous contempler et à débattre de ces questions, le temps qui vous est si précieux s'écoule très vite.

Il est donc évident qu'en tant que victime, vous devez faire plus qu'avertir les passants que vous avez besoin d'aide de façon urgente. Vous devez aussi écarter les doutes qui demeurent sur la nature de cette assistance et la responsabilité de cette aide. Quel serait donc le moyen le plus sûr d'éliminer ces doutes ?

Sur la base des découvertes que nous venons de voir, je conseillerais d'isoler un individu dans la foule : Fixez votre regard sur un individu, adressez-vous à lui et désignez-le du doigt, personnellement : « Vous, Monsieur, avec la veste bleue, j'ai besoin d'aide. Appelez une ambulance. » Par cette seule phrase, vous devriez dissiper tous les doutes qui peuvent empêcher ou retarder l'assistance. Par cette phrase, vous avez confié à l'homme en bleu le rôle du sauveteur. Il saura qu'une aide immédiate est nécessaire ; il saura que c'est lui, en particulier, qui a la responsabilité d'apporter cette aide ; il saura enfin exactement comment apporter cette aide. Toutes les expériences scientifiques montrent que le résultat devrait être une assistance rapide et immédiate.

En général, donc, la stratégie à adopter en cas d'urgence est de diminuer les doutes de ceux qui sont autour de vous au sujet de votre état et de leurs responsabilités. Soyez aussi précis que possible quant à votre besoin d'aide. Ne laissez pas les passants en venir à leurs propres conclusions parce que, surtout dans une foule, le principe de la preuve sociale et l'effet d'ignorance collective qui en résulte risquent de les amener à considérer que la situation n'est pas une situation d'urgence.

Demandez en outre l'assistance d'un individu particulier parmi le groupe des personnes présentes. Combattez la tendance naturelle à lancer votre appel au secours à la cantonade. Choisissez une personne en particulier et confiez-lui la responsabilité des secours. Autrement, il est trop facile pour tout le monde de supposer que quelqu'un d'autre devrait agir, va agir, ou a déjà agi. De toutes les techniques destinées à faire accomplir à autrui les actions désirées que j'ai décrites ici, celle-ci est peut-être la plus importante à se rappeler. Après tout, l'échec de votre appel à l'aide pourrait avoir des conséquences très graves pour vous.

Il n'y a pas longtemps, j'eus l'occasion de vérifier moi-même le phénomène. Je fus victime d'un accident d'automobile. Aussi bien l'autre conducteur que moi étions assez visiblement blessés : il était effondré sur son volant, inconscient, alors que j'arrivai à sortir de ma voiture en titubant, couvert de sang. L'accident s'était produit au milieu d'un carrefour, à la vue de plusieurs conducteurs arrêtés au feu rouge. Comme je m'agenouillai en m'agrippant à la porte, en essayant de reprendre mes esprits, le feu passa au vert et les voitures commencèrent à franchir le carrefour. Les conducteurs me fixèrent du regard, mais ne s'arrêtèrent pas.

Je me rappelle avoir pensé : « Oh non, c'est exactement comme dans les recherches. Ils passent sans s'arrêter ! » Je considère que j'ai eu la chance, étant spécialiste de psychologie sociale, de connaître le phénomène de la passivité du passant, et de pouvoir réagir en conséquence. En repensant aux résultats des expériences scientifiques, je sus exactement quoi faire. Me redressant de façon à être bien en vue, je désignai du doigt l'un des conducteurs : « Appelez la police. » À un deuxième et à un troisième conducteur, en les désignant du doigt à chaque fois : « Arrêtez-vous, nous avons besoin d'aide. » Les réactions furent immédiates. Ils appelèrent sans tarder la police et une ambulance ; ils essuyèrent le sang que j'avais sur le visage avec leur mouchoir, ils mirent une veste sous ma tête, ils se proposèrent comme témoins de l'accident ; l'un d'eux me proposa même de m'accompagner à l'hôpital.

Non seulement cette aide fut rapide et pleine de sollicitude, mais elle fut aussi contagieuse. Lorsque des conducteurs arrivant sur le carrefour dans l'autre sens virent que des voitures s'étaient arrêtées pour me secourir, ils commencèrent à s'arrêter pour porter leurs soins à l'autre victime. Le principe de la preuve sociale jouait maintenant en notre faveur. Ce qu'il fallait, c'était renverser la vapeur. Cela fait, je pouvais me reposer sur la sollicitude réelle des passants et leur réaction naturelle à la preuve sociale pouvait faire le reste.

Les moutons de Panurge

Nous avons vu un peu plus haut que le principe de la preuve sociale, de même que celui de toutes les autres armes d'influence, fonctionne mieux sous certaines conditions. Nous avons déjà décrit l'une de ces conditions : l'incertitude. Incontestablement, quand on ne sait pas à quoi s'en tenir, on se repose plus facilement sur les actions des autres pour déterminer la conduite qu'on doit tenir soi-même. Mais il y a une autre condition, également importante : la similarité. Le principe de la preuve sociale fonctionne à plein lorsque nous observons le comportement de gens qui nous sont très semblables. C'est la conduite de ces gens qui nous donne l'indication la plus importante sur le comportement que nous devons adopter nous-mêmes.

C'est pourquoi nous sommes plus disposés à suivre l'exemple d'un individu semblable que d'un individu dissemblable.

Je crois que c'est pour cela que nous voyons de plus en plus de témoignages de l'homme de la rue à la télévision. Les publicitaires savent qu'une façon efficace de vendre un produit au téléspectateur ordinaire (qui représente le marché potentiel le plus large) est de démontrer que d'autres gens « ordinaires » aiment ce produit et l'utilisent. Que le produit soit une boisson, un médicament ou une lessive, nous entendons invariablement des flots de compliments dans la bouche de M. ou Mme Tout-le-monde.

La recherche scientifique a démontré le rôle joué par la similarité dans la détermination de notre comportement d'imitation. Une illustration tout à fait pertinente peut en être trouvée dans une étude réalisée il y a quelques années par des psychologues de l'Université de Columbia. Les chercheurs abandonnèrent des portefeuilles sur le sol dans divers endroits au centre de Manhattan pour observer ce qui se passerait quand le portefeuille serait trouvé. Chaque portefeuille contenait 2 dollars en billets, un chèque de 26,30 dollars et divers renseignements, notamment le nom et l'adresse du propriétaire. Il renfermait en outre une lettre qui faisait comprendre que le portefeuille avait été perdu, non pas une fois, mais deux fois. La lettre était écrite au propriétaire par la personne qui avait trouvé le portefeuille et qui avait l'intention de le renvoyer. Cette personne indiquait dans la lettre qu'elle était heureuse de pouvoir rendre service et que cette occasion de se rendre utile lui avait procuré une grande satisfaction.

FIGURE 7 – Un esprit jeune et libre ?
Nous avons tendance à croire les adolescents doués d'un esprit rebelle et indépendant. Il importe de remarquer, toutefois, que cela ne se vérifie en général que vis-à-vis de leurs parents. En compagnie d'autres jeunes, ils se conforment massivement à ce que leur dicte la preuve sociale.
(*ERIC KNOLL, TAURUS PHOTOS*)

Il était évident pour toute personne qui trouvait un de ces portefeuilles que cette personne bien intentionnée avait ensuite elle-même perdu le portefeuille en allant à la poste ; le portefeuille était dans une enveloppe adressée au propriétaire. Les chercheurs voulaient savoir combien de personnes, trouvant ce portefeuille, suivraient l'exemple qui leur était proposé et renverrait l'objet intact à son propriétaire. Cependant, les chercheurs firent varier une des caractéristiques de la lettre contenue dans le portefeuille. Certaines lettres étaient écrites en bon anglais, selon toute apparence, par un Américain moyen, alors que les autres étaient écrites en un anglais très approximatif par quelqu'un qui disait être un étranger arrivé depuis peu aux États-Unis. En d'autres termes, la personne qui avait initialement trouvé ce portefeuille et avait voulu le rendre apparaissait, d'après la lettre, soit semblable, soit dissemblable à la majorité des Américains.

La question était de savoir si les Manhattaniens qui trouvaient le portefeuille et la lettre seraient plus portés à poster le paquet si la personne qui les avait précédés était semblable à eux. La réponse fut claire : trente-trois pour cent seulement des portefeuilles furent renvoyés lorsque l'auteur de la lettre était perçu comme dissemblable, mais soixante-dix pour cent étaient renvoyés lorsque l'auteur était perçu comme semblable. Ces résultats indiquent une nouvelle condition de fonctionnement de la preuve sociale : Nous décidons du comportement à adopter en nous fondant sur les actes des autres, *surtout lorsque ces autres nous paraissent semblables à nous-mêmes*[11].

Cette attitude se manifeste non seulement chez les adultes, mais aussi chez les enfants. Des chercheurs en médecine ont établi, par exemple, qu'un programme antitabac mis en place dans le cadre scolaire n'avait d'effet à long terme qu'à condition que des jeunes du même âge que le public visé soient chargés de diffuser l'information auprès de leurs camarades. Une autre étude indique que, si l'on montre à des enfants un film dans lequel un autre enfant passe une visite chez le dentiste dans les meilleures conditions, ils éprouvent moins d'anxiété à l'idée de se faire soigner les dents, surtout s'ils ont le même âge que le jeune patient en question. Je regrette de n'en avoir pas été informé lorsque, quelques années avant la publication de cette étude, je tentais d'atténuer une angoisse d'une autre nature chez mon fils, Chris.

J'habite en Arizona, où de nombreux habitants possèdent une piscine. Il en résulte malheureusement que, chaque année, plusieurs enfants en bas âge se noient, faute de surveillance suffisante. C'est pourquoi j'avais décidé d'apprendre à nager à Chris dès que possible. Le problème n'était pas qu'il ait peur de l'eau, bien au contraire. Mais il refusait obstinément d'entrer dans le bassin sans sa bouée, quoi que je fasse pour l'en dissuader par la parole, par les cajoleries ou même en lui faisant honte de cette habitude. Au bout de deux mois de tentatives infructueuses, je fis appel à une aide extérieure, celle de l'un de mes étudiants, grand gaillard qui avait exercé les fonctions de maître nageur. Son échec fut aussi retentissant que le mien. Il ne parvint pas à inciter Chris à faire la moindre brasse sans son anneau de plastique.

À cette même époque, Chris fréquentait un centre aéré proposant toutes sortes d'activités, notamment aquatiques, que mon fils évitait avec soin. Un jour, peu après le fiasco de mon étudiant, je partis récupérer l'enfant plus tôt que de coutume. C'est alors que, bouche bée, je le vis courant sur le plongeoir de la vaste piscine avant de bondir au milieu du grand bain. Pris de panique, je retirais mes chaussures pour me porter à sa rescousse lorsque sa tête émergea à la surface de l'eau et qu'il se mit à barboter en toute sécurité vers le bord du bassin – où je venais d'arriver à toutes jambes, mes souliers à la main.

« Chris, m'exclamai-je, tu sais nager ! »

« Ben oui, répondit-il simplement, j'ai appris aujourd'hui. »

« C'est génial ! Vraiment génial ! bafouillais-je, avec

de grands gestes d'enthousiasme. Mais comment se fait-il que tu te sois passé de ta bouée ? »

Un peu honteux, sans doute à la vue de son père saisi d'une inexplicable excitation, en chaussettes dans une flaque d'eau et agitant ses chaussures en tous sens, Chris m'expliqua : « Eh bien, j'ai trois ans, et Tommy a trois ans aussi. Lui, il sait nager sans bouée, alors je dois savoir aussi. »

Comment n'y avais-je pas pensé ! C'était évident : pour Chris, c'était le petit Tommy, et non un grand type musclé, qui était le mieux à même de lui indiquer ce qu'il pouvait ou devait faire. Si j'avais mieux réfléchi à la question, j'aurais eu recours à l'exemple de Tommy bien plus tôt et me serais peut-être épargné quelques semaines d'énervement. Il suffisait que je remarque que ce petit garçon savait nager et que je m'arrange avec ses parents pour qu'il passe un après-midi dans notre piscine en compagnie du mien. À coup sûr, Chris aurait abandonné sa bouée avant la fin de la journée.

Tout ce qui a le pouvoir d'inciter soixante-dix pour cent de New-Yorkais à rendre à son propriétaire un portefeuille avec tout son contenu (ou de limiter la probabilité que des gamins se mettent à fumer ou encore d'atténuer leur crainte de la « roulette ») doit assurément retenir notre attention. Pourtant les résultats de l'étude du portefeuille perdu ne donnent qu'un aperçu de l'impact que peut avoir sur le comportement d'un individu la conduite de ses semblables. On peut citer des exemples plus saisissants. Pour moi, l'illustration la plus parlante de cet impact se trouve dans une statistique apparemment absurde : après qu'un suicide a fait la une des journaux, les avions, que ce soit des appareils privés ou des avions de ligne, se mettent à s'écraser au sol dans des proportions alarmantes.

Par exemple, on a montré qu'immédiatement après un suicide ayant reçu une large publicité dans la presse, le nombre de personnes tuées dans des accidents sur des avions de ligne augmente de mille pour cent ! Plus inquiétant encore : l'augmentation ne se limite pas aux morts dans les accidents d'avion. Le nombre de morts dans les accidents d'automobile monte en flèche également[12]. Comment expliquer ces chiffres ?

Une explication vient immédiatement à l'esprit : les mêmes conditions sociales qui entraînent certains à se suicider en entraînent d'autres à mourir accidentellement. Par exemple, certains individus, suicidaires, peuvent réagir à des événements sociaux traumatisants (crise économique, augmentation de la criminalité, tensions internationales) en décidant d'en finir. Mais d'autres réagiront différemment à ces mêmes événements ; ils seront nerveux, tendus, impatients, ou distraits. Dans la mesure où ces personnes conduisent les voitures et pilotent les avions de notre environnement, les véhicules deviendront dangereux, et l'on observera par conséquent une forte augmentation du nombre d'accidents mortels en automobile et en avion.

D'après cette interprétation liée aux conditions sociales, donc, certains des facteurs sociaux qui causent les morts intentionnelles causent les morts accidentelles, et c'est pourquoi nous trouvons une telle relation entre les faits divers de suicide et les accidents mortels. Mais une autre statistique étonnante montre que ce n'est pas la bonne explication : les accidents mortels se multiplient seulement dans les régions où le suicide a fait l'objet d'une vaste publicité. D'autres endroits, où les conditions sociales sont semblables, mais où les journaux n'ont pas parlé du fait divers, n'ont connu aucun saut comparable dans le nombre d'accidents mortels. De plus, parmi les régions où les journaux avaient mentionné le fait, celles où la publicité avait été la plus large étaient celles où l'inflation d'accidents mortels était la plus forte. Ainsi, ce n'est pas un ensemble d'événements sociaux qui stimule le suicide d'un côté et les accidents fatals de l'autre. C'est en fait la publicité donnée au suicide qui provoque des accidents de voiture et d'avion.

On a tenté d'expliquer ce lien entre la publicité donnée aux histoires de suicide et les accidents qui s'ensuivent, par un « sentiment de deuil ». Les suicides qui font la une des journaux concernant souvent des figures connues et respectées du public, cette publicité plongerait un grand nombre de gens dans un état de choc et de tristesse. Sous le coup de la nouvelle, ces individus se montreraient imprudents aux commandes des voitures et des avions. C'est ce qui expliquerait la montée en flèche du nombre d'accidents mortels. Certes, la théorie du deuil permet de rendre compte de la corrélation entre le degré de publicité donné au fait divers et les accidents qui en résultent : plus la triste nouvelle sera diffusée, plus il y aura d'individus tristes et imprudents. Mais elle ne saurait expliquer un autre fait : quand les journaux rapportent un suicide individuel, ce sont seulement les accidents où n'est impliquée qu'une seule personne qui deviennent plus fréquents ; quand il s'agit d'un suicide associé à un meurtre, ce sont seulement les accidents faisant plusieurs victimes qui se multiplient. Le sentiment de deuil ne suffit pas à expliquer un tel phénomène.

L'influence de la rubrique des faits divers sur la sécurité routière et aérienne est donc incroyablement spécifique. Le suicide pur et simple, dans lequel ne meurt qu'une seule personne, produit des accidents dans lesquels ne meurt qu'une seule victime ; le suicide combiné au meurtre, dans lequel il y a plusieurs victimes, produit des accidents aux morts multiples. Ni les « conditions sociales » ni le sentiment de deuil ne peuvent donner une solution à cette devinette absurde. Cependant, un sociologue de l'Université de Californie-San Diego croit avoir trouvé la réponse. David Phillips, c'est son nom, incrimine ce qu'on a dénommé l'« effet Werther ».

L'histoire de l'« effet Werther » est à la fois sinistre et passionnante. Il y a plus de deux siècles, le grand homme de la littérature allemande, Johann von Goethe, publia un roman intitulé *Die Leiden des jungen Werthers* (*Les souffrances du jeune Werther*). Le livre, dans lequel le héros, Werther, se suicide, eut un grand retentissement. Non seulement il valut à Goethe une gloire immédiate, mais il fut à l'origine d'une vague de suicides à travers l'Europe. Cet effet d'émulation fut si marqué que les autorités de plusieurs pays interdirent le roman.

Les travaux de Phillips ont permis de retrouver l'effet Werther à l'époque moderne. Phillips a démontré qu'immédiatement après une histoire de suicide sensationnelle, le taux de suicides augmente très nettement dans les zones où la nouvelle a été largement diffusée. D'après lui, certains individus en difficulté, lisant le récit d'une mort volontaire, se tuent par esprit d'imitation. Dans une illustration morbide du principe de la preuve sociale, ces individus déterminent le comportement à suivre d'après les actes d'autres personnes en difficulté.

Phillips vérifia l'actualité de l'effet Werther en étudiant les statistiques de suicide aux États-Unis entre 1947 et 1968. Il découvrit que dans les deux mois qui suivaient tout suicide ayant fait la une des journaux, il y avait en moyenne cinquante-huit suicides de plus que d'ordinaire. En un sens, on peut dire que chaque fait divers de suicide tuait cinquante-huit personnes qui auraient autrement continué à vivre. Phillips découvrit aussi que cette prolifération des suicides s'observait principalement dans les régions où le premier suicide avait reçu une large publicité, et que plus la publicité était large, plus les suicides étaient nombreux.

Si l'effet Werther et ses caractéristiques vous rappellent étrangement cette curieuse influence des faits divers de suicide sur les accidents mortels, soyez sûrs que cette similarité n'a pas échappé non plus au Pr Phillips. Il soutient même que toutes les morts supplémentaires enregistrées après le fait divers retentissant peuvent être expliquées de la même façon : l'imitation. Apprenant le suicide de quelqu'un, un nombre inquiétant d'individus décident que le suicide est, pour eux aussi, un acte approprié. Certains de ces individus mettent alors cette idée à exécution de la façon la plus simple et la plus directe, ce qui fait grimper la courbe des suicides.

D'autres, cependant, agissent de façon moins directe. Pour des raisons très diverses, que ce soit pour préserver leur mémoire, pour épargner à leurs familles la peine et la honte, ou pour que leurs ayants droit puissent toucher une prime d'assurance, ils ne veulent pas que leur suicide soit apparent. Ils préfèrent disparaître dans un accident. Et donc, délibérément, mais subrepticement, ils provoquent un accident, étant eux-mêmes au volant ou aux commandes, ou simples passagers. Ce résultat peut être obtenu par toutes sortes de moyens, qu'on n'a hélas aucune peine à imaginer. Le pilote d'un avion de ligne peut piquer du nez au moment crucial du décollage, ou atterrir, inexplicablement, sur une piste déjà occupée, sans se conformer aux instructions de la tour de contrôle. Le conducteur d'une voiture peut brusquement précipiter sa voiture contre un platane ou dans le véhicule qui vient en face. Le passager d'une automobile ou d'un avion peut gêner le pilote ou le conducteur au moment crucial, provoquant ainsi un accident mortel. Le pilote d'un avion privé peut, en dépit de tous les avertissements radio, se jeter contre un autre avion. La multiplication inquiétante des accidents mortels après la publication de faits divers de suicides serait donc, selon toute probabilité, due à une manifestation cachée de l'effet Werther.

Pour moi, cette thèse est très convaincante. D'abord, elle explique tous les faits de façon satisfaisante. Si ces accidents sont en fait des cas dissimulés de suicide imitatif, la corrélation entre les récits de suicide et les accidents mortels devient compréhensible. Cela explique que la montée des accidents se produise après les récits de suicide les plus retentissants, qui ont pu toucher le plus grand nombre de gens. Et cela explique que les accidents ne se multiplient nettement que dans les zones où le fait divers a été publié. Cela explique même que les suicides solitaires conduisent à des accidents solitaires et les suicides accompagnés à des accidents faisant plus d'une victime. Tout cela s'explique par un effet d'imitation.

Mais la thèse de Phillips a un autre avantage. Non seulement elle nous permet d'expliquer les faits que nous avons recensés, mais elle nous permet aussi d'en prédire d'inédits. Ainsi, si le nombre anormalement élevé d'accidents est dû à une imitation et non à un véritable accident, ces accidents doivent être plus graves. En effet, les individus qui tentent de se suicider feront en sorte que le choc soit dans la mesure du possible mortel : ils auront le pied sur l'accélérateur et non sur le frein ; ils feront piquer l'avion au lieu de le relever. Le résultat sera une mort certaine et rapide.

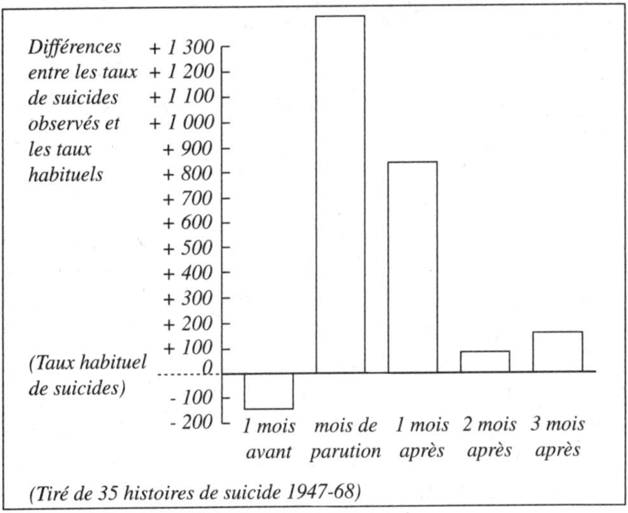

SCHÉMA 1 – Fluctuation dans le nombre de suicides survenus avant, pendant, et après le mois où a paru la nouvelle de suicide

Ces chiffres soulèvent un problème éthique fondamental. Les suicides qui suivent ces articles représentent des morts supplémentaires. Après une flambée initiale, le taux de suicides ne retombe pas en dessous des niveaux antérieurs ; il revient simplement à la normale. Ces statistiques devraient faire réfléchir les rédacteurs en chef qui s'empressent de mettre à la une les suicides les plus sensationnels. Si les découvertes de Phillips sont toujours valables, et il n'y a aucune raison de penser le contraire, ces articles peuvent provoquer la mort de dizaines de personnes.

Des données plus récentes indiquent qu'outre les journalistes de la presse écrite, ceux de la télévision ont des raisons de s'inquiéter de la façon dont ils présentent les nouvelles de suicide. Phillips et Kenneth Bollen ont rapporté qu'entre 1972 et 1976, chaque suicide largement répercuté était suivi la semaine d'après d'une hausse moyenne de trente-cinq suicides par rapport aux prévisions[13].

Quand Phillips examina les statistiques pour vérifier cette intuition, il trouva en effet que le nombre de passagers tués dans les accidents graves survenus dans les avions de ligne varie dans une proportion de un à trois selon que l'accident a eu lieu une semaine après la publication d'une nouvelle de suicide ou une semaine avant. Le même phénomène se retrouve dans les statistiques des accidents de la route, et confirme l'efficacité meurtrière des accidents survenus après la publication du compte rendu d'un suicide : les automobilistes victimes d'accidents mortels recensés après un suicide ayant fait la une des journaux meurent quatre fois plus rapidement que la normale.

Une autre particularité peut être déduite de la théorie de Phillips. Si la multiplication des accidents correspond réellement à des morts imitatives, les imitateurs imiteront plus probablement les suicides d'individus qui leur sont semblables. D'après le principe de la preuve sociale, nous utilisons les informations dont nous disposons sur la conduite des autres pour déterminer notre propre conduite. Mais comme l'expérience du portefeuille l'a montré, nous sommes davantage influencés par les actes d'individus semblables à nous.

Par conséquent, suivant le raisonnement de Phillips, si le principe de preuve sociale est à la base du phénomène, il devrait y avoir quelque rapport de similarité entre la victime du suicide retentissant et ceux qui provoquent les accidents ultérieurs. Pensant que la corrélation serait plus simple à établir concernant les accidents où n'est impliquée qu'une seule voiture ne transportant que le seul chauffeur, Phillips compara l'âge du suicidé et l'âge des automobilistes tués solitairement juste après la parution de la nouvelle. Son intuition se révéla juste une fois de plus. Lorsque les journaux annonçaient la mort d'un jeune, c'étaient les jeunes conducteurs qui précipitaient leurs voitures contre un arbre, ou un poteau, ou les jetaient dans un fossé, avec des conséquences fatales, mais quand la nouvelle concernait le suicide d'une personne plus âgée, c'étaient des conducteurs d'âge mur qui périssaient dans de tels accidents.

Cette dernière statistique est selon moi sans réplique. Elle achève tout à la fois de me convaincre, et de me confondre. De toute évidence, le principe de preuve sociale est si puissant, et ses effets si étendus, qu'il joue un rôle dans notre décision fondamentale de vivre ou de mourir. Les résultats obtenus par le professeur Phillips me portent à croire que la publicité donnée aux suicides exerce une terrible influence, au point de pousser des personnes semblables au suicidé à se tuer, simplement parce qu'elle confère une certaine légitimité à l'acte. Les chiffres sont effrayants, car ils montrent que beaucoup d'innocents meurent dans l'affaire. Un simple coup d'œil aux courbes montrant l'indéniable augmentation des morts en avion et en automobile après les nouvelles de suicide, en particulier de suicide accompagné de meurtre, montre que notre sécurité est menacée. Ces statistiques sont pour moi inquiétantes au point que je me suis mis à relever les nouvelles de suicide sensationnelles et à modifier mon comportement dans la période qui suit. Je m'efforce à la plus grande prudence au volant de ma voiture. J'évite les grands voyages qui obligent à emprunter les lignes aériennes. Si je dois prendre l'avion dans cette période, je contracte pour le voyage une assurance plus forte qu'en temps ordinaire. Le Dr Phillips nous a rendu un grand service en démontrant que nos chances de survie en voyage diminuent nettement après la publication de certains faits divers. Il est simplement prudent d'en tenir compte.

Et comme si ces résultats concernant le suicide ne suffisaient pas, les dernières recherches de Phillips apportent de nouveaux motifs d'inquiétude. Les actes de violence auxquels est donnée une large publicité stimuleraient des homicides imitatifs. Ainsi, les championnats de boxe poids lourds dont les images sont diffusées au cours des journaux télévisés entraînent une augmentation notable du nombre d'homicides commis aux États-Unis. Cette analyse des effets des championnats de boxe poids lourds (entre 1973 et 1978) montre très clairement la remarquable spécificité des agressions imitatives. Quand le match était perdu par un boxeur noir, le nombre de jeunes Noirs victimes de meurtres pendant les dix jours suivants augmentait nettement. Par contre, lorsque c'était un Blanc qui perdait un match, c'était le nombre de jeunes Blancs tués pendant les dix jours suivants qui augmentait. Ces résultats, associés aux découvertes de Phillips sur le suicide, montrent que l'agression donnée en pâture au public tend à être contagieuse, aux dépens de victimes similaires, que l'agression soit dirigée contre soi-même ou contre un autre.

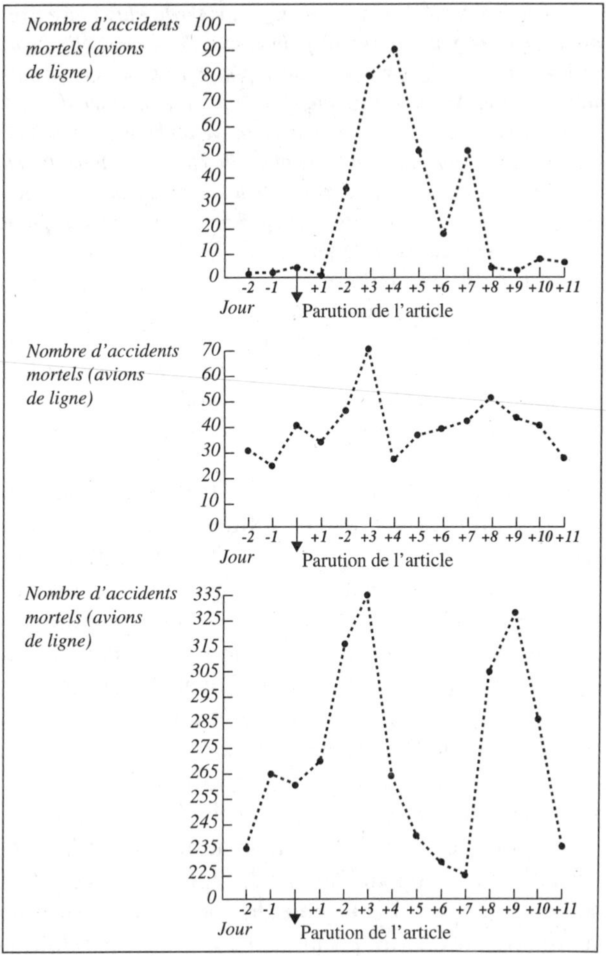

SCHÉMA 2 – Fluctuations journalières dans le nombre d'accidents mortels survenus avant, pendant, et après la publication d'une nouvelle de suicide

Comme il ressort de ces courbes, le danger le plus grave existe trois ou quatre jours après la publication de la nouvelle. Après une brève accalmie, il y a une autre pointe environ une semaine après l'article. Après le onzième jour, il n'y a plus trace de l'effet d'entraînement. Ce schéma, qui se retrouve à chaque type d'accident considéré, nous apprend une nouvelle caractéristique des suicides cachés. Ceux qui cherchent à déguiser en accident leur geste imitatif d'autodestruction attendent quelques jours avant de passer à l'acte, sans doute pour se donner du courage, mettre au point l'accident, ou mettre de l'ordre dans leurs affaires. Quelle que soit la raison de ce fait récurrent, nous savons que la sécurité du voyageur est particulièrement menacée trois ou quatre jours après la nouvelle, puis de nouveau, moins fortement toutefois, quelques jours plus tard. Nous ferions bien par conséquent de nous montrer très prudents quand nous voyageons dans ces périodes.

Des travaux tels que ceux du Dr Phillips nous permettent de mieux apprécier l'influence parfois tragique du comportement d'autres individus perçus comme semblables. Si l'on sait la force énorme que cela peut représenter, il devient possible de comprendre une extraordinaire affaire de persuasion collective : le suicide collectif de Jonestown, en Guyane. Certains faits relatifs à cette affaire méritent d'être rappelés.

Le Temple du Peuple était une société semi-religieuse issue de San Francisco, qui recrutait ses membres parmi les déshérités de la ville. En 1977, le révérend Jim Jones – chef spirituel et politique incontesté du groupe, alla s'installer avec un noyau de disciples au cœur de la jungle de Guyane. Le Temple du Peuple y subsista dans une relative obscurité jusqu'au 18 novembre 1978, jour où un groupe de quatre enquêteurs, ayant à leur tête un membre du Congrès, Leo J. Ryan, furent tués alors qu'ils tentaient de quitter Jonestown en avion. Certain d'être arrêté et impliqué dans ces meurtres, certain des conséquences qui en résulteraient pour sa secte, Jones voulut être maître, à sa façon, de la fin du Temple du Peuple. Il rassembla autour de lui toute la communauté et appela chacun à mourir, à s'unir dans un suicide collectif.

La première réponse à cet appel fut celle d'une jeune femme qui calmement s'approcha de la cuve de boisson à la fraise, désormais célèbre, administra une dose de poison à son bébé, une autre à elle-même, puis s'assit dans le champ où elle et son bébé moururent dans des convulsions en l'espace de quatre minutes. Les autres suivirent en bon ordre. Il y eut bien une poignée d'adeptes qui s'enfuirent pour ne pas avoir à obéir, et il semble que quelques autres aient résisté, mais d'après le témoignage des survivants, la grande majorité des neuf cent dix morts furent volontaires et paisibles.

La nouvelle fut accueillie avec stupeur. La presse bombarda l'opinion de reportages, de mises au point et d'analyses. Pendant des jours, les conversations en étaient pleines : « Combien a-t-on trouvé de morts maintenant ? » « Un homme qui s'est échappé dit qu'ils buvaient le poison comme s'ils avaient été hypnotisés. » « Qu'est-ce qu'ils allaient faire en Amérique du Sud ? » « On n'arrive pas à y croire. Enfin pourquoi ont-ils fait ça ? »

Oui, « pourquoi », c'est la question critique. Comment peut-on expliquer cette docilité effarante ? Plusieurs hypothèses ont été proposées. Certains ont souligné le charisme de Jim Jones, un homme que sa forte personnalité faisait vénérer comme un sauveur, aimer comme un père et traiter comme un empereur. D'autres ont mis en avant le genre de personnes qu'avait attirées le Temple du Peuple : c'étaient pour la plupart des gens pauvres, frustes, prêts à abdiquer leur liberté de pensée et d'action en faveur de la sécurité d'un endroit où toutes les décisions seraient prises à leur place. Certains commentaires enfin ont souligné la nature quasi religieuse du Temple du Peuple, où la foi indiscutée dans le chef de la secte était considérée comme primordiale.

Il est indubitable que chacun de ces facteurs peut dans une certaine mesure expliquer l'événement. Mais je ne les trouve pas suffisants. Après tout, le monde est plein de sectes composées de faibles et dirigées par une figure charismatique. Et surtout, on trouve bien des cas analogues dans l'histoire. Pourtant, on ne relève pas de drame du même ordre que celui de Jonestown. C'est donc ailleurs qu'il faut chercher l'explication.

Il y a une question qui peut nous mettre sur la voie : « Si la communauté était demeurée à San Francisco, l'ordre de suicide donné par le révérend Jones aurait-il été suivi ? » La question est purement spéculative, mais les spécialistes qui se sont penchés sur le cas du Temple du Peuple n'ont aucune hésitation à y répondre par la négative. Le Dr Louis Jolyon West, chef du département de psychiatrie et sciences du comportement, et directeur de la section de neuropsychiatrie de l'Université de Californie-Los Angeles, qui fait autorité en matière de culte, a observé huit ans durant le Temple du Peuple. Interrogé au moment du drame, il émit une opinion qui me paraît hautement instructive : « Cela ne serait pas arrivé en Californie. Mais ces gens vivaient totalement aliénés du reste du monde, perdus dans la jungle d'un pays hostile. »

L'observation du Dr West, s'ajoutant à ce que nous savons du principe de preuve sociale, me semble très importante pour la compréhension de ces suicides sur commande. Pour moi, dans toute l'histoire du Temple du Peuple, le fait qui contribua le plus à la docilité machinale des adeptes le jour du drame me semble être l'installation de la secte au cœur de la jungle, dans un pays dont les habitants et les coutumes leur étaient étrangers. Si nous en croyons ceux qui attribuent à Jim Jones une sorte de génie malfaisant, le chef de la secte avait compris quel impact psychologique aurait cette émigration. Les disciples se trouvaient subitement dans un lieu où tout leur était étranger. L'Amérique du Sud, et particulièrement ses forêts tropicales humides, ne ressemblait en rien à tout ce qu'ils avaient pu connaître à San Francisco. L'environnement naturel, comme l'environnement social, où ils étaient plongés, devaient leur sembler des plus incertains.

Ah, l'incertitude, le principal appui du principe de preuve sociale. Nous avons déjà vu que les individus incertains se guident sur les actions d'autrui. Dans l'environnement étranger de Guyane, par conséquent, les fidèles de Temple étaient tout à fait disposés à suivre l'exemple des autres. Mais comme nous l'avons déjà vu, ce sont les « autres » qui présentent certaines caractéristiques qui seront suivies le plus aveuglément : ceux qui sont semblables. Et c'est là que réside l'affreuse habileté du déménagement opéré par le révérend Jones. Dans un pays tel que la Guyane, il n'y avait pour un résident de Jonestown d'« autre semblable » que les autres résidents de Jonestown.

Ce que devait faire et croire un membre de la communauté était déterminé à un degré excessif par ce que croyaient et ce que faisaient d'autres disciples, totalement sous l'influence de Jones. Dans cette perspective, cet ordre terrible, cette absence de panique, le calme avec lequel ces gens s'approchèrent de la cuve de poison semble plus compréhensible. Ils n'avaient pas été hypnotisés par Jones, ils avaient été convaincus, en partie par lui, mais surtout par la preuve sociale, que le suicide était la conduite à tenir. L'incertitude qu'ils ressentirent certainement en entendant l'ordre de suicide dut les inciter à regarder autour d'eux pour définir leur propre attitude. Il est particulièrement important de remarquer qu'ils purent trouver deux indications impressionnantes données par le groupe social, allant toutes les deux dans le même sens.

La première était l'attitude du premier groupe de compatriotes qui immédiatement et délibérément burent le poison. Il y a toujours un petit nombre d'individus à l'obéissance fanatique dans tout groupe dominé par un chef charismatique. Que ceux-ci aient, en l'occurrence, été préparés à l'avance à servir d'exemples ou qu'ils aient été spontanément les plus dociles aux désirs de Jones, c'est difficile à dire. Peu importe ; l'effet psychologique des actions de ces individus dut être puissant. Si les suicides d'autres individus, inconnus, mais semblables, relatés dans les faits divers peuvent pousser quelqu'un au suicide, imaginez l'effet d'un tel acte, accompli sans hésitation par ses voisins, dans un endroit comme Jonestown.

La seconde indication fut fournie par la réaction de la foule. Étant donné les circonstances, je soupçonne que joua, sur une grande échelle, l'effet d'ignorance collective qui frappe si souvent les témoins d'un accident. Chaque habitant de Jonestown regarda les actions de ceux qui étaient autour de lui pour évaluer la situation, et devant le calme apparent de la foule, car tous les autres, avant de réagir, attendaient de voir ce qui se faisait autour d'eux, en déduisit que le comportement à adopter était d'attendre patiemment son tour. Cette mauvaise interprétation, si convaincante pourtant, des indications données par le groupe, aboutit, tout naturellement, à l'horrible impassibilité de l'assemblée qui attendait, dans la forêt de Guyane, une mort rationnellement administrée.

De mon point de vue, les essais d'analyse de l'affaire de Jonestown se sont trop focalisés sur la personnalité de Jim Jones. Certes, c'était indubitablement un homme d'une rare puissance de persuasion, mais je considère que le pouvoir qu'il exerçait venait moins de sa personnalité remarquable, que de sa connaissance des principes fondamentaux de la psychologie. Son vrai génie en tant que chef fut de comprendre les limites de son charisme individuel. Aucun chef ne peut espérer persuader, constamment, à lui seul, tous les membres d'un groupe. Un chef d'une certaine force peut s'attendre, raisonnablement, à persuader une certaine proportion du groupe. La simple connaissance du fait qu'un certain nombre de membres du groupe a été convaincu peut alors suffire à convaincre le reste. Ainsi les chefs les plus influents sont ceux qui savent aménager les conditions du groupe de façon que le principe de preuve sociale agisse à plein, en leur faveur.

C'est là que Jones semble avoir été particulièrement inspiré. Son coup de maître fut de transférer la communauté du Temple du Peuple de ses racines urbaines à San Francisco à la lointaine Amérique équatoriale, où les conditions d'incertitude et de similarité exclusive feraient jouer le principe de preuve sociale en sa faveur, plus peut-être que n'importe où ailleurs. Là, une colonie de mille personnes, bien trop nombreuse pour être tenue en permanence sous la sujétion d'une volonté, pouvait être transformée en *troupeau*. Ceux qui travaillent dans les abattoirs le savent bien, la mentalité d'un troupeau le rend facile à manier. Il suffit de faire se mouvoir dans la direction désirée quelques individus et les autres, réagissant moins à l'animal de tête qu'à ceux qui les entourent immédiatement, suivront, machinalement, paisiblement. Les pouvoirs étonnants du révérend Jones doivent être attribués, non à sa forte personnalité, mais bien à sa profonde connaissance de l'application sociale du jiu-jitsu.

Comment dire non

Ce chapitre a commencé par l'examen de la pratique, relativement anodine, des rires préenregistrés, et nous a amenés à des histoires de suicide et de meurtre, le tout s'expliquant par le principe de la preuve sociale. Comment pouvons-nous espérer nous défendre contre une arme d'influence qui agit sur des comportements aussi variés ? La difficulté est d'autant plus grande que, la plupart du temps, nous ne souhaitons pas nous prémunir contre les informations que nous fournit la preuve sociale. Les indications qui nous sont fournies sur la conduite à tenir sont ordinairement valables, et précieuses : elles nous permettent de nous orienter avec sûreté dans nos décisions sans avoir à examiner personnellement les avantages et les inconvénients de chacun de nos actes.

En ce sens, le principe de preuve sociale nous équipe d'un merveilleux système de pilotage automatique, semblable à celui de certains avions.

Cependant, le pilote automatique crée, occasionnellement, de graves problèmes. Cela se produit quand l'information contenue dans le mécanisme de contrôle est fausse. Dans ces cas-là, nous nous trouvons au sens propre déroutés. Suivant la gravité de l'erreur, les conséquences peuvent être de taille. Mais comme le pilote automatique fourni par le principe de preuve sociale est plus souvent un allié qu'un ennemi, il ne saurait être simplement débranché. Nous voilà donc devant un problème classique : comment nous servir d'un équipement qui garantit et menace tout à la fois notre sécurité.

Fort heureusement, la solution au problème existe. Puisque les inconvénients du pilotage automatique apparaissent principalement lorsque des données incorrectes ont été introduites dans le système de contrôle, notre meilleure défense, c'est de savoir reconnaître quand il y a erreur. Si nous savons reconnaître les situations où le pilote automatique « preuve sociale » dispose d'une information fausse, nous pouvons débrancher le mécanisme et nous remettre aux commandes, quand c'est nécessaire.

Il y a deux types de situations où des données incorrectes font que le principe de la preuve sociale va nous donner de mauvais conseils. La première, c'est quand les indices ont été délibérément falsifiés. Ces situations sont invariablement fabriquées par des exploiteurs qui cherchent à créer l'*impression* – car la réalité importe peu – qu'une multitude d'individus agissent comme les exploiteurs veulent nous voir agir. Les rires préenregistrés des feuilletons télévisés, que nous avons déjà vus, sont un exemple de cette falsification des indices. Mais les exemples sont innombrables ; et la plupart du temps, la falsification est cousue de fil blanc.

Ainsi, les fausses réactions du public ne sont pas spécifiques aux médias électroniques, ni même à l'ère électronique. En réalité, l'exploitation éhontée du principe de la preuve sociale se retrouve dans l'histoire de l'un de nos arts les plus vénérables : l'opéra. Je veux parler de l'institution de la claque, qu'on dit remonter à 1820, à l'initiative de deux habitués de l'Opéra de Paris nommés Sauton et Porcher. Ces hommes n'étaient pas que des amateurs d'opéra ; c'étaient des hommes d'affaires, et leur produit était l'applaudissement.

Associés sous le nom de L'Assurance des Succès Dramatiques, ils se louaient, avec leurs employés, auprès de cantatrices et de directeurs d'opéra qui souhaitaient assurer un bon accueil de la part du public. Ils réussissaient si bien à stimuler, par leurs réactions préparées à l'avance, une vraie réaction du public, qu'avant longtemps, les claques, composées ordinairement d'un « chef de claque » et de plusieurs « claqueurs » individuels, étaient devenues une tradition solidement établie dans le monde de l'opéra. D'après l'historien de la musique Robert Sabin, en 1830, la claque était une institution en plein essor ; on venait toucher son cachet le jour, on applaudissait le soir, le plus ouvertement du monde. Mais selon toute probabilité, ni Sauton, ni son associé Porcher, n'avait la moindre idée de l'extension qu'allait connaître leur invention des applaudissements sur commande, adoptée et utilisée partout où se chantait l'opéra[14].

Au fur et à mesure que se développait l'utilisation des claques, les professionnels proposèrent toute une gamme de produits de style et d'intensité variés. De la même façon que les fabricants de rires préenregistrés recrutent des individus qui excellent à lâcher des petits rires étouffés ou à s'esclaffer bruyamment, les claques proposaient leurs spécialités : la *pleureuse*, choisie pour sa capacité à pleurer sur commande ; le *bisseur*, qui criait « bis » et « encore » sur un ton extatique ; enfin, digne précurseur des rires préenregistrés d'aujourd'hui, le *rieur*, choisi pour son rire particulièrement contagieux.

Or le point commun de ces formes modernes et anciennes de réactions préparées est le caractère flagrant de la supercherie. On ne voyait aucune raison de déguiser ou de renouveler la claque, qui occupait souvent les mêmes places, soirée après soirée, année après année, sous la conduite d'un chef de claque installé depuis vingt ans dans sa fonction. Même l'aspect économique de cette institution n'était nullement dissimulé au public. Cent ans après l'invention de la claque, le lecteur du *Musical Times* de Londres pouvait lire les tarifs que publiaient les claqueurs italiens. Qu'il s'agisse de *Rigoletto* ou de *Benny Hill*, donc, les publics se font volontiers manipuler par ceux qui utilisent la preuve sociale, fût-elle ouvertement falsifiée.

Pour applaudir à l'entrée en scène, s'il s'agit d'un monsieur : 25 lires
Pour applaudir à l'entrée en scène, s'il s'agit d'une dame : 15 lires
Applaudissements ordinaires en cours de séance : 10 lires chaque
Applaudissements appuyés en cours de séance : 15 lires chaque
Applaudissements encore plus appuyés : 17 lires
Pour des interruptions par des « Bien ! » ou des « Bravo ! » : 5 lires
Pour demander un « Bis » jusqu'à satisfaction : 50 lires
Enthousiasme délirant : prix à débattre

Tarifs officiels de la Claque italienne
Des « applaudissements ordinaires » à l'« enthousiasme délirant », la claque faisait ouvertement la publicité de ses services. Cet exemple parut dans un journal lu par une bonne partie du public qu'elle visait justement à influencer. Clic, ou plutôt : claque !
(UPI)

Ce que Sauton et Porcher ont compris de la façon mécanique dont nous réagissons au principe de preuve sociale est également compris par un certain nombre d'exploiteurs de notre temps. Ceux-ci ne ressentent aucun besoin de cacher la nature artificielle des preuves sociales qu'ils établissent ; il suffit de constater la médiocrité des effets de rires préenregistrés réalisés à la télévision. Ils semblent satisfaits de nous laisser devant une alternative lamentable : nous devons, soit leur permettre de nous induire en erreur, soit abandonner notre précieux pilote automatique, qui nous rend vulnérables à leurs stratagèmes. Mais dans leur assurance que le piège s'est refermé sur nous, les exploiteurs ont fait une grosse erreur. La négligence avec laquelle ils ont monté leurs fausses pistes nous donne une bon moyen de nous défendre.

Comme les pilotes peuvent être branchés ou débranchés à volonté, nous pouvons nous laisser mener par eux jusqu'à ce que nous voyions qu'une donnée fausse a été introduite. Nous pouvons alors reprendre les commandes et faire les corrections nécessaires dans les données, avant de rebrancher le pilote automatique. La transparence des moyens de truquage utilisés nous indique assez clairement à quel moment opérer cette manœuvre toute simple. Sans autre effort qu'un peu de vigilance lorsque nous trouvons des indices falsifiés de façon flagrante, nous pouvons donc nous protéger efficacement.

Prenons un exemple. Nous avons déjà remarqué la prolifération des publicités contenant des témoignages de l'homme de la rue, dans lesquels des gens ordinaires parlent avec enthousiasme d'un produit, souvent sans savoir que leurs paroles sont enregistrées. Comme on peut s'y attendre d'après le principe de preuve sociale, ces témoignages de gens « comme vous et moi » ont une grande efficacité publicitaire. Ils ont toujours comporté une distorsion peu apparente : nous n'entendons que les témoignages favorables au produit. Par cela même, nous avons une image forcément déformée des preuves sociales en sa faveur. Plus récemment, cependant, on a inventé une forme de falsification plus crue et plus critiquable. Souvent, les producteurs ne prennent pas la peine de recueillir des témoignages authentiques. Ils engagent des acteurs pour jouer le rôle du consommateur ordinaire répondant de façon spontanée à un enquêteur. Il est incroyable de voir à quel point ces « enquêtes » peuvent être invraisemblables. Les situations sont, de façon flagrante, mises en scène, les soi-disant participants sont des acteurs, et le dialogue est manifestement écrit à l'avance.

Je sais que lorsque je rencontre une tentative d'influence de cette sorte, cela déclenche en moi une espèce d'alarme, et un signal : *Attention ! Fausse preuve sociale dans cette situation. Déconnecter temporairement le pilote automatique*. C'est si facile à faire. Il nous suffit de prendre la décision d'être attentifs aux signes de contrefaçon, et l'assurance satisfaite des exploiteurs se retournera contre eux. Nous pourrons relâcher notre vigilance et nous préparer à la contre-attaque.

Notre contre-attaque doit être vindicative. J'entends qu'il ne faut pas se contenter d'écarter la fausse information, même si cette tactique défensive est à recommander. Il faut passer à une contre-attaque agressive. Chaque fois que possible, nous devrions faire payer aux responsables leur falsification de la preuve sociale. Nous devrions n'acheter aucun des produits vantés par les publicités ayant la forme de fausses « enquêtes ». De plus, nous devrions envoyer au producteur de ces articles une lettre expliquant notre réaction et lui recommandant de cesser de recourir aux services de l'agence de publicité qui propose une présentation si mensongère de ses produits.

Certes, nous ne souhaitons pas toujours nous reposer sur les actions de nos semblables pour décider de notre conduite – en particulier si la circonstance est assez importante pour mériter une réflexion personnelle sur ses différents aspects, ou si nous sommes spécialistes en la matière. Mais dans un grand nombre de situations, nous voulons pouvoir disposer d'une source valable d'information, à savoir le comportement d'autrui. Si, dans ces situations, nous découvrons que nous ne pouvons nous fier à cette information parce que quelqu'un a disposé de faux indices, nous devons être prêts à appliquer des mesures de rétorsion. Dans de tels cas, je me sens personnellement motivé par autre chose que le sentiment désagréable de m'être fait duper. Je m'insurge à l'idée de me laisser acculer à des actes forcés par des gens qui détruisent une des barrières qui protègent mon esprit contre toutes les sollicitations de la vie moderne. Et en châtiant ceux qui s'y essaient, j'ai vraiment l'impression de faire justice. Si vous êtes comme moi, faites-en autant.

Outre les cas où les indications du groupe social sont délibérément truquées, il y a d'autres circonstances où le principe de preuve sociale nous induira en erreur. C'est quand une erreur innocente, naturelle, vient à constituer petit à petit tout un faisceau de preuves sociales et nous incite à prendre une mauvaise décision. Le phénomène d'ignorance collective, par lequel les témoins d'un incident grave ne voient pas de motif d'inquiétude, est un exemple de ce processus. La meilleure illustration que je puisse trouver, toutefois, vient d'un témoignage apporté par l'un de mes étudiants, qui était agent de police.

À la fin d'un cours sur le thème du principe de la

preuve sociale, il vint me trouver. Il m'expliqua qu'il comprenait maintenant la cause d'une espèce d'accident de la route qu'il avait toujours trouvée incompréhensible. L'accident se produisait en général sur une grande artère de la ville, aux heures de pointe, moment où des voitures roulaient à allure régulière mais lente sur toutes les voies. Les événements conduisant à l'accident se déroulaient de la façon suivante : deux voitures à la file mettaient leur clignotant en marche, signalant ainsi leur intention de changer de file. En quelques secondes, une longue file de voitures suivant les deux premières faisaient de même, croyant qu'un obstacle quelconque, une voiture mal garée ou des travaux sur la voie, gênait le passage. C'est en essayant de se faufiler dans la file d'à côté qu'ils provoquaient fréquemment des accidents.

Ce qui était étrange, d'après mon étudiant, c'était que bien souvent, il n'y avait aucun obstacle sur la voie, et au moment où se produisait l'accident, cela aurait été évident pour les conducteurs s'ils avaient regardé. Il avait observé plus d'une fois un accident de ce type alors que devant les malheureux conducteurs, la voie était parfaitement libre.

Le récit de l'agent de police nous donne quelques indications sur la façon dont nous réagissons à la preuve sociale. D'abord, nous avons apparemment tendance à supposer que si beaucoup de gens font la même chose, c'est qu'ils savent quelque chose que nous ne savons pas. Surtout quand nous sommes incertains, nous sommes disposés à témoigner une confiance excessive à la science collective de la foule. Ensuite, cette foule se trompe, dans bien des cas, parce qu'elle n'agit pas d'après une information privilégiée, mais réagit, elle aussi, au principe de la preuve sociale.

C'est ainsi que, si deux conducteurs ont décidé, par coïncidence, de changer de file au même moment, les deux conducteurs qui les suivent immédiatement vont peut-être faire de même, supposant que les conducteurs devant eux ont repéré un obstacle. Les indices sociaux qui se présentent alors à tous ceux qui suivent sont concluants : quatre voitures à la file, mettant leur clignotant, essayant de s'infiltrer parmi les voitures de l'autre file. D'autres clignotants se mettent en marche. La preuve sociale est alors irréfutable. Pour les conducteurs qui sont loin derrière, pas besoin de s'interroger sur la nécessité de changer de file. « Tous ceux de devant doivent avoir vu quelque chose. » Ils sont si occupés à se préparer à bifurquer que sans même vérifier ce qui se passe sur leur voie, les conducteurs lancent un assaut groupé contre la file voisine ; et le choc est parfois rude.

Il y a là une leçon à retenir. Un système de pilotage automatique, tel que la preuve sociale, ne doit jamais être totalement laissé à lui-même. Même si aucun saboteur n'a introduit de fausses données dans le mécanisme, celui-ci peut parfois se bloquer. Nous devons vérifier de temps en temps la machine, pour nous assurer qu'il n'y a aucun déphasage avec les autres indications disponibles : les faits visibles, notre expérience passée, notre jugement. Heureusement, cette précaution ne requiert ni beaucoup d'argent ni beaucoup de temps. Un simple coup d'œil autour de nous suffit. Et cette petite précaution est payante. Les conséquences d'une confiance aveugle dans les éléments de preuve sociale peuvent être très graves.

Cet aspect du phénomène de preuve sociale me rappelle toujours la façon dont certaines tribus indiennes, comme les Pieds-Noirs, les Cree, les Snake, les Crows, chassaient autrefois le bison. Le bison présente deux caractéristiques qui le rendent particulièrement vulnérable aux fausses preuves sociales. D'abord, il a les yeux situés de telle sorte qu'il lui est plus facile de voir de côté que de face. Ensuite, quand le troupeau se lance dans une fuite éperdue, c'est la tête baissée, si bien que chaque animal ne voit pas plus haut que le troupeau. C'est pourquoi les Indiens découvrirent qu'il était possible de tuer des quantités de bisons en faisant courir un troupeau en direction d'une falaise. Les animaux, répondant à l'écrasante preuve sociale qui les entourait, et ne levant jamais la tête pour voir ce qu'il y avait devant, faisaient le reste. Un observateur médusé d'une de ces chasses a décrit le dénouement tragique de cette preuve de confiance envers la connaissance collective :

> « De cette façon, il était possible de détourner un troupeau vers un précipice, et de le faire tomber dedans en masse, les animaux qui couraient en tête étant précipités dans l'abîme par les suivants, et tous les autres suivant de leur propre mouvement[15]. »

Il ne fait aucun doute que le pilote dont l'avion est dirigé par pilotage automatique serait avisé de jeter de temps en temps un coup d'œil sur le tableau de bord, et un autre par la fenêtre. De la même façon, nous devons périodiquement lever la tête et regarder ce qui se passe autour de nous chaque fois que nous sommes pris dans l'obsession des indications données par le groupe. Sans ce garde-fou, qui nous protégera d'une preuve sociale mal comprise, nous risquons le même sort que les conducteurs de la rocade encombrée et les bisons d'Amérique du Nord.

TÉMOIGNAGE
d'un ex-employé d'hippodrome

« À l'époque où je travaillais dans un hippodrome, j'ai découvert, à la longue, une méthode de détournement de la preuve sociale par certains parieurs. Pour accroître leurs gains, ils réussissaient à inciter les autres à miser sur de mauvais chevaux.

Dans les courses, la cote d'un cheval dépend des montants pariés sur lui. Plus ces mises sont élevées, plus il est coté, et moins les gains sont importants. C'est étonnant, mais bien des parieurs ne savent pas grand chose des courses, ni de la stratégie qu'il convient d'adopter en la matière. C'est pourquoi ils se contentent souvent de jouer sur le favori, surtout s'ils connaissent mal les concurrents en présence. À tout moment, ils voient de quel cheval il s'agit, puisque les mises sont indiquées en temps réel sur les panneaux d'affichage. Mais un turfiste plus exercé peut faire changer ces montants à l'aide d'une méthode très simple. Supposons qu'il ait des vues sur un concurrent qui lui semble avoir de bonnes chances de remporter la course. Il en choisit un autre, qui ne risque guère de gagner (à quinze contre un, par exemple). Dès que les paris sont ouverts, il place cent dollars sur le tocard, qui se retrouve aussitôt favori à deux contre un.

C'est alors que le mécanisme de la preuve sociale se met en marche. Les gens qui n'ont pas encore fixé leur choix regardent le panneau d'affichage pour savoir sur quel cheval les premiers parieurs ont placé leur mise. Ils suivent le mouvement et il en résulte un effet de boule de neige. C'est alors que le vrai connaisseur revient au guichet pour parier une grosse somme sur son véritable favori, qui a toutes les chances de rapporter gros maintenant que l'autre est en tête du panneau. Si son coup réussit, il aura largement multiplié son investissement de départ.

J'ai été moi-même témoin de cette pratique. Je me souviens qu'un jour, quelqu'un a placé cent dollars sur un cheval coté à dix contre un, qui s'est transformé du même coup en favori. Autour du champ de courses, les rumeurs sont allées bon train : il y avait sûrement des tuyaux en circulation. Aussitôt après, tout le monde (moi compris) s'est mis à parier sur le cheval en question. Il a fini bon dernier, d'autant qu'il était blessé. Si les parieurs ont été nombreux à perdre beaucoup d'argent dans l'affaire, il y en a un qui s'en est très bien sorti. Je n'ai jamais su de qui il s'agissait, mais il a raflé le gros lot. Il avait parfaitement assimilé le principe de la preuve sociale. »

Une fois de plus, nous constatons que la preuve sociale exerce un effet particulièrement puissant sur ceux qui dominent mal une situation donnée, par manque de connaissances ou d'assurance, et qui, de ce fait, sont amenés à chercher ailleurs qu'en eux-mêmes l'attitude à adopter en la circonstance.

5

La sympathie

Le gentil voleur

Le travail d'un avocat consiste pour l'essentiel à rendre son client sympathique au jury.

Clarence DARROW

On ne surprendra personne en disant qu'en règle générale, nous accédons plus volontiers aux requêtes de personnes qui nous sont connues et sympathiques. Ce qui est moins apparent, c'est que ce principe très simple est utilisé de mille façons par des inconnus dans le seul but de nous persuader.

La plus claire illustration que je connaisse de la règle de sympathie, ce sont les réunions Tupperware, qui représentent pour moi la quintessence de la situation d'influence aux États-Unis. Quiconque connaît bien le fonctionnement d'une réunion Tupperware reconnaîtra sans peine l'utilisation des différentes armes d'influence que nous avons examinées jusqu'ici : la réciprocité (on commence par des jeux, et les participants gagnent des prix ; quiconque ne gagne pas de prix a le droit de tirer au sort un cadeau-surprise ; tout le monde a donc reçu quelque chose de la représentante Tupperware avant que commencent les achats) ; l'engagement (chaque participante est priée de détailler devant l'assistance les multiples usages et avantages des Tupperware qu'elle possède déjà) ; la preuve sociale (quand les achats commencent, chaque demande contribue à créer l'impression que d'autres personnes, semblables, désirent le produit ; et donc, qu'il doit être bon).

Toutes les grandes armes d'influence concourent au succès du procédé, mais la force de la réunion Tupperware réside surtout dans la façon dont elle est organisée, qui fait entrer en jeu le principe de sympathie. Malgré les talents de persuasion et d'animation de la représentante Tupperware, la requête d'achat ne vient pas directement de cette inconnue ; elle vient d'une femme qui est l'amie de toutes les participantes à la réunion. Certes la représentante Tupperware peut être physiquement celle qui prend les commandes des participantes, mais du point de vue psychologique, la sollicitation vient de la maîtresse de maison assise en retrait, qui sourit, dirige la conversation et sert des rafraîchissements. C'est elle l'hôtesse, elle qui a réuni ses amies chez elle pour la démonstration Tupperware, et qui, tout le monde le sait, réalise un bénéfice sur chaque article vendu chez elle.

C'est simple. En donnant à l'hôtesse un pourcentage sur les ventes, la société Tupperware fait en sorte que les clients achètent à une amie, et non à un vendeur inconnu. De cette façon, toutes les connotations de plaisir, de chaleur, de sécurité, et d'obligation que comporte la relation d'amitié viennent se greffer sur la vente. Les résultats sont remarquables. On estime que le chiffre d'affaires quotidien de Tupperware excède 2,5 millions de dollars !

L'intéressant de l'affaire est que les clientes semblent pleinement conscientes des pressions, dues à la sympathie et l'amitié, qui s'exercent lors d'une réunion Tupperware. Certaines semblent ne pas s'en soucier ; d'autres ne savent pas comment y échapper. Une femme m'en parlait avec un soupçon d'exaspération dans la voix :

> « C'en est venu au point maintenant que je déteste être invitée aux réunions Tupperware. J'ai déjà toutes les boîtes dont j'ai besoin. Et si j'en voulais d'autres, je pourrais en acheter d'une autre marque, moins cher, dans un magasin. Mais quand une amie m'invite, je me sens obligée d'y aller. Et quand j'y suis, je me sens obligée d'acheter. Que puis-je faire d'autre ? C'est pour une amie. »

S'étant assuré un allié aussi puissant que l'amitié, la société a pu abandonner aux USA la distribution en magasin et se replier entièrement sur le système des réunions Tupperware, si bien qu'à l'heure actuelle une de ces réunions commence toutes les dix secondes. Mais, bien sûr, toutes sortes de professionnels de la persuasion connaissent bien la force qui nous pousse à dire oui à quelqu'un que nous connaissons et que nous apprécions. Voyez par exemple le nombre d'organismes charitables qui demandent à leurs bénévoles de prospecter leur entourage. C'est qu'il est beaucoup plus difficile de refuser d'apporter sa contribution quand c'est un ami ou un voisin qui vous le demande.

D'autres professionnels de la persuasion ont découvert qu'il n'est même pas nécessaire que l'ami soit présent pour exercer cette influence. Souvent, le nom de l'ami suffit. La société Shaklee, spécialisée dans la vente au porte-à-porte de produits pour la maison, conseille à ses vendeurs la méthode de la « chaîne » pour trouver de nouveaux clients. Lorsqu'un client a admis qu'il apprécie un produit, on le presse de donner les noms d'amis qui pourraient l'apprécier eux aussi. Les individus sur la liste peuvent être démarchés à leur tour, et priés de donner d'autres noms, et ainsi de suite.

Le secret de cette méthode, c'est que chaque client potentiel reçoit la visite d'un vendeur armé du nom d'un de ses amis « qui m'a conseillé d'aller vous voir ». Dans ces conditions, il est difficile de ne pas le recevoir ; ce serait presque comme claquer la porte au nez de l'ami. Le manuel de vente de Shaklee recommande aux employés d'utiliser systématiquement ce procédé. « On ne saurait surestimer sa valeur. Si, quand vous téléphonez, ou sonnez à la porte, vous pouvez dire que M. Untel, ami de votre interlocuteur, pense qu'il aurait avantage à vous accorder quelques instants, autant dire que la vente est déjà à moitié faite avant que vous ayez franchi le seuil. »

La large utilisation qui est faite, à des fins commerciales, du lien d'amitié existant entre deux personnes est révélatrice de l'influence de la sympathie dans le phénomène du consentement. Nous voyons d'ailleurs que les professionnels cherchent à tirer parti de la règle même quand il n'y a pas d'amitié existante sur laquelle ils puissent bâtir leur stratégie. Dans ce cas, leur méthode est des plus directes : ils nous amènent à les trouver, eux, sympathiques.

Un certain Joe Girard, de Detroit, s'est spécialisé dans l'utilisation de la règle de sympathie, appliquée à la vente d'automobiles Chevrolet. Il a fait fortune ainsi, gagnant plus de deux cent mille dollars par an. Pour toucher un tel salaire, c'était sans doute, penserez-vous, un important responsable de la General Motors, ou peut-être, un grand concessionnaire Chevrolet. Mais il n'en est rien. Il gagnait cet argent comme simple vendeur. Dans cette fonction, il se montrait génial. De 1966 à 1977, il gagna chaque année le titre de « meilleur vendeur de voitures ». Il vendait en moyenne plus de cinq véhicules chaque jour de travail. Enfin, d'après le *Livre des Records Guinness*, c'était le « plus grand vendeur de voitures du monde ».

Sa méthode était simple ; elle consistait à proposer aux clients un bon prix et un partenaire avec qui ils avaient plaisir à traiter. « C'est tout, déclarait-il dans une interview. Ils ont un vendeur qu'ils apprécient, et un bon prix. Avec ça, l'affaire est faite. »

C'est parfait ; la formule de Joe Girard nous dit que la règle de sympathie est vitale pour sa réussite, mais elle ne nous en dit pas assez. D'abord, elle ne nous dit pas pourquoi les clients l'aimaient plus que d'autres vendeurs proposant les mêmes prix. La formule de Joe laisse sans réponse une question essentielle, et passionnante : quels sont les facteurs qui font qu'une personne ressent de la sympathie pour une autre ? C'est ce qu'il nous faudrait savoir ; nous serions alors beaucoup plus près de savoir comment font des individus comme Joe pour se rendre sympathiques, et inversement, comment nous pourrions faire pour que nos partenaires nous trouvent sympathiques. Fort heureusement, cela fait des dizaines d'années que les sociologues se posent cette question. Toutes les données qu'ils ont pu rassembler ont permis de déterminer un certain nombre de facteurs qui engendrent la sympathie. Et comme nous le verrons, chacun de ces facteurs est utilisé au mieux par les professionnels pour nous arracher un « oui ».

L'apparence physique

Il est bien connu que la beauté représente un avantage dans les relations sociales. Des recherches récentes montrent cependant que nous sous-estimons peut-être gravement la portée de cet avantage. Il semble que l'apparence physique produise un effet de déclic. La réaction déclenchée est automatique, inconsciente. Elle entre dans la catégorie des « effets de halo ». L'effet de halo se produit quand une des caractéristiques d'une personne domine la façon dont d'autres personnes la voient. Et tout montre que l'apparence physique a très souvent cette propriété.

Les recherches montrent que nous attribuons automatiquement aux individus au physique harmonieux des qualités telles que le talent, la bonté, l'honnêteté et l'intelligence. De plus, nous faisons ce jugement sans nous rendre compte que l'apparence physique nous influence. Certaines des conséquences de cette équation inconsciente, « beau égale bien », me paraissent inquiétantes. Ainsi, une étude portant sur les élections fédérales au Canada a montré que les candidats d'apparence séduisante avaient deux fois et demie plus de voix que les candidats moins séduisants d'aspect[1]. Malgré cette mise en évidence de l'avantage que peut représenter une certaine apparence physique pour un homme politique, les recherches complémentaires ont montré que les électeurs n'ont pas conscience de la distorsion.

Soixante-treize pour cent des électeurs canadiens interrogés nièrent de la façon la plus formelle que leurs votes aient pu être influencés par l'apparence physique du candidat ; quatorze pour cent seulement admirent cette éventualité. Un effet comparable se produit en matière de recrutement. Une étude a démontré que, lors de simulations d'entretiens d'embauche, la présentation des candidats pesait davantage dans un choix en leur faveur que leur qualification, et ce, y compris lorsque leur interlocuteur affirmait que l'apparence ne jouait qu'un rôle limité dans sa décision[2].

Dans un autre domaine, des résultats non moins inquiétants montrent que la justice est également sensible à l'harmonie d'un corps ou à l'ossature d'un visage. Les personnes d'apparence agréable ont des chances de recevoir un traitement de faveur dans le système judiciaire. Par exemple, dans une étude réalisée en Pennsylvanie, les chercheurs ont évalué la beauté de soixante-quatorze accusés au début de leur procès. Quand, bien plus tard, les chercheurs examinèrent l'issue de ces affaires, ils découvrirent que les accusés qui étaient beaux avaient été condamnés plus légèrement, dans des proportions significatives. De fait, les accusés d'apparence séduisante avaient deux fois plus de chances d'éviter la prison que les non séduisants[3]. Dans une autre étude, portant cette fois sur les dommages-intérêts accordés dans une simulation de procès en responsabilité civile, le défendeur qui avait un meilleur physique que sa victime, était condamné à payer une somme moyenne de 5 623 dollars ; mais quand la victime était plus séduisante que le défendeur, la somme moyenne passait à 10 051 dollars. Plus encore, les jurés des deux sexes montraient la même prévention.

D'autres expériences ont démontré que les personnes séduisantes reçoivent plus facilement de l'aide en cas de besoin, et persuadent plus facilement un auditoire. Là encore, les deux sexes réagissent de la même façon. Dans l'expérience sur l'aide d'urgence, par exemple, les hommes et les femmes les plus beaux recevaient plus souvent de l'aide, même de la part des membres de leur propre sexe[4]. Il y a certes une exception majeure à cette règle, on peut d'ailleurs s'y attendre, dans le cas où la personne séduisante est perçue comme un concurrent direct, et particulièrement comme un rival amoureux. À cette nuance près, cependant, il apparaît que les individus ayant un bon physique jouissent d'un avantage énorme dans nos sociétés. Ils sont plus appréciés, plus écoutés, plus souvent aidés, et on leur prête diverses qualités morales et intellectuelles. De plus, les avantages de la beauté semblent se manifester très tôt. Des recherches réalisées auprès d'enfants de l'école primaire montrent que les adultes considèrent les actes agressifs avec plus d'indulgence lorsqu'ils sont commis par un enfant qui est beau, et que les enseignants supposent plus d'intelligence chez les enfants les plus séduisants que chez leurs camarades moins favorisés[5].

Il n'est donc pas étonnant que le halo de la beauté soit exploité par les professionnels de la persuasion. Comme nous ressentons de la sympathie envers ceux qui sont beaux et comme nous avons tendance à nous laisser convaincre par ceux que nous trouvons sympathiques, il est logique que les programmes de formation à la vente donnent des indications sur la façon de s'habiller, que les magasins de mode choisissent leurs vendeurs sur leur présentation, et qu'un escroc soit souvent un bel homme ou une jolie femme.

La similarité

Que se passe-t-il si l'apparence physique n'entre pas en jeu ? Car la plupart des gens ne sont ni beaux ni laids. Y a-t-il d'autres facteurs qui peuvent produire la sympathie ? Comme le savent les chercheurs, et les professionnels de la persuasion, il y en a plusieurs, et l'un des plus influents est la similarité.

Nous aimons ce qui nous ressemble. Ce fait semble rester vrai, que la ressemblance réside dans les opinions, la personnalité, le milieu, ou le mode de vie. Par conséquent, ceux qui veulent qu'on les aime pour persuader plus facilement peuvent atteindre cet objectif en paraissant semblables à nous. Ils disposent pour ce faire d'un large éventail de moyens.

L'habillement en est un bon exemple. Plusieurs études ont montré que nous aidons plus volontiers ceux qui s'habillent comme nous. Dans une étude réalisée dans les années 1970, époque où les jeunes s'habillaient soit « hippie » soit « classique », des enquêteurs revêtus d'une panoplie soit hippie soit classique demandaient à des étudiants, sur le campus, un peu d'argent pour téléphoner. Lorsque l'enquêteur était habillé de la même façon que l'étudiant, celui-ci acceptait dans plus de deux tiers des cas ; en revanche, quand l'étudiant et le solliciteur étaient habillés de façon dissemblable, l'argent n'était donné que dans moins de la moitié des cas. Une autre expérience montre l'automatisme de notre réaction positive envers un individu semblable à nous. Lors d'une manifestation pacifiste, les manifestants se montraient plus disposés non seulement à signer la pétition que leur présentait quelqu'un habillé comme eux, mais même à le faire sans prendre la peine de la lire préalablement. *Clic*[6] !

Une autre façon de manipuler la similarité afin d'augmenter la sympathie est de prétendre avoir des points communs avec la personne qu'on veut persuader. Les vendeurs de voitures, par exemple, apprennent à mettre à profit les indices qu'ils peuvent relever en examinant la voiture du client pour la reprise. S'il y a un équipement de camping dans le coffre, le vendeur ne manquera pas de dire un peu plus tard combien il aime s'échapper de la ville chaque fois qu'il le peut. S'il y a des balles de golf à l'arrière, il dira peut-être qu'il espère que le temps lui permettra de faire les dix-huit trous qu'il avait prévus pour le soir même. S'il remarque que la voiture a été achetée dans un autre État, il va s'enquérir de l'origine du client, et s'exclamer, avec surprise, qu'il est lui-même (à moins que ce ne soit sa femme) né là-bas.

Pour insignifiantes que paraissent ces similarités, elles ont leur importance. Un chercheur, examinant les ventes des compagnies d'assurance, a découvert que les clients souscrivaient plus volontiers des polices d'assurance quand le vendeur était semblable à eux dans des domaines tels que son âge, sa religion, ses opinions politiques, et sa consommation de tabac. Comme les similarités les plus minimes peuvent produire une réaction positive vis-à-vis du partenaire, et comme il est extrêmement facile de prétendre avoir des points communs avec son interlocuteur, je conseillerais d'observer la plus grande prudence envers les solliciteurs qui prétendent « être comme vous[7] ».

Les compliments

Le comédien McLean Stevenson raconte comment sa femme s'est fait épouser : « Elle m'a dit qu'elle m'aimait bien. » Cette histoire aux intentions comiques est néanmoins instructive. L'idée que quelqu'un nous apprécie peut, par le sentiment de sympathie qu'elle suscite, être un procédé de persuasion diaboliquement efficace. C'est pourquoi nous entendons souvent ceux qui veulent obtenir quelque chose de nous nous dire des choses flatteuses ou proclamer leurs affinités avec nous.

Rappelez-vous Joe Girard, le « plus grand vendeur de voitures du monde », qui disait que le secret de son succès, c'était de se faire aimer des clients. Il avait une habitude qui, à première vue, semble stupide et coûteuse. Chaque mois, il envoyait à chacun de ses treize mille anciens clients une sorte de carte de vœux avec un message. La carte de vœux changeait suivant la saison (joyeux Noël, joyeuses Pâques, etc.) mais le message imprimé au verso était invariable : « Vous êtes un ami. » Comme l'expliqua Joe : « Il n'y a rien d'autre sur la carte. Rien que mon nom. Je leur dis simplement que ce sont des amis. »

« Vous êtes un ami. » Cela parvenait par la poste tous les ans, douze fois par an, avec la régularité d'une horloge. « Vous êtes un ami », une formule imprimée sur une carte, envoyée également à treize mille autres personnes. Une protestation d'amitié si impersonnelle, aux intentions commerciales si flagrantes, pouvait-elle avoir quelque influence ? Oui, de l'avis de Joe Girard ; et sa réussite éclatante nous oblige à prendre son opinion en considération. Joe avait saisi un trait essentiel de la nature humaine, qui est que nous sommes toujours prêts à gober n'importe quelle flatterie. Il y a peut-être des limites à notre crédulité, surtout quand nous pouvons être sûrs que le flatteur cherche à nous manipuler ; mais en général, nous aimons croire le bien qu'on nous dit de nous-mêmes, et nous aimons ceux qui nous le disent, même alors que la louange n'est manifestement pas sincère.

Une expérience réalisée en Caroline du Nord montre combien nous nous trouvons sans défense devant les louanges. Les sujets d'étude, des hommes, écoutaient des jugements sur leur personne émis par quelqu'un qui avait quelque chose à leur demander. Certains des sujets recevaient des commentaires positifs, d'autres des commentaires négatifs, d'autres encore un mélange des deux. L'étude aboutit à trois résultats intéressants. D'abord, la personne qui ne servait que des louanges était mieux appréciée par les sujets. Ensuite, cela était vrai alors même que les sujets étaient pleinement conscients que le flatteur avait intérêt à se rendre sympathique. Enfin, contrairement aux autres commentaires, les louanges, qu'elles soient fondées ou non, avaient le même effet.

Les commentaires positifs éveillaient la même sympathie envers le flatteur, indépendamment de leur sincérité[8].

Apparemment, nous réagissons donc aux compliments de façon purement automatique, si bien que nous sommes facilement la proie de quelqu'un qui les prodigue dans le but évident de se gagner nos faveurs. *Clic !* À la lumière de ces résultats, l'habitude d'imprimer et d'envoyer plus de 150 000 cartes : « Vous êtes un ami », chaque année ne semble plus aussi stupide, ni aussi coûteuse.

Le contact et la coopération

La plupart d'entre nous aiment ce qui leur est familier[9]. Pour vérifier cette affirmation, tentez une petite expérience. Prenez le négatif d'une vieille photo de vous, prise de face, et faites-en développer deux tirages : l'un où l'on vous voit avec votre apparence réelle, et l'autre où l'on voit une image inversée de votre visage (intervertissant la droite et la gauche). Choisissez alors la version que vous préférez, et demandez à un ami de faire de même. Si vous êtes comme les femmes de Milwaukee qui furent soumises à cette expérience, vous arriverez à un résultat surprenant : votre ami préférera la véritable photo, mais vous, vous préférerez l'image inversée. Pourquoi ? Parce que vous réagirez tous les deux favorablement au visage qui vous est le plus familier : votre ami au visage que voit le monde, et vous à l'image inversée que vous renvoie le miroir chaque jour[10].

À cause de son effet sur la sympathie, le sentiment de familiarité joue son rôle dans tous nos choix, y compris nos choix politiques. Il semble que dans l'isoloir, les électeurs choisissent parfois un candidat simplement parce que le nom leur est familier. Lors d'une élection très disputée pour le poste d'attorney général de l'État, en Ohio, un homme à qui l'on ne donnait guère de chances gagna la victoire lorsque, peu avant l'élection, il changea son nom et se fit appeler Brown – nom qui tient une place importante dans la tradition politique de cet État[11].

Comment de telles choses peuvent-elles se produire ? La réponse se trouve en partie dans la façon inconsciente dont la familiarité affecte la sympathie. Nous ne savons pas, très souvent, que notre attitude envers quelque chose a été influencée par le nombre de fois où nous y avons été exposés dans le passé. Ainsi, lors d'une expérience, les sujets regardaient un écran, sur lequel divers visages apparaissaient pendant un si bref instant que, par la suite, ils ne se rappelaient pas les avoir vus. Plus tard, les sujets eurent à rencontrer ces personnes et il s'avéra que celles qui avaient le plus souvent figuré à l'écran leur étaient plus sympathiques que les autres. La sympathie allant de pair avec un surcroît d'influence sociale, il ressortit aussi de l'expérience que les sujets se laissaient davantage persuader par les déclarations de ces mêmes personnes[12].

Sachant que nous avons un sentiment favorable envers les choses que nous avons déjà rencontrées, certains ont recommandé, pour améliorer les relations entre les races, une approche par « contacts ». D'après cette théorie, en mettant en présence des individus de groupes ethniques différents, dans des conditions d'égalité, ces individus en viennent tout naturellement à mieux s'apprécier. Cependant, l'observation scientifique des expériences d'intégration scolaire, cadre idéal pour l'étude de l'effet du simple contact, a révélé un déroulement tout différent. Aux États-Unis, la déségrégation dans les écoles a pour effet d'augmenter les préjugés raciaux et non de les faire disparaître[13].

Arrêtons-nous un instant à cet exemple de la déségrégation scolaire. Malgré toutes les bonnes intentions des partisans du simple contact comme moyen d'établir l'harmonie interraciale, leur méthode réserve bien des déboires car l'argument qui la fonde repose sur des idées fausses. Avant tout, le cadre scolaire n'est pas le creuset où les enfants vont se lier aussi volontiers avec des membres d'autres groupes ethniques qu'ils le font avec des enfants ethniquement semblables à eux. Des années après la mise en œuvre d'une intégration formelle à l'école, il n'y a guère d'intégration réelle dans la société. Les élèves forment des clans ethniques et ne se mêlent pas en général aux autres groupes. Mais même s'il y avait de véritables rapports interraciaux, les recherches montrent que la familiarité née d'un contact répété ne produit pas nécessairement la sympathie. Au contraire, le contact continu avec des personnes ou des objets dans des conditions déplaisantes, d'insatisfaction, de conflit ou de compétition, suscite un sentiment d'antipathie[14]. Or la salle de classe d'une école américaine ordinaire cultive précisément ce genre de conditions.

Voyez le rapport très éclairant rédigé par un psychologue, Elliot Aronson, consulté par les autorités scolaires sur les difficultés rencontrées dans les établissements d'enseignement à Austin, au Texas. Sa description de l'enseignement dispensé dans ces écoles serait valable pour presque toutes les écoles publiques américaines.

> « En général, voici comment les choses se déroulent. L'enseignant est debout devant sa classe et pose une question. Six à dix élèves s'agitent sur leurs sièges et lèvent le doigt pour attirer l'attention du professeur, pressés d'être interrogés, ce qui leur donnera l'occasion de montrer leur science. Plusieurs autres restent tranquilles, les yeux baissés, s'efforçant de devenir invisibles. Lorsque l'enseignant interroge un élève, on voit la déception et le désarroi se peindre sur le visage des premiers, qui perdent l'occasion d'être approuvés par l'enseignant ; et le soulagement sur le visage des seconds, qui ne connaissent pas la réponse…

Ce jeu se fait dans une compétition féroce, et l'enjeu est très élevé, car les enfants y jouent l'estime de l'une des deux ou trois personnes qui comptent dans leur vie.
De plus, avec cette méthode d'enseignement, on est sûr que les enfants n'apprennent pas à s'apprécier et se comprendre entre eux. Rappelez-vous vos propres souvenirs. Si vous connaissiez la réponse et que l'enseignant ait interrogé un autre élève, vous espériez probablement que celui-ci se trompe, pour vous permettre de montrer vos propres connaissances. Si vous étiez interrogé et ne saviez pas répondre correctement, ou si vous ne leviez même pas le doigt pour prendre part à la compétition, vous éprouviez de l'envie et même de la rancune envers vos camarades qui connaissaient la réponse. Les enfants qui subissent l'échec dans ce système deviennent jaloux des succès des autres, qu'ils attribuent au favoritisme de l'enseignant, ou même, qu'ils compensent par des brutalités dans la cour de récréation. Les bons élèves, pour leur part, méprisent souvent les mauvais, qu'ils jugent bêtes.
Ce processus de compétition n'encourage pas les enfants à voir leurs camarades d'un œil amical et bienveillant[15]. »

Faut-il s'étonner, donc, qu'une déségrégation brute, à coups de déplacements forcés des élèves, de réaménagements autoritaires, et de fermetures d'écoles provoque souvent une recrudescence des difficultés au lieu de les aplanir ? Tant que nos enfants trouvent une société amicale et plaisante à l'intérieur de leur groupe ethnique et n'ont de contact suivi avec d'autres groupes que dans l'atmosphère surchauffée d'une salle de classe, il ne faut pas s'attendre à autre chose.

Y a-t-il une solution au problème ? Une solution possible serait de cesser nos efforts d'intégration scolaire. Mais la chose semble peu praticable. Sans parler des inextricables problèmes juridiques et constitutionnels que poserait un tel revirement, il y a de bonnes raisons de poursuivre l'intégration scolaire. Par exemple, alors que les résultats des élèves blancs restent stables, le niveau des enfants des minorités ethniques a dix fois plus de chances de s'élever que de baisser une fois réalisée la déségrégation. Nous devons prendre garde, dans les solutions envisagées, à ne pas jeter le bébé sous prétexte qu'il baigne dans l'eau sale. Ce qu'il faut, bien sûr, c'est se débarrasser de l'eau, et garder le bébé tout propre. Pour l'heure, notre bébé est plongé dans une eau souillée par l'hostilité raciale grandissante. Heureusement, un espoir d'évacuer cette hostilité émerge de récentes recherches portant sur l'« apprentissage en coopération ». La recrudescence des préjugés raciaux consécutive à la déségrégation semble due à la rivalité qui règne dans la classe où se rencontrent les différents groupes ethniques ; des éducateurs ont donc essayé d'appliquer des formes d'apprentissage où dominent la coopération et non la compétition.

En dehors de l'école. Pour comprendre la logique de la méthode de la coopération, il nous sera utile de réexaminer l'extraordinaire étude réalisée au début des années 1960 par un sociologue d'origine turque, Muzafer Sherif. Intéressé par le problème des conflits entre groupes, Sherif décida d'étudier comment, dans des camps de vacances pour enfants, de tels conflits naissaient et se développaient. Les enfants ne surent jamais qu'ils participaient à une expérience ; Sherif et ses assistants manipulèrent de différentes manières l'environnement social du camp et observèrent les effets sur les relations entre groupes.

Il n'était pas difficile de susciter certaines animosités. Il suffit de séparer les enfants en deux dortoirs pour créer un sentiment d'exclusive entre les deux groupes ; le fait de donner des noms à ces deux groupes (les Aigles et les Renards) accentua leur rivalité. Les enfants commencèrent bientôt à dénigrer les réalisations de l'autre groupe. Mais ces manifestations d'hostilité restaient limitées par rapport à ce qui se passa lorsque les expérimentateurs introduisirent des activités compétitives entre les deux factions. Les chasses au trésor, les luttes de traction à la corde, les compétitions sportives camp contre camp donnaient lieu à des insultes et des bagarres. Pendant le jeu, les membres de l'équipe d'en face se faisaient traiter de tous les noms. Après les compétitions, il y avait des raids dans les dortoirs, les bannières des rivaux étaient volées et brûlées, des menaces étaient affichées sur les portes, et les batailles au réfectoire étaient monnaie courante.

À ce stade, il devint évident pour Sherif que la recette de la discorde était simple et rapidement efficace : séparez les participants en deux groupes et laissez mijoter. Puis mélangez sur le feu vif d'une compétition constante. C'est prêt : vous obtenez de la haine collective en ébullition.

Les expérimentateurs se trouvèrent alors devant un problème plus difficile : comment faire disparaître l'hostilité bien ancrée qu'ils avaient créée. Ils essayèrent d'abord la méthode du contact, mettant les deux groupes au contact l'un de l'autre plus souvent. Mais même lorsque les activités communes étaient agréables, qu'il s'agissait de cinéma ou de fêtes, les résultats furent désastreux. Les pique-niques dégénéraient en bombardements de victuailles, les spectacles en concours de hurlements, les files d'attente en matchs de boxe. Sherif et son équipe de recherche commencèrent à s'inquiéter, craignant d'avoir, tel le Dr Frankenstein, créé un monstre qui leur échappait à présent. C'est alors qu'au plus fort des hostilités, ils se résolurent à adopter une démarche qui devait se révéler aussi simple qu'efficace.

Ils créèrent de toutes pièces une série de situations dans lesquelles la compétition entre les groupes était contraire aux intérêts de tout le monde, où la coopération était nécessaire pour le plus grand profit de tous. Lors d'une excursion, le seul véhicule disponible pour l'approvisionnement du camp s'enlisa. Les enfants furent rassemblés et se mirent à pousser tous ensemble pour dégager le véhicule. Une autre fois, les chercheurs provoquèrent une panne du système d'adduction d'eau ; des canalisations amenaient l'eau depuis une citerne éloignée du camp. Devant une situation de crise nécessitant une action commune, les enfants s'organisèrent entre eux pour trouver l'origine de la panne et réparer avant la fin de la journée. Une autre fois, les campeurs furent informés qu'on pouvait louer un film intéressant, mais que le camp ne disposait pas de l'argent nécessaire. Sachant que la seule solution était de mettre leurs ressources en commun, les enfants se cotisèrent pour louer le film et la soirée fut inhabituellement amicale.

Les conséquences, quoique non immédiates, furent spectaculaires. Les efforts entrepris conjointement en vue de buts communs comblaient petit à petit le fossé de haine qui s'était creusé entre les deux groupes. Avant longtemps, les joutes verbales et les batailles dans les rangs avaient disparu, et les groupes s'étaient mis à se mélanger au réfectoire. Plus encore, quand il leur fut demandé de désigner leurs meilleurs amis, un certain nombre d'enfants qui auparavant ne citaient dans leur liste que des membres de leurs groupes se mirent à y inclure des enfants de l'autre groupe. Certains d'entre eux remercièrent même les chercheurs de leur donner l'occasion de refaire leur liste car ils avaient changé d'avis entre-temps. Lors d'un épisode révélateur, les enfants rentraient d'une excursion, tous dans le même car, fait qui aurait auparavant déchaîné des bagarres, mais qui avait été cette fois expressément demandé par eux. Lorsque le car s'arrêta pour une pause-rafraîchissements, les enfants d'un des groupes, à qui il restait de l'argent, décidèrent d'offrir une tournée générale à leurs ci-devant ennemis mortels.

Nous pouvons attribuer ce revirement soudain au fait que les enfants durent changer de perspective, et se considérer comme des alliés et non comme des adversaires. Le facteur essentiel fut d'imposer aux deux groupes des objectifs communs. C'est la coopération nécessaire à la réussite de tous qui permit finalement aux membres des groupes rivaux de découvrir dans les membres du groupe rival des individus normaux, des collaborateurs précieux, et finalement des amis. Et quand les efforts communs aboutirent à des succès, il devint particulièrement difficile de maintenir des sentiments d'hostilité envers ceux qui avaient été les partenaires de la réussite[16].

À l'école. Dans le tourbillon qui a suivi la déségrégation scolaire, certains psychologues de l'éducation pensèrent aux découvertes de Sherif. Si l'expérience scolaire de l'enfant pouvait être modifiée de façon à inclure au moins occasionnellement une coopération interethnique dans la poursuite d'un but commun, on pourrait peut-être favoriser le développement d'amitiés entre les groupes. De tels projets ont été mis en œuvre dans différents États ; l'un des plus intéressants, entrepris au Texas et en Californie par Elliot Aronson et son équipe, proposait un enseignement par puzzle.

Le principe de l'apprentissage par puzzle est que les élèves travaillent ensemble sur un matériau qui fera l'objet d'un examen immédiatement après. On répartit les élèves en équipes et on ne fournit à chacun qu'une pièce du puzzle, une partie de l'information dont il aura besoin lors de l'interrogation. Dans ce système, les élèves doivent enseigner à tour de rôle et s'entraider. Chacun a besoin de tous les autres pour réussir. Tout comme les campeurs de Sherif accomplissant des tâches qui nécessitent la collaboration de tous, les élèves devinrent des alliés, non des ennemis.

Mise à l'épreuve de classes mixtes depuis peu, la méthode du puzzle a donné des résultats impressionnants. Les recherches ont montré que, en comparaison avec d'autres classes de la même école, l'apprentissage par puzzle suscitait statistiquement plus d'amitié et moins de tensions raciales que la méthode compétitive traditionnelle. À part cette réduction essentielle de l'hostilité, elle comportait d'autres avantages : les élèves des minorités n'étaient plus en situation d'échec, se mettaient à aimer l'école, et amélioraient leurs résultats. Les élèves blancs y gagnaient aussi, d'ailleurs. Eux aussi éprouvaient des sentiments plus positifs à l'égard d'eux-mêmes et de l'école, et leurs résultats étaient au moins égaux à ceux des élèves blancs des autres classes.

De tels résultats exigent une explication plus détaillée. Que se passe-t-il exactement, dans la classe travaillant en puzzle, qui permet d'atteindre le résultat que nous avons depuis longtemps cessé d'attendre de nos écoles ? Le cas de Carlos, étudié par Aronson, nous éclairera sur ce point. Carlos, un jeune garçon d'origine mexicaine, se trouvait dans un groupe puzzle pour la première fois. La tâche de Carlos était d'apprendre, puis de transmettre au groupe des informations sur une certaine période de la vie de Joseph Pulitzer. Chaque membre du groupe serait soumis par la suite à une interrogation écrite sur la vie du célèbre homme de presse. Voici le récit d'Aronson :

> Carlos ne s'exprimait pas facilement en anglais, sa seconde langue, et comme on s'était souvent moqué de lui à ce propos, il avait appris au fil des années à rester coi. On pourrait même dire qu'entre Carlos et l'enseignante s'était établie une véritable conspiration du silence. Lui ne se ferait pas remarquer, disparaissant au milieu de l'activité générale, et n'aurait pas l'embarras de devoir bredouiller des réponses. Elle, de son côté, ne l'interrogerait pas. L'attitude de l'institutrice était sans doute inspirée par les meilleures intentions du monde ; elle ne voulait pas l'humilier, ni voir les autres enfants se moquer de lui. Mais en faisant comme s'il n'était pas là, l'enseignante l'avait, de fait, rayé de la communauté. Elle donnait l'impression que cet enfant ne valait pas la peine qu'on s'occupe de lui ; c'est du moins ce qu'en déduisirent les autres élèves. Si le professeur n'interrogeait pas Carlos, c'était sûrement que Carlos était trop bête. Il est probable que Carlos en vint à la même conclusion.
>
> Naturellement, le nouveau système était difficile pour Carlos, puisqu'il devait prendre la parole dans son groupe. Il eut le plus grand mal à faire sa partie ; il bégayait, hésitait, se troublait. Les autres enfants ne l'aidaient absolument pas ; ils continuaient à réagir suivant leur habitude. Lorsqu'un enfant est en difficulté, surtout s'il est considéré comme stupide, les autres se moquent de lui. « Alors, tu ne sais pas », dit Mary d'un ton accusateur. « Tu ne sais rien ; tu es bête ; tu dis n'importe quoi. »
>
> L'une d'entre nous, chargée d'observer le cours des événements, intervenait quand elle entendait ce genre de

réflexions : « Très bien, vous pouvez vous moquer de lui et vous trouvez peut-être ça très amusant, mais ça ne va pas vous aider à connaître la vie de Joseph Pulitzer. Interrogation écrite dans une heure. » Remarquez le retournement de situation. À présent Mary n'a plus rien à gagner à écraser Carlos, et elle y a tout à perdre. Au bout de quelques jours d'expériences de ce genre, ces enfants comprirent que leur seule chance d'apprendre la part qui revenait à Carlos était d'écouter ce qu'il avait à dire.
Dès lors, les enfants devinrent de très bons intervieweurs en herbe. Au lieu de se moquer de Carlos ou de ne pas l'écouter, ils apprirent à le faire parler, à poser les questions qui l'aidaient à exprimer oralement ce qu'il avait dans la tête. Carlos, de son côté, devint moins craintif, et cela améliora grandement ses capacités de communication. Au bout de quinze jours, les enfants en conclurent que Carlos n'était pas si bête que cela. Ils le voyaient désormais sous un autre jour. Ils l'apprécièrent davantage, Carlos aima davantage l'école, et considéra ses camarades anglophones, non plus comme des bourreaux, mais comme des amis[17].

On a toujours tendance devant des résultats aussi prometteurs que ceux de cette expérience à s'enthousiasmer trop vite et à penser avoir trouvé une solution simple à un problème compliqué. L'expérience montre que ce genre de problèmes cède rarement à un seul remède. C'est sans doute vrai dans ce cas aussi. Même si l'on reste dans les limites de l'apprentissage par coopération, les choses sont plus compliquées. Avant de nous convertir à la méthode du puzzle, ou à toute autre méthode d'enseignement et d'éducation, il faut faire d'autres recherches, déterminer dans quelle mesure, dans quelle condition et pour quels groupes d'âge les stratégies de coopération sont efficaces. Nous devons aussi savoir quelle est la meilleure façon pour les professeurs d'instituer de nouvelles méthodes, à supposer qu'ils soient disposés à le faire. Après tout, ces techniques d'apprentissage en coopération ne sont pas seulement radicalement différentes des méthodes familières à la plupart des enseignants, elles peuvent aussi menacer le statut du professeur dans sa classe, dans la mesure où le rôle d'enseignement est en partie dévolu aux élèves. Enfin, il ne faut pas oublier que la compétition doit avoir sa place. Elle peut servir à motiver les élèves et à construire leur personnalité. Il ne s'agit donc pas d'éliminer la compétition mais de briser le monopole qu'elle s'est attribué à l'école, en élaborant des entreprises de coopération qui incluent des membres de tous les groupes ethniques[18].

Malgré ces réserves, je ne peux m'empêcher de trouver les données dont nous disposons actuellement encourageantes. Quand je parle avec mes étudiants, ou même avec mes voisins et mes amis, des perspectives de méthodes d'apprentissage par coopération, je me sens optimiste. Les écoles publiques font depuis si longtemps l'objet de sombres prédictions, avec la baisse du niveau, la démission des enseignants, la délinquance juvénile et bien sûr les conflits raciaux. Maintenant qu'une lueur apparaît à l'horizon, je me sens tout prêt à y croire.

Pourquoi cette digression au sujet des effets de la déségrégation sur les relations entre les races ? C'est qu'elle nous apprend deux choses. D'abord, bien que la familiarité engendrée par un contact continu aboutisse normalement à accroître la sympathie, c'est le contraire qui se produit si les contacts s'associent à des expériences désagréables. C'est pourquoi, quand des enfants de différents groupes raciaux sont plongés dans la dure et incessante compétition scolaire, les animosités ont toutes les chances de s'aggraver ; et elles s'aggravent en effet. Ensuite, le fait que l'apprentissage en équipe soit un antidote à ce phénomène nous montre le rôle que peut jouer la coopération dans le processus de sympathie.

Mais avant d'admettre que la coopération est un des puissants ressorts de la sympathie, il nous faut la soumettre à un test décisif, qui sert à mon sens de révélateur ; les professionnels de la persuasion ont-ils systématiquement recours à la coopération pour se faire aimer de nous et nous persuader de répondre oui à leurs requêtes ? La mettent-ils en valeur dans les situations où elle est naturellement présente ? S'efforcent-ils de la renforcer lorsqu'elle est trop faible ? Et par-dessus tout, la fabriquent-ils de toutes pièces lorsqu'elle n'existe pas ?

Or il se trouve que la coopération satisfait à toutes ces exigences. Les professionnels de la persuasion s'efforcent sans cesse d'établir qu'ils travaillent avec nous à un but commun, qu'il faut s'entraider, en somme, qu'ils font équipe avec nous. Les exemples sont innombrables. La plupart appartiennent à la vie courante ; ainsi, le vendeur de voitures qui prend notre parti et se bat avec son patron pour nous obtenir un bon prix[19]. Mais on peut en trouver une illustration pittoresque dans un contexte qui nous est, à la plupart d'entre nous, peu familier, puisqu'il s'agit des inspecteurs de police chargés d'arracher des aveux à un criminel.

Ces dernières années, les tribunaux ont imposé toutes sortes de restrictions à la façon dont les policiers doivent se comporter vis-à-vis des suspects, en particulier pour les faire avouer. Bien des procédés qui autrefois amenaient des aveux ne peuvent plus être employés, car les charges pourraient alors ne pas être retenues par le juge. Mais pour l'instant, les tribunaux n'ont rien trouvé à redire à l'emploi de méthodes psychologiques raffinées. C'est pourquoi les interrogatoires se déroulent de plus en plus souvent suivant des scénarios tels que celui du Méchant et du Gentil.

Le scénario se déroule ainsi : un jeune homme suspecté de cambriolage, par exemple, que l'on a informé de ses droits et qui proteste de son innocence, est emmené dans une pièce pour être interrogé par deux inspecteurs. L'un des policiers, soit que le rôle lui convienne mieux, soit simplement que ce soit son tour, joue le Méchant. Avant même que le suspect ne soit assis, le Méchant le traite de tous les noms. Pendant toute la séance, il ne s'exprime que par aboiements et par reniflements. Il ponctue ses paroles de coups de pied dans la chaise du prisonnier. Il le toise comme s'il avait sous les yeux un tas d'ordures. Si le suspect nie ses accusations ou refuse de répondre, le Méchant devient livide. Il écume de rage. Il jure qu'il fera tout ce qu'il pourra pour que ce voyou récolte une peine maximum. Il dit qu'il connaît des gens du bureau du procureur, qu'il leur parlera de l'attitude non coopérative du suspect, et que l'accusation sera d'autant plus sévère.

Pendant la tirade du Méchant, son partenaire le Gentil est assis en retrait. Puis, progressivement, il se manifeste. D'abord il ne parle qu'au Méchant, essayant de modérer ses accès de rage. « Du calme, Frank, du calme. » Mais l'autre le rabroue : « Du calme ! quand il se fiche de moi ! Je ne peux pas voir ces types en peinture ! » Un peu plus tard, le Gentil dit carrément quelque chose en faveur du suspect : « Ne t'énerve pas, Frank, c'est qu'un gosse. » Ce n'est pas une défense bien compromettante, mais par rapport aux imprécations du Méchant, ces mots semblent une douce musique aux oreilles du détenu. Pourtant, le Méchant ne se laisse pas fléchir. « Un gosse ? C'est pas un gosse, c'est un voyou. Un voyou. Et je vais te dire, il a plus de dix-huit ans, et ça me suffit pour le boucler derrière les barreaux et c'est pas demain qu'il en sortira ! »

Alors le Gentil se met à s'adresser directement au jeune homme, en l'appelant par son prénom et en soulignant un détail positif de l'affaire. « Bon, Kenny, tu as de la chance que personne n'ait été blessé et que tu n'aies pas été armé. Pour la peine, ça vaut mieux. » Si le suspect persiste à proclamer son innocence, le Méchant éclate à nouveau, en injures et en menaces. Mais cette fois, le Gentil l'arrête. « D'accord, Frank. » Lui tendant une pièce de monnaie : « Je crois qu'on a tous besoin d'un café. Tu veux aller chercher trois cafés ? » Une fois le Méchant sorti, c'est au tour du Gentil de faire sa grande scène. « Écoute, je ne sais pas pourquoi, mais mon collègue t'a pris en grippe, et il va essayer de t'avoir. Et il va y arriver parce que nous avons assez de preuves pour ça. Et il a raison quand il dit que l'accusation ne fait pas de cadeaux à ceux qui refusent de coopérer. Tu risques cinq ans, tu sais, cinq ans ! Bon, je voudrais pas que ce soit comme ça que ça se passe. Alors si tu avoues tout de suite que c'est toi qui as fait ce cambriolage, avant qu'il revienne, je me chargerai de l'affaire et je signalerai au procureur que tu as fait preuve de bonne volonté. Si on s'y met à deux, on peut peut-être réduire ces cinq ans, en faire deux ans, peut-être un an. Sois raisonnable, Kenny. Dis-moi comment tu as fait et nous verrons comment on peut te tirer de là. » Il s'ensuit souvent des aveux complets.

Si le scénario du Méchant et du Gentil est aussi efficace, c'est pour plusieurs raisons. La peur d'une lourde peine est instillée par les menaces du Méchant. Le principe de perception contrastée, que nous avons vu au premier chapitre, fait que par comparaison avec la rage venimeuse du Méchant, l'interrogateur qui joue le Gentil paraîtra un homme *particulièrement* raisonnable et compréhensif, et comme le Gentil est intervenu à plusieurs reprises en faveur du suspect – il lui a même offert un café de ses propres deniers –, la règle de réciprocité oblige le suspect à lui faire à son tour une faveur. Mais la principale raison de l'efficacité de cette technique, cependant, c'est qu'elle donne au suspect l'idée qu'il y a quelqu'un de son côté, quelqu'un qui se préoccupe de son sort, quelqu'un qui multiplie les efforts, avec lui, pour lui. Dans la plupart des situations, une telle personne serait considérée très favorablement, mais dans l'abattement où se trouve notre homme, cet individu apparaît comme un sauveur. Et de sauveur à confesseur, il n'y a qu'un pas.

Conditionnement et association

« Pourquoi est-ce qu'ils s'en prennent *à moi* ? » C'était la voix tremblante du journaliste météo d'une chaîne locale de télévision. Il avait obtenu mon numéro de téléphone par le département de psychologie de mon université, qu'il avait appelé dans l'espoir de trouver quelqu'un qui puisse répondre à sa question. Le phénomène l'avait toujours troublé, mais à présent devenait insupportable.

« Enfin, c'est complètement ridicule ! Tout le monde sait que je ne fais qu'annoncer le temps, ce n'est pas moi qui le commande ! Alors comment se fait-il que je me fasse traiter de tout quand le temps est mauvais ? Pendant les inondations l'année dernière, j'ai reçu des lettres haineuses ! Un type a menacé de me tuer si la pluie ne s'arrêtait pas. Mon Dieu, j'en ai encore des sueurs froides. Et les gens avec qui je travaille à la télé font pareil ! Ils me tarabustent en direct, à cause d'une vague de chaleur, ou d'autre chose. Ils doivent pourtant savoir que je n'y suis pour rien, mais ça ne les arrête pas apparemment. Pouvez-vous m'aider à comprendre ça ? Vraiment, je n'en peux plus. »

Nous prîmes rendez-vous à mon bureau, et là, je lui expliquai qu'il était victime d'une réaction séculaire due aux associations d'idées. Des exemples d'un tel comportement abondent dans la vie moderne, mais je pensais que l'exemple le plus parlant pour ce malheureux météorologue serait un exemple tiré de l'Antiquité, je lui demandai donc de considérer le sort aléatoire des messagers impériaux dans la Perse antique. Le messager à qui l'on confiait une mission de courrier militaire avait de bonnes raisons de souhaiter ardemment la victoire des Perses. S'il venait annoncer une victoire, il était traité comme un héros à son arrivée au palais. Il avait droit à de somptueux festins et à toutes les femmes qu'il voulait. Mais s'il apportait des nouvelles de défaite, la réception était toute différente : il était exécuté sommairement.

J'espérais, par ce point d'histoire, lui faire comprendre un fait qui reste aussi vrai de nos jours qu'il l'était au temps de la Perse antique, ou encore, au temps de Shakespeare, qui disait si bien : « La nature de la nouvelle infecte le messager. » Il y a dans la nature humaine une tendance naturelle à en vouloir aux porteurs de mauvaises nouvelles, même s'ils ne sont en rien responsables de l'événement. La simple association entre les deux suffit à produire l'antipathie[20].

Mais je voulais faire ressortir autre chose de ces exemples historiques. Non seulement l'injustice que subissait le journaliste avait été subie par d'autres messagers au cours des siècles, mais encore, par comparaison avec d'autres, par exemple le messager perse, il s'en tirait encore très bien. La remarque qu'il me fit avant de sortir me convainquit qu'il en était parfaitement conscient : « Je me sens réconforté maintenant. Parce que nous sommes dans une région où le soleil brille trois cents jours par an, n'est-ce pas ? Heureusement que je ne fais pas la météo en Alaska ! »

Cette remarque finale prouve que cet homme avait compris le mécanisme qui influençait la sympathie des téléspectateurs à son égard. Être associé dans l'esprit du public au mauvais temps a en effet des conséquences négatives. Mais inversement, être associé au soleil d'Arizona était très bon pour sa popularité. Et il avait raison. Le principe d'association est général ; il s'applique aussi bien aux nouvelles positives qu'aux négatives. Une association accidentelle avec des choses agréables ou désagréables influence la façon dont les autres nous perçoivent[21].

Le principe des associations négatives que nous venons de voir semble connu des mères depuis toujours. Rappelez-vous comment on nous recommandait de ne pas jouer avec les vilains garçons de la rue.

Rappelez-vous comment on nous disait que même si nous ne faisions nous-mêmes rien de mal, il ne fallait pas les fréquenter, parce que pour les voisins, « qui se ressemble s'assemble ». Nos mères nous apprenaient la culpabilité par association. Elles nous donnaient une leçon sur l'aspect négatif du principe d'association. Et elles avaient parfaitement raison. On attribue volontiers à quelqu'un les qualités et défauts de son entourage[22].

Quant aux associations positives, ce sont les professionnels de la persuasion qui nous enseignent leur application pratique. Ils s'efforcent en effet assidûment d'associer leurs produits, ou de s'associer eux-mêmes aux choses que nous aimons. Vous êtes-vous jamais demandé ce que faisaient tous ces séduisants mannequins dans les publicités pour les automobiles ? L'annonceur espère bien que la voiture empruntera ses qualités – beauté et séduction – au mannequin. Il parie que nous réagirons au produit de la même façon que nous réagissons au séduisant mannequin que nous y associons.

Il n'a pas tort. D'après une étude, des hommes qui voyaient une publicité pour un modèle de voiture comportant la photo d'une séduisante jeune femme estimaient la voiture plus rapide, plus luxueuse, plus intéressante, et plus belle que ceux qui avaient vu la même publicité sans la belle jeune femme. Pourtant, interrogés ultérieurement, les sujets refusaient de croire que la présence de la jeune femme ait pu influencer leur jugement[23].

Étant donné l'efficacité que peut avoir le principe d'association, tout à fait à notre insu, les industriels font toujours tout leur possible pour associer leurs produits à la dernière idée à la mode. À l'époque du premier voyage sur la lune, on vendait tout, les boissons instantanées comme les déodorants avec des allusions au programme spatial américain. Lors de chaque année olympique, nous sommes très précisément informés des marques de shampooing et de mouchoirs en papier retenues « officiellement » par nos équipes olympiques[24]. Pendant les années 1970, où le mot magique était « naturel », on usait et abusait du terme, parfois à la limite de l'absurde. « Changez naturellement la couleur de vos cheveux », disait une publicité télévisée.

Utiliser des célébrités dans la promotion des produits est une autre façon pour les publicitaires de tirer parti du principe d'association. Les athlètes professionnels sont payés pour s'associer à des objets en rapport direct avec ce qu'ils font (des chaussures de sport, des raquettes de tennis, des balles de golf) ou à n'importe quoi (des boissons, des friandises, des collants). Ce qui importe, c'est d'établir un lien ; ce lien n'a pas à être logique, il suffit qu'il soit positif. Naturellement, les artistes connus sont eux aussi une manne pour les industriels, qui n'ont jamais hésité à les payer grassement pour pouvoir les associer à leurs produits.

M. MÉTÉO PAYE LES COUPS BAS DE LA MÉTÉO

Par David L. Langford (*Associated Press*)

Les journalistes météo de la télévision gagnent leur vie en parlant de la pluie et du beau temps. Mais quand Dame Nature se montre brutale, c'est eux qui reçoivent un carton jaune.

Les confidences de plusieurs « M. Météo » chevronnés nous révèlent qu'ils peuvent être agressés par des vieilles dames armées de parapluies, pris à partie par des ivrognes dans des bars, lapidés à coups de boules de neige et de galoches en caoutchouc, poursuivis des menaces de mort, et accusés de se prendre pour Dieu le Père.

« Un jour un type m'a appelé pour me dire que s'il neigeait à Noël, je ne verrais pas le nouvel an », raconte Bob Gregory, qui depuis neuf ans fait la météo pour la chaîne WHR-TV à Indianapolis.

Les journalistes de météo affirment que leurs prévisions au jour le jour sont exactes dans quatre-vingts à quatre-vingt-dix pour cent des cas, mais les prévisions à long terme sont plus périlleuses. Pour la plupart, ils reconnaissent qu'ils se contentent de se faire l'écho d'une information qui leur est fournie par les services de la Météorologie nationale ou par une agence privée. Mais le public, lui, en a après le visage qu'il voit à la télévision.

Tom Bonner, trente-cinq ans, qui travaille pour Kark-TV, en Arkansas, depuis onze ans, n'a pas oublié le jour où un robuste agriculteur, un peu éméché, l'aborda dans un bar, le saisit par le revers, et lui dit : « C'est vous qui avez envoyé cette tornade qui a démoli ma maison... Vous allez me le payer. »

Bonner, selon ses propres dires, commença par chercher du regard le videur de l'établissement, mais ne le voyant pas, il répondit : « C'est vrai, la tornade c'était moi, et je vais vous dire, si vous ne me lâchez pas immédiatement, j'en enverrai une autre. » Il y a quelques années, après une inondation désastreuse qui avait englouti la région de San Diego sous trois mètres d'eau, Mike Ambrose, journaliste à la chaîne KGTV, fut pris à partie par une femme qui s'approcha de sa voiture et fit voler le pare-brise en éclat, d'un coup de parapluie, en disant : « C'est de votre faute. »

Chuck Whitaker de la chaîne WSBT-TV, en Indiana : « Un jour une petite vieille a appelé la police et demandé qu'on arrête le journaliste météo qui avait fait venir la neige. »

Une femme, furieuse qu'il ait plu pour le mariage de sa fille, appela Tom Jolis de WRBW-TV (État de New York) pour lui dire ses quatre vérités. « Elle me tenait pour responsable et me dit que si jamais elle me rencontrait, elle me frapperait. »

Sonny Eliot de WJBK-TV, qui donne depuis des décennies les prévisions de météo pour la région de Detroit, se rappelle qu'il y a quelques années, il avait prévu 5 à 10 cm de neige dans la ville ; il en tomba plus de vingt centimètres. Pour se venger, ses collègues de la chaîne montèrent un dispositif qui fit pleuvoir sur lui près de deux cents galoches pendant qu'il donnait les prévisions météo le jour suivant.

Son commentaire : « J'ai gardé les projectiles en souvenir. »

LA DOUCEUR DU TEMPS

Remarquez les similarités entre l'histoire du météorologue qui était venu me voir et ces témoignages de spécialistes de la météo à la télévision. (Source : David L. Langford et Associated Press.)

Depuis peu, les hommes politiques se sont aperçus que la compagnie des célébrités pouvait leur procurer des voix. Les candidats aux élections présidentielles composent des écuries de figures connues, extérieures au monde politique, qui soit participent activement à la campagne, soit se contentent de prêter leur nom. Même au niveau local, ce procédé est largement utilisé. Témoin cette réflexion d'une femme de Los Angeles que j'entendis exprimer en ces termes son indécision concernant un référendum qui proposait de restreindre l'usage du tabac dans les lieux publics : « C'est difficile de se décider. Il y a des gens très connus qui sont pour et d'autres qui sont contre. On s'y perd. »

Si les politiciens sont relativement nouveaux dans l'art d'utiliser des stars, ils ont depuis longtemps l'habitude d'exploiter le principe d'association d'une autre façon. Ainsi, les députés annoncent toujours à la presse le lancement de projets nationaux qui apporteront à leur région des emplois ou d'autres avantages. Ils le font même quand ils n'ont joué aucun rôle dans la promotion du projet, ou qu'ils ont voté contre.

Dans ce même souci d'association, les hommes politiques sont fréquemment amenés à servir la soupe, au sens propre du terme. Ainsi, il est de tradition à la Maison-Blanche, pour se concilier les législateurs récalcitrants, d'offrir un repas. Ce peut être un buffet campagnard, un petit déjeuner de gala, ou un dîner élégant : chaque fois qu'un texte important est en jeu, on sort l'argenterie. D'ailleurs, les réunions organisées pour obtenir des soutiens offrent toujours un buffet. Remarquez aussi que lors des traditionnels repas servant à collecter des fonds pour un parti, les discours, l'appel aux contributions ne se produisent jamais avant que le repas soit servi, mais pendant le repas ou après. Les avantages de cette association entre les affaires de l'État et les plaisirs de la table sont multiples. Entre autres, cela fait gagner du temps tout en engageant la règle de réciprocité. L'avantage le moins apparent peut être celui qu'a découvert le grand psychologue Gregory Razran par ses recherches menées dans les années 1930.

Étudiant la « technique du déjeuner », suivant ses propres termes, il découvrit que ses sujets s'attachaient aux personnes et aux choses qui les entouraient pendant qu'ils mangeaient. Dans l'expérience qui nous intéresse directement, les sujets de Razran se voyaient présenter un certain nombre d'opinions sur lesquelles ils avaient déjà donné leur avis. À la fin de l'expérience, lorsque toutes les affirmations avaient été évaluées, Razran découvrit que, pour une certaine partie d'entre elles, le taux d'approbation s'était élevé : celles qui avaient été présentées pendant qu'on servait un repas. Ces revirements de sympathie semblent s'être produits de façon inconsciente, car les sujets ne se rappelaient pas quelles affirmations leur avaient été présentées pendant le repas.

Comment Razran pensa-t-il à la technique du déjeuner ? Qu'est-ce qui lui fit croire qu'elle pourrait être efficace ? La réponse est peut-être à chercher dans son expérience professionnelle. Razran était un chercheur renommé, mais il fut également l'un des premiers traducteurs en anglais d'une école russe de psychologie qui était à l'avant-garde. Cette école se consacrait à l'étude du principe d'association, et était dominée par la figure d'Ivan Pavlov.

Savant brillant aux talents variés – c'est ainsi qu'il avait eu le prix Nobel quelques années auparavant pour ses travaux sur le système digestif –, Pavlov passa à la postérité pour des expériences d'une extrême simplicité. Il démontra qu'on pouvait susciter chez un animal la réaction typique à la nourriture (la salivation) par un objet n'ayant aucun rapport avec la nourriture, simplement en associant les deux choses dans le cerveau de l'animal. Si la présentation de la nourriture à un chien était toujours accompagnée par le son d'une cloche, le chien se mettait bientôt à saliver au seul son de la cloche, même s'il n'y avait aucune nourriture présente.

Il n'y a pas loin de la classique expérience de Pavlov à la technique du déjeuner de Razran. De toute évidence, une réaction normale à la nourriture peut être transférée à autre chose par un processus de simple association. L'intuition initiale de Razran fut qu'il existe de nombreuses réponses provoquées par la nourriture, à part la salivation, l'une d'elles étant un sentiment de bien-être. Par conséquent, il est possible de lier ce sentiment agréable, cette attitude positive, à n'importe quel élément (des déclarations politiques n'étant qu'un exemple) associé avec le plaisir de manger.

Il suffit là encore d'un pas pour passer de la technique du déjeuner à l'idée, appliquée par les professionnels de la persuasion, que toutes sortes de choses aimables peuvent se substituer à la nourriture pour prêter leurs qualités sympathiques aux idées, aux produits et aux personnes qu'on leur a artificiellement associés. En dernière analyse, donc, c'est pour cela que ces jolies jeunes femmes remplissent les publicités de tous les magazines. Et c'est pour cela que les programmateurs à la radio doivent insérer l'indicatif de la station juste avant de diffuser le dernier tube. Et c'est pour cela que les femmes, qui participent aux jeux dans les réunions Tupperware, doivent s'écrier « Tupperware » pour signaler qu'elles ont gagné, avant de pouvoir aller chercher leur prix au centre du cercle. C'est d'ailleurs la société Tupperware qui aurait des raisons de s'écrier : « J'ai gagné. »

Que nous soyons souvent les victimes inconscientes des professionnels qui utilisent cette arme de persuasion ne veut pas dire que nous ne connaissions pas le principe d'association et que nous ne l'utilisions pas nous-mêmes. Il est évident, par exemple, que nous comprenons parfaitement le drame du messager de l'Empire perse ou du météorologue de la télévision, porteurs de mauvaises nouvelles. Nous savons très bien ne pas nous mettre dans cette situation inconfortable. Des recherches menées à l'Université de Géorgie montrent comment nous procédons lorsque nous devons annoncer de bonnes ou de mauvaises nouvelles. Des étudiants attendant de participer à une expérience étaient chargés d'informer un camarade qu'il y avait eu un coup de téléphone pour lui. La moitié du temps, le coup de téléphone était censé apporter de bonnes nouvelles, et l'autre moitié du temps, de mauvaises nouvelles. Les chercheurs découvrirent que les étudiants transmettaient l'information très différemment suivant les cas. Quand la nouvelle était positive, le messager annonçait invariablement la couleur : « Il y a eu un coup de téléphone pour toi ; une *bonne nouvelle* ! Va voir l'expérimentateur. » Mais quand les nouvelles étaient supposées être mauvaises, ils ne se compromettaient pas : « Il y a eu un coup de téléphone pour toi. Va voir l'expérimentateur. » Apparemment, les étudiants avaient appris que, pour être aimés, ils devaient s'associer aux bonnes nouvelles et se dissocier des mauvaises[25].

Bien des comportements étranges peuvent être expliqués par le fait que les gens connaissent assez le principe d'association pour s'efforcer de s'associer aux événements positifs et de se dissocier des négatifs – même quand ils ne sont pas responsables de ces événements. Les comportements les plus étranges peuvent être observés à l'occasion des événements sportifs. Il ne s'agit pas ici du comportement des athlètes. Après tout, dans le feu de l'action, il est normal qu'ils se laissent quelquefois aller à des éclats. Ce qui semble curieux, à première vue, c'est la ferveur, l'adoration, la rage des supporters. Comment expliquer les émeutes qui suivent les matchs en Europe, les meurtres de joueurs et d'arbitres par les foules sud-américaines en délire, ou la prodigalité des dons faites par les supporters locaux à des joueurs de base-ball déjà riches, à l'occasion d'une journée qui leur est spécialement consacrée. D'un point de vue rationnel, tout cela est absurde. Ce n'est qu'un jeu, n'est-ce pas ?

Pas tout à fait. Les rapports existant entre le sport et ses supporters ne sont rien moins que ludiques. Ils sont graves, intenses, et extrêmement personnels. L'une de mes anecdotes favorites en fournit la meilleure illustration. Il s'agit d'un soldat de la Deuxième Guerre mondiale qui revint au pays, dans les Balkans, après la guerre et cessa peu après de parler. Les examens médicaux ne décelaient rien d'anormal : aucune blessure, aucune lésion du cerveau, aucune anomalie des cordes vocales. L'homme pouvait lire, écrire, comprendre une conversation et obéir à des ordres. Mais il ne parlait pas – ni à ses médecins, ni à ses amis, ni même à sa famille éplorée.

Perplexes et à bout de ressources, les médecins le placèrent dans un hôpital militaire, dans une autre ville, et il y resta trente ans, sans jamais rompre le silence qu'il s'était imposé, se murant dans un isolement total. Mais un jour, il entendit par hasard, retransmis à la radio, un match de football entre l'équipe de sa ville et une équipe rivale. Quand, à un moment décisif, l'arbitre siffla un coup franc contre un joueur de la première équipe, le vétéran muet sauta de son fauteuil, fusilla le poste du regard, et prononça ses premiers mots depuis trente ans. « Abruti ! Tu veux leur en faire cadeau, de ce match ? » Cela dit, il retourna à sa chaise et à un silence qu'il ne brisa jamais plus.

Il y a deux leçons à tirer de cette histoire véridique. La première concerne la puissance du phénomène. Le désir du vétéran de voir l'équipe de sa ville gagner le match était si fort qu'à lui seul, il avait suffi à provoquer une déviation de son système de vie pourtant bien établi. Les effets profonds des événements sportifs sur la vie des supporters ne se limitent pas aux hospices de vétérans. Pendant les jeux d'hiver de 1980, lorsque l'équipe de hockey américaine écrasa l'équipe soviétique, considérée comme favorite, le père du gardien de but, militant antialcoolique, se vit tendre une bouteille.

« Je n'ai jamais bu une goutte d'alcool, déclara-t-il plus tard, mais quelqu'un m'a offert du cognac, et j'ai bu. Là, J'ai bu. » Ce comportement inhabituel n'était pas spécifique aux parents des joueurs. Les spectateurs entourant la patinoire étaient, selon les descriptions de la presse, en délire : « Ils chantaient, s'embrassaient, faisaient des cabrioles dans la neige. » Même les supporters non présents à Lake Placid exultaient et montraient leur fierté de façon parfois bizarre. À Raleigh, en Caroline du Nord, une compétition de natation dut être interrompue lorsque, à l'annonce du score, les concurrents et le public se mirent à scander « U.S.A. ! U.S.A. ! » jusqu'à extinction de voix. À Cambridge, dans le Massachusetts, les clients d'un paisible supermarché se déchaînèrent à l'annonce de la nouvelle, et firent voler dans tout le magasin papier hygiénique et serviettes en papier. Les clients furent rejoints dans leur frénésie – et bientôt menés – par les employés et le directeur du magasin.

Indéniablement, il s'agit d'une force irrésistible. Mais si nous revenons à l'histoire de l'ancien combattant enfermé dans son silence, nous voyons qu'elle révèle autre chose sur la nature du lien qui unit les supporters à leur sport : il s'agit d'un lien personnel. Une parcelle de l'identité de cet homme ravagé se trouvait engagée dans le jeu de football. Son ego affaibli par trente ans d'internement dans un hôpital se trouvait impliqué dans l'issue du match. Pourquoi ? Parce qu'il serait, personnellement, diminué par une défaite de l'équipe de sa ville, et qu'il serait, personnellement, valorisé par une victoire de cette équipe. Comment ? En vertu du principe d'association. Le simple lien que représente le lieu de naissance l'impliquait corps et âme dans le sort de cette équipe. Comme l'a bien vu l'écrivain Isaac Asimov : « Toutes choses égales d'ailleurs, on en tient pour son propre sexe, sa propre culture, sa propre localité… et ce qu'on veut prouver, c'est qu'on est meilleur que l'autre. Ceux que vous soutenez vous représentent ; et lorsqu'ils gagnent, c'est *vous* qui gagnez à travers eux[26]. »

Vue dans cette perspective, la passion des supporters devient logique. Le jeu n'est pas un divertissement quelconque, qu'on apprécie pour des raisons esthétiques. L'identité de chacun est en jeu. C'est pourquoi les foules des stades sont si ferventes, et, ce qui est plus significatif, si reconnaissantes envers ceux qui procurent des victoires à leur équipe. C'est pourquoi aussi ces mêmes foules sont parfois si féroces dans le traitement qu'elles réservent aux joueurs, aux entraîneurs, et aux autorités impliqués dans les échecs de l'équipe.

L'incapacité des supporters à accepter une défaite peut même avoir pour effet d'interrompre la carrière de joueurs ou d'entraîneurs au faîte de leur carrière. Dans l'Utah, un entraîneur du nom de Frank Layden fut ainsi amené à démissionner brutalement de ses fonctions alors que son équipe était en tête du championnat du Midwest. Ses succès sportifs, son humour chaleureux et les actions humanitaires auquel il participait de notoriété publique ne suffirent pas à le protéger de la fureur de certains supporters après un match perdu. Évoquant les incidents survenus avec certains d'entre eux qui, particulièrement excités, l'attendirent un jour pendant près d'une heure pour l'insulter à la suite d'une défaite, Layden expliqua ainsi sa décision : « Parfois, les gens me crachent dessus, comme si j'étais un chien. Un jour, un type s'approche de moi et me dit : “Je suis avocat. Vas-y, frappe-moi ; frappe, que je te fasse un procès." Je crois qu'en Amérique, on prend le sport vraiment trop au sérieux. »

Nous voulons donc que nos équipes sportives gagnent pour prouver notre propre supériorité. Mais à qui cherchons-nous à prouver cette supériorité ? À nous-mêmes, sans aucun doute ; mais aussi à tous les autres. D'après le principe d'association, si nous pouvons nous entourer de succès qui nous sont liés même de façon superficielle (par exemple, le lieu de résidence), notre prestige extérieur en sera renforcé.

Les supporters sont-ils fondés à croire que sans même lancer le palet ou le ballon, ni même peut-être assister au match, ils recevront une part de la gloire de leurs champions ? Je le crois. Les faits parlent dans ce sens. Rappelez-vous que les messagers perses n'étaient pas responsables de l'issue des batailles, pas plus que le météorologue ne l'est du temps qu'il fait, pas plus que la cloche n'a un rapport direct avec la nourriture. Mais cela n'entre pas en ligne de compte ; une simple association suffit.

Dans une expérience destinée à montrer comment l'habillement peut servir à proclamer une telle association, des chercheurs comptèrent le nombre de sweat-shirts aux couleurs de l'université portés, le lundi matin, par les étudiants de sept universités, aux équipes de football prestigieuses (Arizona, Louisiane, Notre-Dame, Michigan, Ohio, Pittsburgh, Californie du Sud). Les résultats montrent que si l'équipe d'une université avait gagné son match le samedi précédent, les étudiants étaient plus nombreux à arborer le tee-shirt de leur université. Plus encore, plus la victoire était large, plus la tendance était nette. Ce n'étaient pas les matchs difficiles, gagnés de justesse, qui incitaient les étudiants à se revêtir, littéralement, du succès de ces équipes. C'étaient les victoires écrasantes, consacrant la supériorité de l'équipe.

De même que l'on s'efforce d'afficher ses liens avec ceux qui connaissent le succès dans l'espoir que leur gloire rejaillisse sur soi, on évite de se trouver dans l'ombre de ceux qui essuient des échecs. La saison de football 1980, qui fut désastreuse pour les « New Orleans Saints », en vit une illustration frappante. Les supporters qui avaient un abonnement pour la saison se mirent à se montrer dans le stade le visage dissimulé par un sac en papier. Comme leur équipe essuyait défaite après défaite, de plus en plus de supporters se couvrirent de sacs ; les caméras montraient régulièrement l'image étrange de ces masses de supporters rassemblés, derrière leurs masques de papier brun d'où ne dépassaient d'identifiable que le bout de leur nez. Fait notable, pendant un match de fin de saison, au moment où il devint évident que l'équipe allait enfin gagner un match, les supporters ôtèrent leurs sacs et se montrèrent de nouveau à visage découvert.

Tout cela me conduit à penser que nous jouons délibérément de nos liens avec les gagnants et les perdants pour améliorer notre image aux yeux d'autrui. En affichant les associations positives, en dissimulant les négatives, nous essayons d'accroître l'estime et la sympathie que nous pouvons inspirer. Il y a bien des façons de procéder ; la plus simple, et la plus courante, s'observe dans l'emploi des pronoms personnels. Avez-vous remarqué par exemple comme, après la victoire de leur équipe, les supporters se pressent devant l'objectif des caméras de télévision avec de grands gestes en criant : « On a gagné ! On a gagné ! » Remarquez que le slogan n'est pas « ils ont gagné » ou encore « notre équipe a gagné ». Le pronom utilisé permet de suggérer une identité avec l'équipe.

Remarquez aussi que rien de tel ne se produit en cas de défaite. On n'entend jamais scander sur les gradins : « On a perdu ! On a perdu ! » La défaite de l'équipe est l'instant généralement choisi pour opérer une distanciation. Là, le pronom « on » n'est plus préféré au « ils », qui marque la séparation. Pour vérifier ce fait, je procédai un jour à une petite expérience. Je fis appeler par téléphone des étudiants de l'Université de l'État d'Arizona, pour leur demander l'issue d'un match de football que l'équipe de leur université avait disputé quelques semaines auparavant. Certains des étudiants étaient priés de donner le résultat d'un certain match, que leur équipe avait perdu ; d'autres, le résultat d'un autre match, où elle avait été victorieuse. Ma collègue Avril Thorne et moi, nous notions ce qu'ils disaient dans le but de faire le décompte du pourcentage d'étudiants utilisant le pronom « on » dans leur réponse. Manifestement, les étudiants avaient essayé de s'associer à la victoire en utilisant le pronom « on » : « On a battu Houston, dix-sept à quatorze », ou « on a gagné ». Dans le cas de la défaite, en revanche, « on » était rarement employé. À la place, les étudiants utilisaient des termes marquant une distance à l'égard de leur équipe vaincue : « Ils se sont fait battre par Missouri, trente à vingt », ou « Je ne connais pas le score, mais Arizona State s'est fait battre. » Le désir de s'associer aux vainqueurs et de s'écarter des perdants s'exprima de façon particulièrement frappante par la bouche de l'un de mes étudiants. Après avoir donné le score de façon neutre :

« Arizona State a perdu, trente à vingt », il s'exclama d'un ton rageur : « Ils nous ont fait perdre *nos* chances pour le championnat national[27] ! »

S'il est vrai que, pour paraître à notre avantage, nous essayons de faire rejaillir sur nous la gloire de ceux qui ont un lien, même lointain, avec nous, on peut remarquer un fait troublant : nous recourons surtout à cette méthode quand nous ne nous sentons pas, justement, dans une situation glorieuse. Lorsque notre image extérieure est entamée, nous ressentons le besoin de la restaurer en mettant en évidence nos liens avec les succès d'autrui. En même temps, nous nous gardons bien de revendiquer nos liens avec les perdants. Cette idée se trouve confirmée par l'enquête téléphonique auprès des étudiants de l'Université d'État d'Arizona. Avant de m'informer des résultats de l'équipe locale, les sujets subirent un test de culture générale. Le test était truqué de façon que certains étudiants échouent lamentablement alors que d'autres avaient des résultats très honorables.

Ainsi, au moment d'indiquer les scores de l'équipe de football, la moitié des étudiants avaient vu leur image extérieure amoindrie par leur échec. Ces étudiants-là avaient davantage tendance à sauvegarder leur prestige en jouant sur le lien qu'ils pouvaient établir avec l'équipe. S'ils devaient annoncer la défaite de l'équipe, dix-sept pour cent seulement d'entre eux utilisaient le pronom « on ». Si, au contraire, ils annonçaient une victoire, quarante et un pour cent disaient « on ».

Les choses se passèrent différemment pour les étudiants qui avaient réussi le test de culture générale. Ils utilisèrent « on » de façon à peu près égale, que ce soit pour décrire une victoire (vingt-cinq pour cent) ou une défaite (vingt-quatre pour cent). Ces étudiants avaient conforté leur image par un succès et n'avaient pas besoin de s'appuyer sur les réussites d'autrui. Ce n'est donc pas lorsque nous avons le sentiment de plénitude de notre réalisation que nous cherchons à nous prévaloir de la gloire d'autrui. C'est lorsque notre prestige, intérieur et extérieur, est faible que nous tenons à utiliser les succès d'autres qui ont un lien avec nous pour nous aider à restaurer notre image.

Il me semble révélateur que le délire provoqué par la victoire de l'équipe américaine de hockey aux Jeux olympiques de 1980 se soit produit à un moment où le prestige de l'Amérique avait beaucoup souffert. Le gouvernement américain s'était montré impuissant à empêcher aussi bien la détention d'otages américains en Iran que l'invasion soviétique en Afghanistan. C'était un moment où le peuple américain avait besoin du triomphe de l'équipe de hockey et de manifester, voire d'exagérer, sa solidarité avec cette équipe. Nous ne serons donc pas étonnés d'apprendre qu'en dehors de la patinoire, dès l'annonce de la victoire sur l'équipe soviétique, on s'arrachait des talons de billets d'entrée à cent dollars la paire.

Le désir de faire rejaillir sur soi la gloire d'autrui existe, jusqu'à un certain point, chez chacun de nous. Mais il me semble que les individus prêts à faire la queue sous la neige pour acheter cinquante dollars pièce les billets d'entrée usagés d'un match auquel ils n'avaient pas assisté, sans doute pour pouvoir « prouver » à leurs amis, à leur retour, qu'ils avaient été présents lors de la grande victoire, ont un certain type de personnalité. Quel genre de personnes peuvent-ils être ? À mon avis, ce ne sont pas seulement de grands amateurs de sport ;

ce sont des individus qui, à cause d'une faille de leur personnalité, ont besoin de se valoriser. Tout au fond d'eux-mêmes, ils se sentent diminués, ce qui les conduit à gagner l'estime de leurs semblables, non en réalisant quelque chose, non en mettant en valeur leurs qualités, mais en créant ou en affirmant des liens entre eux et les réalisations d'autrui. Plusieurs variétés de cette espèce existent sous nos climats. L'exemple classique est la personne qui cite à tout propos des noms célèbres.

On peut citer aussi la groupie du musicien rock, prête à échanger des faveurs d'ordre sexuel contre le droit de dire à ses amies qu'elle a côtoyé le célèbre musicien. Quelle que soit la forme que prennent leurs comportements, ces individus ont un point commun : l'idée assez tragique qu'ils ne peuvent se réaliser que par une projection hors d'eux-mêmes.

Certaines de ces personnes appliquent le principe d'association d'une manière un peu différente. Au lieu de tout mettre en œuvre pour mettre en valeur leurs liens avec des personnes en pleine réussite, elles font tout pour mettre en valeur le succès d'autres individus avec lesquels elles ont un lien bien visible. On pense au cas bien connu de la mère obsédée par le désir de faire de son fils une vedette. En 1991, à Davenport, dans l'Iowa, un obstétricien refusa ses services à trois épouses de responsables scolaires, sous prétexte que son fils n'avait qu'insuffisamment participé aux matches de basket de son établissement. L'une de ces femmes était alors enceinte de huit mois. Les femmes de médecins conçoivent parfois de la sorte l'effort à fournir pour arriver. John Pekkanen, auteur d'un guide des meilleurs médecins des États-Unis, raconte avoir reçu nombre de protestations indignées venant, non des médecins qui n'y figuraient pas, mais de leurs femmes. Dans un des cas, révélateurs de l'omniprésence du principe d'association pour certaines de ces femmes, Pekkanen reçut d'une épouse de médecin une lettre amère accompagnée de ce qu'elle considérait comme la preuve que son mari méritait d'être cité dans le livre. C'était une photographie de son mari avec Merv Griffin, le célèbre producteur de télévision.

Comment dire non

Comme il y a mille manières de susciter la sympathie, notre moyen de défense contre les professionnels de la persuasion qui recourent au principe de sympathie doit, paradoxalement, être simple. Il serait vain de prétendre élaborer tout un système de tactiques spécifiques pour combattre chacune des innombrables versions de la sympathie appliquée à la persuasion. Il y a bien trop de voies à défendre si l'on veut adopter une stratégie diversifiée. D'ailleurs, plusieurs des facteurs incitant à la sympathie, tels que l'apparence physique, la familiarité, l'association, agissent à notre insu, ce qui diminue d'autant nos possibilités de leur opposer à temps une protection appropriée.

Nous devons donc envisager une approche générale du problème, une approche qui puisse être appliquée à chacun des facteurs de sympathie afin de neutraliser son influence indésirable sur nos décisions. Le secret d'une telle approche est de réagir au bon moment. Sans chercher à identifier les facteurs de sympathie et à prévenir leur action avant qu'ils ne nous aient influencés, nous devrions au contraire les laisser agir. Nous devons être attentifs, non pas à déjouer ce qui risque de produire une sympathie excessive envers le praticien de la persuasion, mais au fait qu'une sympathie excessive s'est produite. Le moment où il nous faut nous protéger est celui où nous sentons que nous ressentons un peu trop de sympathie envers l'interlocuteur persuasif, plus que ne le voudraient les circonstances.

En concentrant notre effort sur les effets et non sur les causes, nous évitons la tâche laborieuse, impossible peut-être, de détecter et de contrecarrer les nombreuses influences psychologiques qui s'exercent sur la sympathie. Nous devons seulement être sensibles à une chose : le sentiment que nous nous sommes pris de sympathie pour celui qui essaye de nous persuader, d'une sympathie un peu rapide ou un peu inattendue. Une fois que nous avons *repéré* ce sentiment, nous sommes informés qu'il y a probablement une manœuvre de persuasion en cours, et nous pouvons entreprendre de riposter. Remarquez que la stratégie que je propose emprunte beaucoup à l'art du jiu-jitsu chère aux professionnels de la persuasion. Nous n'essayons pas de restreindre l'influence de ces facteurs de sympathie. Bien au contraire. Nous les laissons exercer leur puissance, puis nous utilisons leur puissance dans notre campagne défensive. Plus cette puissance est grande, plus elle sera visible et, donc, susceptible d'être vaincue par nos défenses en alerte.

Supposons par exemple que nous nous trouvions en pourparlers pour l'achat d'une voiture avec Dan le Vendeur, candidat au titre de « meilleur vendeur de voitures » laissé vacant par Joe Girard. Après avoir discuté un moment, et entamé les négociations, Dan veut conclure le marché et nous faire acheter la voiture. Avant de prendre une décision, il est important pour le client de se poser une question : « Depuis vingt-cinq minutes que je connais cet homme, est-ce que j'éprouve envers lui une sympathie inattendue ? Est-ce que je l'aime plus que j'aurais pu m'y attendre ? » Si la réponse est oui, il nous faut réfléchir au comportement de Dan pendant ces vingt-cinq minutes, dans les domaines dont nous savons qu'ils affectent la sympathie. Nous nous rappellerons qu'il nous a nourri (café et biscuits) avant d'entrer dans le vif du sujet, qu'il nous a complimenté pour notre choix des options et des couleurs, qu'il nous a fait rire, qu'il s'est mis de notre côté contre son patron pour nous obtenir un meilleur prix.

Quoique cette analyse soit instructive, ce n'est pas une étape nécessaire dans notre protection contre le principe de sympathie. Une fois que nous avons découvert que nous éprouvons pour Dan une sympathie inattendue, nous n'avons pas besoin de savoir pourquoi. La simple prise de conscience du fait qu'une sympathie indue a été suscitée doit suffire à nous faire réagir contre ce sentiment. Une réaction possible serait de renverser la vapeur et de se mettre à éprouver de l'antipathie envers Dan. Mais ce pourrait être injuste à son égard et contraire à nos intérêts. Après tout, certains individus sont naturellement sympathiques, et Dan pourrait être de ceux-là. Il ne serait pas raisonnable de se retourner automatiquement contre ces professionnels de la persuasion qui sont, par hasard, sympathiques. D'ailleurs, il serait dommage de se priver de tout rapport avec des gens aussi aimables, surtout quand ils nous proposent une bonne affaire.

Je conseillerais de réagir tout différemment. Si notre réponse à la question décisive est : « Oui, étant donné les circonstances, je trouve cet homme particulièrement sympathique », c'est le signal qu'il est temps de passer sans plus attendre à une manœuvre de défense : dissocier dans notre esprit Dan de la Ford ou de la Toyota qu'il essaye de nous vendre. Il est capital de se rappeler que, si nous nous décidons en faveur de la voiture de Dan, c'est la voiture, non pas le vendeur, que nous ramènerons chez nous. Pour bien acheter, il faut oublier que nous trouvons Dan sympathique, parce qu'il est séduisant, partage notre passion pour tel ou tel sport, fait preuve d'humour, ou a de la famille dans notre région d'origine.

Notre réaction la plus appropriée, donc, est de nous concentrer, par un effort conscient, sur les seuls mérites de la voiture que nous propose Dan. Bien sûr, dans nos décisions courantes, il est toujours conseillé de séparer toute requête de la personne qui nous la fait. Mais dans un contact personnel la distinction s'oublie aisément. Dans les cas où le solliciteur nous est indifférent, cela ne porte pas à conséquence. Les erreurs graves se produiront quand nous le trouvons sympathique.

C'est pourquoi il est important de se méfier des sentiments que peuvent nous inspirer les praticiens de la persuasion. La conscience de ces sentiments nous aide à nous rappeler qu'il faut séparer la personne du vendeur de la transaction en cours, et ne faire intervenir dans notre décision que ce qui concerne cette dernière. Si nous nous en tenions tous à cette résolution, je suis certain que nous serions beaucoup plus satisfaits de nos rapports avec les professionnels de la persuasion ; je soupçonne toutefois que Dan le Vendeur ferait grise mine.

TÉMOIGNAGE
d'un habitant de Chicago

« Bien que je n'aie jamais participé à une réunion Tupperware, je crois avoir subi le même genre de pression amicale lorsque, récemment, j'ai reçu un appel d'une représentante d'une compagnie de téléphone, MCI. Celle-ci me déclara qu'un ami à moi m'avait inscrit à une sorte de club, le "Cercle des numéros aimés".

Il s'agit d'un ami d'enfance, Brad, qui a déménagé l'an dernier pour raisons professionnelles loin de chez moi. Il continue à me téléphoner régulièrement pour me demander des nouvelles des copains du quartier. La commerciale m'a affirmé qu'il pourrait bénéficier d'une réduction de vingt pour cent sur toutes ses communications avec les personnes figurant sur sa liste, à condition qu'elles disposent d'un abonnement téléphonique MCI. Elle me demanda alors si je souhaitais y souscrire, auquel cas je profiterais de tous les avantages des services MCI (bla-bla-bla), et procurerais ainsi à mon ami Brad de substantielles économies.

Très satisfait de mon fournisseur de services téléphoniques, je me serais volontiers passé d'en changer. Mais l'argument de la réduction accordée à Brad sur ses appels eut raison de mes réticences. Déclarer que je refusais de faire partie de son Cercle et qu'il m'était bien égal de l'aider à économiser quelque argent reviendrait à lui infliger une véritable offense, quand il l'apprendrait. Pour lui éviter pareille déconvenue, j'ai donc accepté l'offre de la représentante.

Moi qui me demandais comment les femmes pouvaient acheter des produits dont elles n'avaient nullement besoin, en participant à des réunions Tupperware au simple motif que c'était une amie qui les organisait... Maintenant, je comprends. »

Ce lecteur n'est pas le seul à témoigner du pouvoir exercé par MCI grâce à son idée de Cercle des numéros aimés. Interrogé à ce propos par un magazine de défense des consommateurs*, **Consumer Reports**, *l'un des commerciaux de cette société fit cette réponse laconique : « Neuf fois sur dix, ça marche. »

6

L'autorité

La déférence dirigée

Suivez un expert.

VIRGILE

Supposez qu'en feuilletant le journal, vous remarquiez une annonce : on cherche des volontaires pour prendre part à une étude sur la mémoire, réalisée dans le département de psychologie d'une université voisine. Supposons encore que, trouvant l'idée intéressante, vous contactiez le directeur de la recherche, un certain Pr Stanley Milgram, et que vous acceptiez de participer à une expérience d'une heure. Quand vous arrivez au laboratoire, vous rencontrez deux hommes. L'un est un chercheur chargé de l'expérience, comme le montrent sa blouse grise et son badge. L'autre est un volontaire comme vous qui semble normal à tous égards.

Après les compliments d'usage, le chercheur commence

à expliquer le déroulement de l'expérience. Il dit que l'expérience concerne les effets de la punition sur l'apprentissage et la mémoire. Par conséquent, un participant aura pour tâche d'apprendre une longue liste de paires de mots, jusqu'à ce que cette liste soit parfaitement sue ; cette personne sera appelée l'Élève. L'autre participant devra mettre à l'épreuve la mémoire de l'Élève et, à chacune de ses erreurs, infliger des décharges électriques d'intensité croissante ; cette personne sera appelée le Professeur.

Naturellement, cette explication vous inquiète un peu. Votre appréhension s'accroît lorsque, après tirage au sort, vous vous retrouvez chargé du rôle de l'Élève. Vous n'aviez pas prévu que l'expérience pouvait comporter des phases douloureuses, et vous pensez donc à quitter les lieux. Mais vous vous dites que vous serez toujours à temps de le faire en cas de besoin et d'ailleurs, ces décharges ne peuvent pas être bien fortes.

Après avoir étudié la liste de paires de mots, vous vous trouvez installés sur une chaise, et, en présence du Professeur, le chercheur attache des électrodes à votre bras. Inquiet à présent des effets des décharges électriques, vous lui demandez quelle sera leur force. La réponse du chercheur n'est pas des plus rassurantes : si les décharges peuvent être extrêmement douloureuses, elles ne provoqueront « aucune lésion permanente » dans votre organisme. Sur quoi, le chercheur et le Professeur vous laissent seuls dans la pièce ; le Professeur vous interrogera depuis une pièce voisine, au moyen d'un interphone, et infligera des décharges électriques à chaque mauvaise réponse.

Au fur et à mesure que le test progresse, vous saisissez rapidement la procédure suivie par le Professeur : il pose une question et attend votre réponse par l'interphone. Chaque fois que vous vous trompez, il annonce le voltage de la décharge que vous allez recevoir et actionne un levier qui produira la décharge. Le plus inquiétant est qu'à chaque erreur que vous faites, la décharge augmente de 15 volts.

La première partie de l'expérience se déroule sans heurts. Les décharges sont désagréables, mais supportables. Par la suite, cependant, comme vos erreurs s'accumulent et que le voltage augmente, la punition commence à être assez douloureuse pour gêner votre concentration, ce qui vous amène à faire encore plus d'erreurs et à subir des décharges encore plus fortes. Lorsqu'on en est à 75, 90, et 105 volts, la douleur vous arrache des gémissements audibles. À 120 volts, vous vous écriez dans le micro que les décharges deviennent *vraiment* douloureuses. Vous accusez une nouvelle décharge avec un grognement de douleur et décidez que vous ne pouvez plus supporter l'épreuve. Quand le Professeur inflige la décharge de 150 volts, vous criez dans le micro : « Arrêtez ! Sortez-moi d'ici ! Sortez-moi d'ici, je vous en prie ! Laissez-moi sortir ! »

Mais au lieu de la réaction que vous attendez du Professeur, vous disant que le chercheur et lui vont venir vous délivrer, le Professeur se contente de vous poser la question suivante. Surpris, dans votre confusion, vous bredouillez la première chose qui vous vient à l'esprit. Ce n'est bien sûr pas la bonne réponse, et le Professeur envoie une décharge de 165 volts. Vous lui hurlez d'arrêter et de vous laisser sortir. Mais le Professeur répond par la question suivante, et vous inflige une autre douleur fulgurante quand vous lui faites une réponse éperdue, et incorrecte. Vous cédez à la panique ; les décharges sont si fortes à présent que vous vous tordez de douleur en hurlant. Vous frappez contre le mur, demandez à être délivré, suppliez le Professeur de vous aider. Mais les questions continuent comme avant, ainsi que les décharges redoutées, inexorablement, 195, 210, 225, 240, 255, 270, 285, et 300 volts. Vous voyez que vous n'êtes plus en mesure de répondre correctement aux questions, vous criez donc au Professeur que vous ne répondrez plus à ses questions. Cela ne change rien ; le Professeur interprète votre abstention comme une réponse incorrecte et envoie une nouvelle décharge. L'épreuve continue de cette façon, jusqu'à ce que la force des décharges vous assomme, vous réduisant à un état voisin de la paralysie. Vous n'êtes plus en état de crier, ni de bouger. Vous ne pouvez que sentir ces horribles décharges électriques. Peut-être, pensez-vous, cette inactivité totale fera-t-elle réagir le Professeur ; l'expérience n'a plus de raison d'être. Mais le Professeur continue inexorablement, posant les questions du test, annonçant des voltages épouvantables (400 volts) et actionnant ses leviers. « Quel homme est-ce donc ? vous demandez-vous avec horreur. Pourquoi ne me secourt-il pas ? Pourquoi n'arrête-t-il pas ? »

Pour la plupart d'entre nous, le scénario que je viens de décrire ressemble à un cauchemar. Or il est d'autant plus épouvantable qu'il n'a rien d'imaginaire. Une telle expérience a bien eu lieu, et même à plusieurs reprises, sur l'initiative d'un professeur de psychologie nommé Milgram, dans laquelle les participants jouant le rôle du Professeur acceptaient d'infliger de fortes décharges, répétées, atteignant des niveaux dangereux, à une autre personne qui se débattait et les suppliait de cesser. Il n'y avait qu'un élément de l'expérience, un élément capital, qui n'était pas authentique. Les décharges électriques n'étaient pas réelles ; l'Élève, la victime qui poussait des hurlements de douleur en suppliant qu'on arrête l'expérience, n'était pas un vrai sujet d'expérience mais un acteur qui faisait semblant de recevoir les décharges électriques. Le véritable but de l'expérience de Milgram n'était pas d'étudier les effets de la punition sur l'apprentissage et la mémoire. La question qui l'intéressait était entièrement différente : quand on leur assigne une telle tâche, jusqu'à quel point des individus normaux sont-ils prêts à infliger une souffrance physique à une victime innocente ?

La réponse est particulièrement inquiétante. Dans des circonstances reproduisant fidèlement le cauchemar décrit ci-dessus, le « Professeur » moyen était prêt à infliger autant de douleur que le permettait la machine. Au lieu de céder aux supplications de la victime, les deux tiers des sujets, dans l'expérience de Milgram, envoyèrent chacune des trente décharges électriques prévues et continuèrent à actionner les interrupteurs jusqu'au dernier (450 volts), point où l'expérimentateur arrêta l'expérience. Plus effrayant encore, pas un seul des quarante sujets d'expérience n'abandonna sa tâche de Professeur quand la victime commença à lui demander instamment d'arrêter ; ni plus tard, lorsqu'elle commença à supplier ; ni même lorsque sa réaction à chaque décharge n'était plus, suivant les mots de Milgram, qu'« un cri de douleur et d'angoisse ». Ce n'est que lorsqu'on envoya la décharge de 300 volts et que la victime « cria avec désespoir qu'elle ne répondrait plus aux questions du test » que certains sujets arrêtèrent l'expérience, et encore, ce ne fut qu'une minorité.

Ces résultats surprirent tous ceux qui étaient associés au projet de recherche, y compris Milgram. Avant de commencer l'étude, ils avaient demandé à des groupes de collègues, et d'étudiants en doctorat de l'Université de Yale (où se déroula l'expérience) d'examiner préalablement les conditions de l'expérience et d'évaluer le nombre de sujets qui iraient jusqu'au bout, c'est-à-dire jusqu'à la décharge de 450 volts. Les réponses restaient invariablement dans la fourchette de un à deux pour cent. Un groupe de trente-neuf psychiatres alla jusqu'à prévoir qu'il n'y aurait que près d'une personne sur mille pour accepter de continuer jusqu'à la fin. Personne, par conséquent, n'était préparé aux comportements qui se manifestèrent pendant l'expérience.

Comment peut-on expliquer ces comportements inquiétants ? Peut-être, ainsi que l'ont soutenu certains, par le fait que les sujets étaient tous mâles, appartenant donc à un groupe connu pour ses tendances à l'agressivité, ou que les sujets ne se rendaient pas compte des dommages que pouvaient causer ces voltages élevés, ou que les sujets étaient tous atteints de crétinisme moral, et se réjouissaient d'avoir l'occasion d'infliger une douleur. Mais les faits excluent chacune de ses possibilités. D'abord, le sexe des sujets, d'après une expérience ultérieure, n'avait aucune influence sur les résultats : des femmes jouant le rôle du Professeur étaient exactement aussi disposées à administrer à la victime toutes les décharges que les sujets de l'expérience de Milgram.

L'explication suivant laquelle les sujets ne se rendaient pas compte du danger de ces décharges pour les victimes ne tient pas non plus ; elle a été démentie par une autre version de l'expérience menée ultérieurement. Quand l'Élève signalait qu'il était cardiaque et déclarait que son cœur souffrait des décharges : « Arrêtez. Sortez-moi d'ici. Je vous dis que je suis cardiaque. Mon cœur va flancher. Je refuse de continuer. Laissez-moi sortir », les résultats étaient les mêmes. Soixante-cinq pour cent des sujets accomplirent consciencieusement leur tâche jusqu'à la décharge maximale.

Enfin, l'explication par la personnalité des sujets de Milgram, qui auraient été un ramassis de désaxés et de sadiques, non représentatifs d'une population ordinaire, est aussi peu valable. Les personnes qui avaient répondu aux annonces de Milgram pour participer à sa prétendue expérience sur la mémoire constituaient un échantillon représentatif des âges, professions et niveaux d'instruction dans notre société. De plus, tous les tests psychologiques réalisés par la suite montrèrent que ces individus étaient tout à fait normaux ; il n'y avait pas l'ombre d'une psychose dans ce groupe de sujets. C'étaient des gens comme vous et moi ; ou, comme Milgram aime à le dire, c'était vous et moi. S'il a raison de nous impliquer dans ces faits accablants, la question demeurée sans réponse en devient d'autant plus troublante : qu'est-ce qui pourrait nous faire faire, à nous, une chose pareille ?

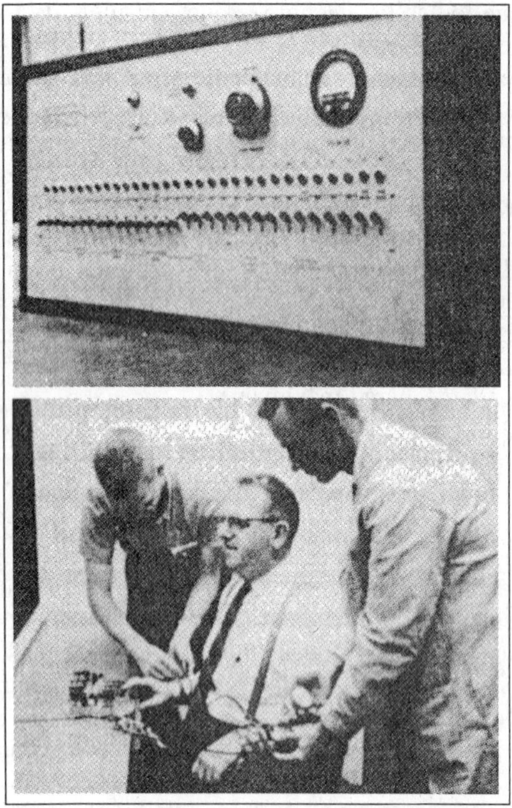

FIGURE 8 – L'expérience Milgram

La photographie d'en haut montre le « générateur de décharges », de sinistre apparence, utilisé lors de l'expérience. Celle d'en dessous montre l'Élève (la victime), que le chercheur, en blouse, et le sujet d'étude attachent à un fauteuil et équipent d'électrodes.

(STANLEY MILGRAM, 1965, IMAGES EXTRAITES DU FILM OBEDIENCE, *DISTRIBUÉ PAR L'UNIVERSITÉ DE PENNSYLVANIE)*

Milgram a son avis sur la question. Il s'agit, selon lui, d'un sentiment de déférence envers l'autorité, qui existe au fond de nous tous. D'après Milgram, ce qu'il faut incriminer, c'est l'incapacité des sujets à se refuser d'accomplir les gestes demandés par le responsable de l'étude, le chercheur en blouse blanche qui pressait le sujet, et éventuellement, lui enjoignait d'accomplir sa tâche jusqu'au bout.

La thèse de Milgram est confirmée par les faits. D'abord, il est clair que, sans les directives des chercheurs, leur demandant de continuer, les sujets auraient arrêté rapidement l'expérience. Ils avaient horreur de ce qu'ils faisaient et souffraient des souffrances de leur victime. Ils suppliaient le chercheur de les laisser arrêter l'expérience. Quand il refusait, ils continuaient, mais secoués de tremblements, ruisselants de sueur, bégayant des protestations et implorant toujours l'expérimentateur. Ils s'enfonçaient les ongles dans la chair ; ils se mordaient les lèvres jusqu'au sang ; ils se prenaient la tête dans les mains ; certains éclataient d'un rire nerveux. Comme l'écrivit un observateur extérieur à l'équipe de recherche :

> « J'observai un homme d'affaires équilibré et sûr de lui entrer dans le laboratoire le sourire aux lèvres. En l'espace de vingt minutes il était réduit à l'état de loque parcourue de tics, au bord de la crise de nerfs. Il tirait sans cesse sur le lobe de ses oreilles et se tordait les mains. À un moment il posa sa tête sur son poing et murmura : “Oh mon Dieu, qu'on arrête !” Et pourtant il continua à exécuter toutes les instructions de l'expérimentateur et obéit jusqu'à la fin[1]. »

Outre ces observations, Milgram a apporté de nouveaux éléments en faveur de son interprétation du comportement des sujets par la soumission à l'autorité. Dans une étude ultérieure, par exemple, il intervertit les rôles entre le chercheur et la victime, de sorte que le chercheur disait au Professeur de cesser les décharges, alors que la victime proposait bravement de continuer. Le résultat n'aurait pu être plus clair ; cent pour cent des sujets refusèrent de donner une seule décharge supplémentaire lorsque seul le sujet le demandait. On obtint un résultat identique dans une autre version de l'expérience, dans laquelle les rôles étaient intervertis d'une autre façon : c'était le chercheur qui était soumis aux décharges et l'autre sujet qui ordonnait au Professeur de continuer, malgré les protestations du chercheur. De nouveau, aucun sujet ne toucha plus à aucun levier.

L'extrême soumission des sujets aux directives de l'autorité fut démontrée par une autre variante de l'étude de Milgram. Milgram flanquait le sujet d'expérience de deux chercheurs, qui donnaient des ordres contradictoires. L'un ordonnait au Professeur d'arrêter les décharges quand la victime criait qu'on la délivre, alors que l'autre maintenait qu'il fallait poursuivre l'expérience. Ces instructions contradictoires produisaient invariablement le seul épisode comique dans cette série d'expériences. Complètement dérouté, dévisageant tour à tour les deux chercheurs, le sujet priait les chercheurs de se mettre d'accord sur la commande à exécuter : « Attendez. Qu'est-ce que je fais ? L'un dit de continuer, l'autre d'arrêter. Qu'est-ce que je fais ? » Quand les chercheurs ne se mettaient pas d'accord, le sujet essayait désespérément de déterminer lequel était le patron de l'autre. Ne parvenant à trouver l'autorité à laquelle il fallait obéir, tous les sujets finirent par suivre leur propre inclination et arrêtèrent l'expérience.

Comme dans les autres variantes de l'expérience, ce résultat est inexplicable si les sujets avaient été motivés par quelque forme de sadisme ou quelque névrose d'agressivité[2].

Pour Milgram, les faits accumulés apportent la confirmation d'un phénomène terrifiant : « C'est la docilité presque sans limites manifestée par des individus adultes vis-à-vis d'une figure d'autorité qui constitue le principal résultat de cette expérience ». Ce résultat ne laisse pas d'ouvrir des perspectives inquiétantes sur le plan politique, quant au niveau d'obéissance qu'une autre forme d'autorité, l'autorité politique, serait capable d'obtenir de citoyens ordinaires[3]. De plus, ces découvertes montrent la force intrinsèque des pressions exercées par une autorité pour infléchir notre comportement. Après avoir vu les sujets de Milgram suer sang et eau à leur poste de commande, qui pourrait douter de la force qui les y retenait ?

Pour ceux que cette démonstration ne suffirait pas à convaincre, l'histoire de S. Brian Willson s'avérera probablement instructive. Le 1er septembre 1987, en signe de protestation contre l'expédition de matériel militaire au Nicaragua par les États-Unis, M. Willson et deux autres hommes se couchèrent en travers des voies de chemin de fer sortant de l'arsenal de Concord, en Californie. Ayant informé la Navy et les autorités ferroviaires de leurs intentions quelques jours auparavant, ils étaient certains que leur action aurait pour effet d'arrêter l'avancée du convoi organisé ce jour-là. Mais les cheminots, qui avaient reçu l'ordre de ne pas stopper le train, ne ralentirent même pas leur allure, alors qu'ils voyaient les manifestants à deux cents mètres devant eux. Deux des hommes étendus sur les rails réussirent à s'en écarter à temps, mais S. Brian Willson n'y parvint pas assez vite et eut les jambes sectionnées en dessous du genou. Les équipes médicales militaires présentes sur place refusant de le soigner et de l'emmener à l'hôpital dans leur ambulance, les témoins – parmi lesquels l'épouse de la victime et son fils – durent étancher l'hémorragie tant bien que mal pendant trois quarts d'heure, jusqu'à l'arrivée d'une ambulance privée.

Il est particulièrement surprenant que S. Brian Willson, qui fut soldat au Vietnam pendant quatre ans, n'attribue son infortune ni aux cheminots, ni aux médecins militaires. Il n'accuse que le système qui les a amenés à obéir : « Il n'ont rien fait d'autre que ce que j'ai fait moi-même pendant la guerre : suivre des ordres qui relevaient d'une politique dénuée de toute raison. Ce sont que des boucs émissaires. » Si les cheminots se considéraient eux aussi comme des victimes, il ne partageaient pas sa magnanimité. Le comble, dans cette histoire, est qu'ils intentèrent un procès contre lui, en demandant des dommages pour « l'humiliation, la torture mentale et le stress physique » qu'ils avaient subis de son fait, car il les avait empêchés d'accomplir leurs ordres sans lui couper les jambes.

Si la motivation est aussi puissante, ce n'est sans doute pas sans raison. Dans le cas de la soumission à l'autorité, une brève considération de l'organisation sociale des hommes apporte toutes les justifications nécessaires. Du point de vue de l'organisation sociale, un système d'autorité hiérarchisée et largement acceptée comporte de grands avantages. Il permet de mettre en place des structures complexes de production des ressources, de commerce, de défense, d'expansion, et d'ordre social qui seraient sans elle impossibles.

L'autre solution, l'anarchie, est un état social qui n'est pas réputé comme particulièrement bénéfique pour les sociétés et dont le philosophe Thomas Hobbes nous assure qu'il nous mènerait à une vie « solitaire, malheureuse, sordide, sauvage, et brève ». Par conséquent, nous apprenons depuis notre naissance que l'obéissance aux autorités compétentes est louable et la désobéissance condamnable. Ce message essentiel est contenu dans toutes les exhortations, les comptines, les histoires et les chansons qu'on nous a répétées dans notre enfance, relayées dans notre vie d'adultes par les systèmes juridiques, militaires et politiques. Les notions de soumission et de fidélité à la loi légitime y occupent toujours une grande place.

La religion contribue pour sa part à implanter la notion d'autorité. Le tout premier livre de la Bible, par exemple, raconte comment le manquement à l'obéissance à l'autorité suprême coûta le Paradis à Adam et Ève et au reste du genre humain. Au cas où cette métaphore se révélerait trop subtile, un peu plus loin, dans l'Ancien Testament, nous pouvons lire – comme une préfiguration biblique de l'expérience de Milgram. – le récit du sacrifice d'Abraham, où est loué l'empressement du patriarche à plonger une épée dans le cœur de son jeune fils parce que Dieu, sans aucune explication, l'a ordonné. Nous apprenons dans ce passage que le bien-fondé d'une action ne se juge pas à des critères comme l'absurdité apparente, les conséquences, l'injustice ou la moralité ordinaire, mais se justifie par la simple injonction d'une autorité supérieure. La terrible épreuve d'Abraham était un test d'obéissance, et, comme les sujets de Milgram, à qui on l'avait peut-être donné en exemple dans leur jeunesse, il le réussit haut la main.

Des histoires comme celle d'Abraham ou des sujets de Milgram montrent bien le pouvoir de l'obéissance et la valeur qu'on lui attribue dans nos sociétés. D'une certaine façon, cependant, elles peuvent rendre les choses plus confuses quant à la façon dont l'obéissance entre réellement en jeu. Les exigences de l'autorité nous amènent rarement à des dilemmes si angoissants. Notre obéissance est souvent provoquée par une manière de déclic, sans délibération consciente. L'information que nous donne une autorité reconnue peut être un raccourci précieux pour décider de la conduite à tenir.

Après tout, comme le suggère Milgram lui-même, se conformer aux diktats de l'autorité a de vrais avantages pratiques pour nous. Dans notre jeunesse, ces personnes (par exemple, les parents ou les professeurs) en savaient plus que nous, et nous voyions que suivre leurs conseils nous était profitable, d'une part à cause de leur grande sagesse, d'autre part, parce que c'étaient eux qui distribuaient récompenses et punitions. En tant qu'adultes, les mêmes avantages persistent pour les mêmes raisons, même si les figures d'autorité sont alors des employeurs, des juges et des chefs politiques. Comme leur position élevée implique un accès à des informations privilégiées et un pouvoir supérieur, il est très raisonnable de se plier aux désirs de nos autorités légitimes. C'est si raisonnable, même, que nous le faisons souvent quand c'est totalement absurde.

Ce paradoxe est bien sûr celui qui explique toutes les armes d'influence. Dans ce cas, parce que nous savons que notre obéissance à l'autorité est de façon générale profitable, il nous est facile de céder aux facilités de l'obéissance automatique. Le danger de cette réaction, qui est en même temps un avantage, est son caractère automatique. Nous n'avons pas besoin de penser ; donc, nous ne pensons pas. Bien que cette obéissance machinale nous soit utile dans la majorité des cas, il y a des exceptions notables, dans la mesure où nous réagissons au lieu de penser.

Prenons un exemple dans un domaine de notre vie où la force de l'autorité est manifeste : la médecine. La santé est pour nous un souci primordial. C'est pourquoi les médecins, qui possèdent de grandes connaissances dans ce domaine vital, sont des figures d'autorité respectées. De plus, le milieu médical possède une structure hiérarchisée aux délimitations très nettes. Les différents travailleurs de la santé ont une conscience très nette de leur niveau de responsabilité dans cette structure hiérarchique ; ils sont pleinement conscients également du fait que le médecin est au sommet de la pyramide. Nul ne peut contester le diagnostic d'un médecin, sauf, peut-être, un médecin d'un rang supérieur. À la longue, il s'est établi chez les autres professionnels de la santé une tradition d'obéissance aveugle aux ordres du médecin.

Il résulte de cet état de choses, malheureusement, que si un médecin commet une erreur manifeste, personne ne pensera seulement à s'interroger, précisément parce que, une fois qu'un ordre a été donné par une autorité légitime, les subordonnés cessent de *penser* et se contentent de *réagir*. Mettez ce genre de réaction-déclic dans le contexte d'une structure hospitalière complexe et vous obtiendrez à coup sûr des erreurs. Et de fait, une étude récemment réalisée par l'administration des finances de la santé montre que, pour l'administration de médicaments seulement, les hôpitaux ont en moyenne un taux quotidien d'erreur de douze pour cent. Ces erreurs peuvent se produire pour toutes sortes de raisons. Cependant, s'il faut en croire un livre intitulé *Les erreurs médicales : Causes et prévention*, de deux professeurs de pharmacie, Michael Cohen et Neil Davis, le problème est largement dû à la déférence aveugle qu'on accorde au médecin traitant, le « patron » du cas considéré. D'après le professeur, « dans tous les cas, les patients, les infirmières, les pharmaciens, les autres médecins ne contestent jamais l'ordonnance ». Prenez, par exemple, le cas étrange de l'affection « auriculo-rectale », rapporté par Cohen et Davis. Un médecin avait ordonné des gouttes pour les oreilles pour un patient souffrant d'une infection douloureuse. Mais au lieu d'écrire complètement « traitement analogue » sur l'ordonnance, le médecin utilisa des abréviations, si bien que l'ordonnance portait : « traitement anal ». Recevant cette ordonnance, l'infirmière de garde mit avec diligence le nombre requis de gouttes pour les oreilles dans l'anus du patient.

Bien évidemment, il était absurde d'appliquer un traitement rectal pour soigner des maux d'oreilles. Pourtant, ni le patient ni l'infirmière ne s'en inquiétèrent. La leçon à retenir de cette anecdote, c'est que dans bien des cas, quand une autorité légitime a parlé, le bon sens n'est plus de mise. Dans ces cas-là, nous ne considérons pas la situation dans son ensemble, et nous ne prêtons attention qu'à l'un de ses aspects[4].

Chaque fois que nos comportements sont réglés de cette façon inconsciente, nous pouvons être sûrs qu'il y aura des professionnels de la persuasion pour en profiter. Restons dans le domaine de la médecine. Les publicitaires détournent volontiers le respect que nous accordons dans nos sociétés aux médecins, en engageant des acteurs pour jouer le rôle de médecins vantant les qualités d'un produit. Mon exemple favori est celui d'une publicité télévisée dans laquelle l'acteur Robert Young met en garde le public contre la caféine et recommande une marque de café décaféiné, Sanka. La publicité eut un grand succès, et fit vendre tant de café qu'elle fut reprise avec des variantes pendant plusieurs années. Pourquoi cette publicité est-elle si efficace ? Pourquoi devrions-nous croire Robert Young sur parole quand il nous assure que le café décaféiné est bon pour la santé ? Parce que, comme l'agence de publicité le sait parfaitement, il est associé, dans l'esprit du public américain, avec le Dr Marcus Welby, rôle qu'il a joué dans un feuilleton-fleuve de télévision. Objectivement il est absurde de se laisser convaincre par les assurances d'un homme qui n'est, nous le savons, qu'un acteur qui a longtemps joué le rôle d'un médecin. Mais, dans la pratique, la supercherie passe, comme le café.

Connotation et contenu

La première fois que je l'ai vue, la publicité de Sanka m'a tout de suite frappée par son art d'utiliser l'influence du principe d'autorité sans proposer pour autant une autorité véritable. L'apparence de l'autorité était suffisante. Cela nous en apprend beaucoup sur les réactions machinales à l'autorité. Quand nous réagissons sur le mode du déclic, nous sommes souvent aussi vulnérables aux *symboles* de l'autorité qu'à sa *réalité*.

Il y a plusieurs sortes de symboles qui peuvent déclencher notre comportement en l'absence d'autorité véritable. Ces symboles sont largement employés par les professionnels de la persuasion qui doivent jouer sur l'apparence. Les escrocs, par exemple, se parent de titres, de vêtements, d'accessoires qui évoquent l'autorité. Ils n'aiment rien tant que d'émerger, somptueusement habillés, d'une magnifique automobile et se présenter comme le Dr Untel, le Pr Untel, à moins que ce ne soit Me Untel. Ils savent qu'ainsi équipés, ils ont de bien meilleures chances de persuader leur future victime. Chacun de ces trois symboles d'autorité a son histoire et mérite un examen à part.

Les titres

Les titres sont à la fois les symboles d'autorité les plus difficiles à acquérir, et les plus faciles à prendre. L'acquisition d'un titre demande normalement des années de travail d'une certaine qualité. Pourtant il est possible à quelqu'un, sans qu'il fournisse le moindre effort, d'adopter simplement l'étiquette, ce qui lui vaut une déférence automatique. Comme nous l'avons vu, les acteurs de spots publicitaires et les escrocs le font sans cesse avec succès.

J'en parlais récemment avec un ami – enseignant dans une université bien connue de la côte est – qui savait par expérience comment nos attitudes sont souvent plus influencées par un simple titre que par la nature de la personne qui l'affiche. Mon ami voyage beaucoup et se trouve souvent en conversation avec des inconnus dans des bars, des restaurants, et des aéroports. Il dit que l'expérience lui a appris à ne jamais mentionner sa qualité de professeur d'université au cours de ces conversations. Sinon, dit-il, le rapport avec son interlocuteur change instantanément. Les gens qui s'étaient montrés spontanés et animés pendant une demi-heure devenaient déférents, et ennuyeux. Les opinions qui un peu plus tôt auraient produit un échange animé ne produisaient plus qu'une approbation respectueuse (et dans un langage châtié). Agacé et un peu étonné de ce phénomène – car, comme il le dit « je suis pourtant le même homme, avec lequel ils discutent depuis une demi-heure, non ? » –, mon ami en est venu à mentir constamment sur sa profession.

Cela nous change agréablement du schéma habituel, où des praticiens de la persuasion s'attribuent, eux, des titres qu'ils n'ont pas. Dans les deux cas, pourtant, cette malhonnêteté, si largement pratiquée, montre la faculté d'influence d'un simple symbole d'autorité.

Personnellement, je me demande si mon ami professeur, qui n'est pas de taille élevée, serait si désireux de dissimuler son titre s'il savait que celui-ci, non seulement rendait ses interlocuteurs très conciliants, mais le faisait paraître plus grand. Les études sur la façon dont un statut d'autorité peut affecter la perception de la taille ont montré que les titres prestigieux provoquaient une distorsion dans ce domaine. Dans une expérience réalisée en Australie, on présentait à cinq classes d'étudiants un visiteur en provenance de l'Université anglaise de Cambridge. Son statut à Cambridge était cependant présenté différemment dans chaque classe. Dans une classe, il était présenté comme un étudiant ; dans une autre, comme un préparateur ; à une autre encore, c'était un lecteur ; à une quatrième, un assistant ; à une cinquième, un professeur titulaire. Lorsqu'il eut quitté la classe, on demanda à chaque classe d'estimer sa taille. Il apparut qu'à chaque degré franchi dans la hiérarchie, l'homme grandissait aux yeux des élèves de plus d'un centimètre, si bien qu'en tant que professeur titulaire, il avait six centimètres de plus qu'en tant qu'étudiant[5].

Il est utile de faire ici une petite digression pour examiner de plus près le lien entre statut et perception de la taille, qui se manifeste dans toutes sortes de situations. En jugeant la taille des pièces de monnaie, par exemple, les enfants ont tendance à surestimer la taille des pièces qui ont la plus grande valeur. Les adultes ont le même défaut. Dans une étude, des étudiants devaient tirer des cartes sur lesquelles étaient imprimées des valeurs allant de trois dollars en trois dollars. Ils gagnaient ou perdaient la somme indiquée par la carte qu'ils avaient tirée. Par la suite, on leur demandait d'évaluer la taille de chaque carte. Alors que toutes ces cartes avaient exactement la même taille, celles qui avaient les valeurs les plus fortes, positives ou négatives, étaient perçues comme plus grandes. Ainsi ce n'est pas forcément l'agrément de quelque chose qui nous le fait paraître plus grand, mais son importance[6].

Comme nous associons inconsciemment taille et statut, il est possible que certains individus aient avantage à substituer l'une à l'autre. Dans certaines sociétés animales, où le statut d'un mâle est déterminé par des rapports de dominance, la taille est un facteur important, car elle détermine le statut social qui sera attribué à chaque mâle[7]. Normalement, lors d'un combat entre deux rivaux, c'est le mâle le plus gros et le plus fort qui l'emporte. Pour éviter les effets néfastes pour le groupe du combat physique, cependant, beaucoup d'espèces ont adopté des procédures où la forme prime sur la force. Les deux mâles s'affrontent dans de spectaculaires démonstrations d'agressivité comportant invariablement des mises en valeur de leur taille. Plusieurs mammifères arquent le dos et hérissent le poil ; les poissons déploient leurs nageoires et font bouillonner l'eau autour d'eux ; les oiseaux font gonfler leurs plumes en les ébouriffant. Très souvent, cette exhibition suffit à faire battre en retraite l'un des matamores, qui abandonne à son rival apparemment plus gros et plus fort la position hiérarchique contestée.

La fourrure, les nageoires, les plumes. N'est-il pas révélateur de voir comment ces matériaux extrêmement légers peuvent être exploités pour donner l'impression de la substance et du poids ? Il y a là deux choses à retenir. L'une concerne l'association entre la taille et le statut. Le rapport établi entre ces deux éléments peut être mis à profit par quiconque affecte le premier pour gagner l'apparence du second. C'est précisément pourquoi les escrocs, même ceux qui ont une taille moyenne, ou supérieure à la moyenne, ont souvent des talonnettes dans leurs chaussures.

L'autre leçon à retenir est plus générale : les signes extérieurs de pouvoir et d'autorité peuvent fréquemment être contrefaits à l'aide des matériaux les plus minces. Revenons le temps d'un exemple au domaine des titres, pour une expérience dont les résultats donnent froid dans le dos. Un groupe de chercheurs, composé de médecins et d'infirmières de trois hôpitaux du Midwest, s'est préoccupé de l'obéissance mécanique qu'accordent généralement les infirmières aux ordres du médecin. Il a semblé aux chercheurs que même les infirmières les plus qualifiées et les plus expérimentées n'utilisaient pas suffisamment leur qualification pour vérifier le bien-fondé des ordres reçus. Au contraire, recevant des directives du médecin, elles se contentaient d'exécuter.

Nous avons déjà vu comment ce phénomène pouvait produire des aberrations comme l'application rectale des gouttes pour les oreilles. Mais les chercheurs du Midwest sont allés plus loin. D'abord, ils voulaient découvrir si de tels faits relevaient de l'exception ou étaient révélateurs d'un phénomène d'ensemble. Ensuite, ils voulaient étudier le problème dans le contexte d'une grave erreur d'ordonnance, en l'occurrence, la prescription d'une dose beaucoup trop forte d'un médicament non autorisé dans un hôpital. Enfin, ils voulaient savoir ce qui se produirait si l'on substituait à la figure d'autorité habituelle une voix inconnue au téléphone, n'offrant que les signes les plus ténus d'autorité : la revendication du titre de « docteur ».

Vingt-deux infirmières, dans différents services de chirurgie, de pédiatrie, et de psychiatrie, furent soumises à cette expérience. Chaque fois, l'un des chercheurs appela par téléphone en se présentant comme un médecin de l'hôpital et demanda à l'infirmière de donner vingt milligrammes d'un médicament (l'Astrogen) à un certain patient hospitalisé dans le service. Il y avait quatre excellentes raisons pour l'infirmière de se montrer prudente dans l'exécution de l'ordre :

1. L'ordonnance était transmise par téléphone, en contravention avec le règlement de l'hôpital.

2. Le médicament lui-même n'était pas autorisé ; l'Astrogen n'avait pas encore reçu d'autorisation de mise sur le marché, et n'était pas inclus dans la liste des médicaments du service.

3. Le dosage prescrit était manifestement excessif et dangereux. D'après la posologie indiquée en toutes lettres sur l'emballage, la dose quotidienne maximale était de dix milligrammes, la moitié de ce qui avait été prescrit.

4. La directive avait été donnée par un homme que l'infirmière n'avait jamais rencontré, vu ou eu au téléphone auparavant.

Pourtant, dans quatre-vingt-quinze pour cent des cas, les infirmières se rendirent sans hésitation à la pharmacie de l'hôpital, où elles prirent le dosage prescrit d'Astrogen et se dirigèrent vers la chambre du patient pour lui administrer le médicament. C'est à ce point de l'expérience qu'elles étaient arrêtées par un observateur qui leur expliquait la nature de l'expérience.

Les résultats sont proprement effrayants. Que quatre-vingt-quinze pour cent des infirmières de l'expérience, toutes attachées à un hôpital, obéissent sans hésitation à des instructions manifestement inappropriées, cela doit donner des motifs d'inquiétude à tous les patients potentiels. D'après l'estimation récente de l'administration, suivant laquelle le taux d'erreur dans les traitements médicamenteux est de douze pour cent, tout séjour de plus d'une semaine dans un hôpital américain nous expose à de telles erreurs. L'étude réalisée dans le Midwest montre en outre que les erreurs ne se limitent pas à l'administration inoffensive de gouttes pour les oreilles et peuvent atteindre des extrémités dangereuses.

Dans leur interprétation de ces résultats troublants, les chercheurs en arrivèrent à une conclusion instructive :

> « Dans une situation réelle correspondant à la situation expérimentale, il y a, en théorie, deux compétences professionnelles, celle du médecin et celle de l'infirmière, qui veillent à ce qu'un acte médical donné soit accompli de manière à bénéficier au malade, ou du moins, à ne pas lui nuire. Cette expérience nous amène à penser, cependant, que l'une de ces deux compétences est, dans la pratique, inopérante[8]. »

Il semble que, devant les directives d'un médecin, les infirmières aient désactivé leur compétence professionnelle et adopté une réaction en forme de déclic. Ni leurs connaissances médicales ni leur expérience professionnelle ne sont intervenues dans leur décision. Au contraire, parce que l'obéissance aux autorités légitimes a toujours été, dans leur environnement, l'attitude la plus efficace et la plus appréciée, elles se sont montrées à la merci de l'erreur médicale par obéissance automatique. Leur réaction d'automate est d'autant plus instructive qu'en l'occurrence elles n'obéissaient pas à une autorité légitime mais à un symbole très aisément contrefait – un simple titre[9].

Les vêtements

Les vêtements sont aussi un symbole d'autorité capable de déclencher une persuasion automatique. Quoique plus tangible qu'un simple titre, le vêtement de l'autorité est aussi facile à contrefaire. Les services de police spécialisés ont très souvent affaire à des escrocs dont l'instrument de travail est leur garde-robe. Changeants comme des caméléons, ils se revêtent du blanc médical, du noir ecclésiastique, du vert militaire ou du bleu policier requis par la situation. Ce n'est qu'après coup que leurs victimes s'aperçoivent que l'habit ne fait pas le moine.

Un ensemble d'études réalisées par le psychologue Leonard Bickman nous donne une indication sur la difficulté de résister à des requêtes formulées par des figures revêtues d'un costume d'autorité. Le procédé utilisé par Bickman consistait à faire certaines requêtes insolites à des passants : leur demander de ramasser un sac en papier qui traîne par terre, ou de se mettre à l'autre bout de l'abri d'autobus. Dans la moitié des cas, le solliciteur, un jeune homme, était habillé normalement ; dans les autres cas, il était revêtu d'un uniforme. Quelle que soit la requête présentée, un nombre beaucoup plus élevé de personnes obéissait au solliciteur quand il portait l'uniforme.

Une version de cette expérience est particulièrement éclairante. L'enquêteur arrêtait des piétons et désignait du doigt un homme debout près d'un parcmètre vingt mètres plus loin. Le solliciteur, soit habillé normalement, soit en uniforme, disait toujours la même chose au piéton : « Vous voyez cet homme à côté du parcmètre ? Il n'a pas de monnaie et il a dépassé le temps de parking. Donnez-lui une pièce de dix cents ! » Le solliciteur s'en allait alors et tournait le coin de la rue, si bien que, quand le piéton arrivait à hauteur du parcmètre, le solliciteur était hors de vue. Le pouvoir de l'uniforme demeurait, cependant, en l'absence de son porteur. Presque tous les piétons suivirent les directives de l'homme en uniforme, alors que moins de la moitié obéit à l'homme en civil. Il faut noter que par la suite, Bickman constata que les étudiants étaient capables d'évaluer avec une assez grande exactitude le pourcentage d'obéissance des sujets d'expérience lorsque le solliciteur portait des vêtements civils (cinquante pour cent, dans leur estimation, quarante-deux pour cent dans l'expérience) ; mais ils sous-estimèrent grandement le pourcentage d'obéissance à l'uniforme (soixante-trois pour cent dans leur estimation, quatre-vingt-douze pour cent dans l'expérience[10]).

Il y a un autre costume qui suggère, quoique plus discrètement, le statut d'autorité : le costume de ville de bonne coupe. Ce costume peut aussi susciter une déférence certaine envers une personne inconnue. Dans une étude réalisée au Texas, par exemple, un homme de trente et un ans traversait, à plusieurs reprises, la rue au feu vert, au mépris du code de la route. Dans la moitié des cas, il était vêtu d'un costume au pli impeccable et portait une cravate ; dans les autres cas, il était en bleu de travail. Les chercheurs observaient la scène de loin, et comptaient le nombre de piétons qui lui emboîtaient le pas. Comme les enfants derrière le joueur de flûte de Hamelin, les piétons furent trois fois et demie plus nombreux à s'engouffrer à la suite du piéton imprudent dans le flot de voitures, fascinés, non par le son de la flûte magique, mais par l'élégance d'un costume[11].

Il se trouve que les deux appareils d'autorité qui ont montré leur influence dans ces études se combinent harmonieusement dans une escroquerie classique. Les cibles de l'escroc peuvent être diverses, avec une préférence toutefois pour les personnes âgées et seules. Lors d'une première étape, un homme vêtu d'un costume trois-pièces des plus classiques vient sonner à la porte de la future victime. Toute son apparence respire la respectabilité. La chemise blanche est amidonnée ; les chaussures noires ont un éclat impeccable. Le costume est d'une sobriété de bon aloi. Les revers ont exactement la largeur adéquate ; le tissu est épais et raide, même au mois de juillet ; les tons sont discrets, bleu sombre, gris sombre, noir.

Il explique à sa victime, par exemple une veuve qu'il a suivie depuis la banque jusque chez elle quelques jours auparavant, qu'étant chargé de contrôler les comptes il a découvert quelques apparentes irrégularités dans les livres. Il pense avoir trouvé le coupable, un employé de la banque qui truquerait les relevés de certains comptes.

Il pense que le compte de la vieille dame pourrait être dans ce cas, mais il n'a pas encore de preuves. Il est donc venu lui demander sa coopération. Accepterait-elle de l'aider, en retirant ses économies afin qu'une équipe de comptables et de responsables de la banque puisse observer comment l'opération est enregistrée par le suspect ?

L'apparence et la bonne présentation du soi-disant vérificateur impressionne souvent la victime, qui ne pense donc pas à vérifier ses allégations par un simple coup de téléphone. Elle se rend à la banque, retire tout son argent, et rentre chez elle, où elle attend, en compagnie du « vérificateur », des nouvelles de la banque. Le message est apporté, après la fermeture des guichets, par un garde de la banque en uniforme ; tout va bien, apparemment le compte de la vieille dame n'a fait l'objet d'aucune manipulation douteuse. Grandement soulagé, le vérificateur remercie la vieille dame avec effusion, et, puisqu'il se trouve que la banque est déjà fermée, il prie le garde de rapporter l'argent dans les coffres de la banque, pour épargner à la cliente la peine d'avoir à le faire le lendemain. Sourires et poignées de main, le garde emporte l'argent et laisse le « vérificateur » exprimer encore tous ces remerciements avant de partir à son tour. Naturellement, comme la victime finit par le découvrir, le garde n'est pas plus un garde que le vérificateur n'est un vérificateur. Ce sont deux escrocs qui ont compris que les uniformes endossés à bon escient avaient le pouvoir de déclencher une réaction conditionnée à l'autorité.

Les accessoires

Outre sa fonction en tant qu'uniforme, le vêtement peut symboliser l'autorité de façon plus diffuse. Les vêtements luxueux et élégants ont une aura de statut et de position sociale, comme certains accessoires tels que les bijoux et les belles voitures. Le dernier de ces symboles de statut a une importance particulière aux États-Unis, où l'« histoire d'amour entre l'Américain et l'automobile » lui donne un poids supplémentaire.

D'après les résultats d'une étude réalisée dans la région de la baie de San Francisco, les possesseurs de belles voitures bénéficient d'une déférence particulière. Les expérimentateurs ont découvert que les automobilistes attendaient significativement plus longtemps avant d'actionner leur avertisseur quand un véhicule de luxe, flambant neuf, restait arrêté au feu vert, que quand c'était une vieille voiture sans prétention. Les automobilistes se montraient peu patients avec le conducteur de la vieille voiture : ils klaxonnèrent presque tous, et pour la plupart, de façon répétée ; deux allèrent jusqu'à emboutir le pare-chocs. L'aura de l'automobile de prestige était si forte, au contraire, que cinquante pour cent des automobilistes attendaient respectueusement derrière la belle voiture, sans toucher à leur Klaxon jusqu'à ce qu'elle s'en aille[12].

Par la suite, les chercheurs demandèrent à des étudiants ce qu'ils auraient fait dans de telles situations. Par rapport aux véritables résultats de l'expérience, les étudiants sous-estimèrent tous le temps qu'il leur faudrait avant de klaxonner derrière la voiture de luxe. Les étudiants de sexe masculin étaient particulièrement peu perspicaces, estimant qu'ils seraient plus prompts à klaxonner l'automobile de luxe que la vieille guimbarde ; l'expérience, naturellement, prouve le contraire. Remarquez la similarité de cette opinion avec beaucoup d'autres liées à l'influence des figures d'autorité. Comme dans l'expérience de Milgram, comme dans l'étude des hôpitaux du Midwest, comme dans l'expérience de l'uniforme, les personnes interrogées étaient incapables de prédire correctement leur réaction, ou la réaction d'autrui, aux pressions exercées par une autorité. Dans chacun de ces cas, l'effet d'influence fut grossièrement sous-estimé. Cette propriété du statut d'autorité explique sans doute une bonne part de son efficacité en tant que procédé de persuasion. Non content d'agir sur notre comportement, il le fait à notre insu.

Comment dire non

L'une des tactiques de protection qui peut être utilisée de façon efficace contre l'influence du statut d'autorité consiste à éliminer l'effet de surprise. Comme nous percevons très mal le profond impact de l'autorité (et de ses symboles) sur nos actions, nous n'y prêtons pas attention au moment de prendre une décision. Notre défense fondamentale est donc de prendre conscience du pouvoir de l'autorité. Si l'on admet également que les symboles d'autorité peuvent être contrefaits avec la plus grande facilité, on dispose d'une défense appropriée dans les cas où ce pouvoir de l'autorité devient une arme d'influence.

Est-ce donc si simple ? En un sens, on peut l'affirmer. Une meilleure compréhension du fonctionnement de l'influence à base d'autorité doit nous aider à résister. Mais il y a une difficulté, inhérente à toutes les armes d'influence : il n'est pas souhaitable de résister systématiquement, ni même dans la majorité des cas. En général, les figures d'autorité savent de quoi elles parlent. Les médecins, les juges, les hauts responsables dans une entreprise, les chefs politiques ont normalement atteint leur haute position grâce à des connaissances supérieures et à un jugement sûr. Leurs directives sont, en règle générale, excellentes. Il faut donc être capable de distinguer facilement les cas où ce que nous souffle l'autorité présente doit être écouté et les cas où il faut résister.

Pour cette manœuvre délicate, il peut être utile de nous poser deux questions. D'abord, chaque fois qu'il nous semble qu'une figure d'autorité tente de nous influencer, demandons-nous : « Cette autorité est-elle vraiment compétente ? » La question est utile car elle nous amène à nous interroger sur deux aspects essentiels : à quel titre cet individu est-il une autorité ? Cela a-t-il un rapport avec la question ? En s'orientant ainsi vers la recherche d'une preuve du statut d'autorité, nous pouvons éviter les pièges de la déférence automatique. Voyons quelques exemples.

Examinons dans cette perspective la publicité pour le café Sanka. Si, au lieu de réagir à l'association entre l'acteur et le personnage du Dr Marcus Welby, les spectateurs avaient pensé aux titres d'autorité auxquels peut prétendre M. Young, je suis sûr que l'annonce aurait eu moins de succès. Il est évident que Robert Young n'a ni formation ni expérience médicale. Nous le savons tous. Ce qu'il possède en revanche, c'est le *titre* de docteur, en tant que « Dr Marcus Welby ». Or il est clair que ce titre ne correspond à rien ; il est simplement associé dans notre esprit à la personnalité de l'acteur, par la magie du cinéma. Cela aussi, nous le savons tous. Mais, fait étrange, quand nous obéissons au déclic, l'évidence n'a aucune importance tant que nous ne faisons pas l'effort d'y prêter attention.

C'est en cela que la question : « S'agit-il véritablement d'une autorité compétente ? » est essentielle. Elle attire notre attention sur l'évidence même. Elle nous fait passer sans effort de symboles dénués de sens aux véritables titres de l'autorité. Plus encore, la question nous oblige à distinguer entre les autorités compétentes et les autorités incompétentes. C'est là une distinction qu'il est facile de perdre de vue quand à la pression d'une autorité se conjugue l'agitation de la vie moderne. Les piétons texans qui se jetaient dans le flot de voitures derrière un inconnu bien habillé en offrent un exemple caractéristique. Même si cet homme avait été du point de vue des affaires l'autorité que semblaient révéler ses vêtements, il était peu probable qu'il fût particulièrement compétent en matière de traversées de rues, ou du moins plus compétent que ceux qui se précipitaient à sa suite.

Pourtant, les autres piétons le suivaient, comme si son étiquette « autorité » masquait la différence essentielle qu'il y a entre autorité compétente et autorité incompétente. S'ils avaient pris la peine de s'interroger sur sa compétence réelle dans la situation présente, de se demander si l'on pouvait lui reconnaître des connaissances particulières en la matière, je gage que le résultat aurait été tout à fait différent. Le même raisonnement peut être tenu concernant Robert Young, homme qui est à bien des égards une véritable autorité. Il a su mener une longue carrière et a connu de nombreux succès dans un métier difficile. Mais s'il est qualifié et compétent, c'est en tant qu'acteur, non en tant que médecin. Lorsque, regardant la célèbre publicité, nous nous interrogerons sur ses véritables titres, nous verrons immédiatement qu'il n'y a aucune raison de le croire davantage qu'aucun autre acteur affirmant que le café Sanka est bon pour la santé.

Supposons maintenant que nous sommes en présence d'une autorité qui, nous l'avons vérifié, représente effectivement une autorité compétente. Avant de se soumettre à l'influence de l'autorité, il serait sage de se poser une deuxième question simple : « Quelle sincérité peut-on attendre de cette autorité en la circonstance ? » Les autorités, même les mieux informées, peuvent ne pas présenter la réalité de façon parfaitement honnête. Nous devons donc nous demander si l'on peut leur faire confiance. De fait, c'est une démarche que nous faisons spontanément. Nous nous laissons beaucoup plus facilement convaincre par les experts qui semblent impartiaux que par ceux qui ont quelque chose à gagner. Le fait a été vérifié dans toutes les régions du globe[13]. En nous demandant dans quelle mesure l'expert va bénéficier de notre consentement, nous nous protégeons contre l'influence automatique et abusive. Même des autorités confirmées dans le domaine concerné ne nous persuadent que si nous sommes certains que leurs messages reflètent fidèlement la réalité.

Pour nous interroger sur l'impartialité d'un individu, nous devons garder à l'esprit une petite tactique de persuasion abondamment utilisée par les praticiens : pour nous convaincre de leur sincérité, ils semblent parler, jusqu'à un certain point, contre leurs intérêts. Menée à bien, cette tactique peut être un moyen subtilement efficace de prouver leur honnêteté. Peut-être vont-ils mentionner un léger défaut de leur position ou du produit. Invariablement, les défauts mentionnés sont secondaires, aisément balayés par des considérations plus importantes : « Listerine, le goût que vous détestez trois fois par jour » ; « Avis : nous sommes les deuxièmes sur le marché, mais ça va changer » ; « L'Oréal, un peu plus cher, et ça en vaut la peine ». En établissant leur sincérité sur des questions mineures, les professionnels de la persuasion qui utilisent ce procédé sont ensuite plus convaincants en ce qui concerne le reste[14].

J'ai vu ce procédé utilisé avec un certain effet en un lieu que peu d'entre nous auraient analysé comme un lieu de persuasion : le restaurant. Aux États-Unis il est de notoriété publique qu'en raison de salaires scandaleusement bas, les serveurs de restaurant doivent compléter leurs revenus par des pourboires. Sans parler de la qualité du service, condition sine qua non d'un bon pourboire, les serveurs et les serveuses connaissent certains trucs pour augmenter leurs pourboires. Ils savent aussi que plus l'addition est élevée, plus les libéralités des clients sont généreuses. Sur ces deux points, par conséquent, faire gonfler l'addition et augmenter le pourcentage de l'addition qui leur sera donné à titre de pourboire, les serveurs ont fréquemment recours à des armes d'influence.

Espérant découvrir comment ils procèdent, j'ai essayé de me faire engager dans plusieurs restaurants de luxe. N'ayant aucune expérience, cependant, le mieux que je pouvais espérer était un travail d'aide-serveur qui, en fait, se révéla très avantageux pour mon propos. Cette place me permettait d'observer et analyser ce qui se passait. Avant longtemps, je compris ce que tous les autres employés savaient depuis longtemps : le serveur le mieux partagé était Vincent, qui arrivait à faire commander plus et gagner plus de pourboires que les autres. Les revenus des autres serveurs n'étaient pas comparables à ceux de Vincent.

Je m'arrangeai donc pour avoir toujours à faire autour des tables que servait Vincent pour observer ses façons de faire. Je me rendis compte, très rapidement, qu'il ne s'en tenait pas à un seul style. Il possédait tout un répertoire, où il puisait à volonté suivant les circonstances. Quand il servait une famille, il se multipliait, faisait un peu le pitre, s'adressait autant aux enfants qu'aux adultes. Quand c'était un couple d'amoureux, il devenait compassé, légèrement impérieux afin d'intimider le jeune homme, auquel il s'adressait exclusivement, et le pousser à se montrer libéral dans sa commande et dans ses pourboires. Avec un ménage d'âge mûr, il restait très compassé, mais abandonnait son air supérieur pour adopter une attitude respectueuse à l'égard du mari et de la femme. Enfin, si le client était seul, Vincent choisissait un registre amical, communicatif et chaleureux.

Mais Vincent réservait aux tablées de huit à douze personnes une démonstration de l'art de paraître parler contre ses intérêts. Sa technique touchait alors au génie. Quand la première personne, normalement une femme, passait sa commande, il commençait son numéro. Quel que soit le plat qu'elle ait choisi, Vincent réagissait de la même façon : il fronçait le sourcil, pianotait sur son bloc-notes, et après avoir regardé autour de lui si le patron du restaurant était dans les parages, il se penchait vers la table, d'un air de conspirateur, et confiait, de façon à être entendu de tous : « Je crains que ce plat ne soit pas aussi réussi ce soir que d'habitude. Puis-je me permettre de vous recommander le… ou encore le… ? » (Vincent citait deux plats légèrement moins chers que celui que la cliente avait choisis initialement.) « Ils sont excellents ce soir. »

Par cette simple manœuvre, Vincent faisait entrer en jeu plusieurs principes d'influence. D'abord, même ceux qui ne suivaient pas son conseil avaient l'impression que Vincent leur avait rendu service en leur donnant une information précieuse sur la carte du jour. Tout le monde lui en était reconnaissant, et par conséquent, la règle de réciprocité jouerait en sa faveur au moment de décider du pourboire. Mais outre qu'elle augmentait le pourcentage qu'il toucherait, la manœuvre de Vincent le mettait en position favorable pour augmenter la taille de la commande. Elle l'établissait en tant qu'autorité sur les ressources de la maison ; Vincent savait ce qui était bon ou non ce soir-là. De plus, et c'est là que sa position apparemment désintéressée devenait profitable, son attitude prouvait qu'on pouvait se fier à lui puisqu'il recommandait des plats légèrement moins chers que la commande initiale. Au lieu d'essayer de pousser à la hausse, il semblait avoir à cœur de défendre les intérêts de ses clients.

Selon toute apparence, il était à la fois compétent et honnête, combinaison qui lui assurait une grande crédibilité. Et Vincent était prompt à exploiter cette image. Quand tout le monde avait commandé, il enchaînait : « Très bien, et me permettez-vous de faire quelques suggestions quant au vin qui accompagnera votre repas ? » Comme j'observais la scène se répéter soir après soir, je remarquai la constance des réactions des clients : des sourires, un hochement de têtes et, la plupart du temps, l'assentiment général.

Même depuis mon poste d'observation, j'étais à même de lire sur leurs visages. « Vous savez certainement ce qui est bon ici, semblaient-ils dire, et vous êtes sans aucun doute de notre côté. Dites-nous ce qu'il faut prendre. » L'air flatté, Vincent, qui s'y connaissait en effet en vins, proposait quelques crus excellents, et coûteux. Il se montrait aussi persuasif au moment de choisir les desserts. Des clients qui seraient passés directement au café ou auraient partagé leur part avec un autre convive se laissaient entraîner par ses descriptions enivrantes de la tarte Alaska ou de la mousse au chocolat. Comment ne pas croire un expert reconnu quand il fait preuve d'une indéniable sincérité ?

En combinant les facteurs de réciprocité et d'autorité en une seule manœuvre d'une élégante simplicité, Vincent était capable d'augmenter le montant de son pourboire, et l'addition sur la base de laquelle celui-ci était calculé. Son style témoignait d'une maîtrise parfaite, mais remarquez qu'une grande part de son profit venait d'un apparent désintéressement, qui était en fait une manière de servir ses intérêts.

TÉMOIGNAGE
d'un jeune homme d'affaires

« Il y a environ deux ans, j'ai essayé de vendre ma vieille voiture car j'en avais déjà acheté une nouvelle. Un jour, je passe devant chez un revendeur et remarque un panneau indiquant "NOUS REVENDONS VOTRE VOITURE PLUS CHER". "Ça tombe bien", me dis-je, et j'entre pour discuter avec le patron. Comme je lui déclarais que je souhaitais obtenir environ trois mille dollars pour ma voiture, il me répondit que je devrais en demander beaucoup plus, vu qu'elle en valait au moins trois mille cinq cents. J'en fus très étonné car, selon son système de dépôt-vente, plus mon prix était élevé, moins sa commission serait importante. Sa proposition revenait donc à se priver d'une partie de son bénéfice. Comme Vincent, le serveur de votre exemple, le marchand de voitures faisait mine d'aller contre ses intérêts, de façon à m'inspirer confiance par son savoir et par son désintéressement ; mais je ne m'en aperçus que bien après. À ce moment là, je m'en tins à son avis et fixai mon prix à trois mille cinq cents dollars.

Après avoir proposé mon véhicule à la vente pendant deux jours, il m'appela pour m'informer qu'un acquéreur potentiel s'était présenté, mais qu'il trouvait le prix un peu trop cher. Serais-je d'accord pour l'abaisser de deux cents dollars ? Persuadé que le revendeur continuait à défendre mes intérêts, j'acceptai. Le lendemain, il me téléphona de nouveau pour me déclarer que l'acquéreur, n'ayant pu obtenir le prêt sur lequel il comptait, se trouvait dans l'impossibilité d'acheter le véhicule. Au cours de la quinzaine qui suivit, le marchand de voitures me rappela encore à deux reprises, en me demandant chaque fois de réduire mon prix de deux cents dollars pour décrocher la vente. Je donnai chaque fois mon accord, toujours convaincu qu'il était de bonne foi. Mais ces deux prétendues ventes échouèrent, elles aussi. Commençant à avoir des soupçons, j'interrogeai un ami à moi, dont la famille travaillait dans le secteur de l'occasion. Il m'expliqua qu'il s'agissait là d'un vieux truc visant à inciter les vendeurs à abaisser leur prix à des niveaux extrêmement bas, ce qui assurait à l'intermédiaire un énorme profit le jour où il concluait enfin le marché.

Fort de ce savoir, je m'en fus récupérer ma voiture chez le revendeur. J'étais déjà au volant qu'il persistait à me convaincre de la lui laisser, arguant qu'il avait en perspective un client "hyper intéressé" qui ne manquerait pas de repartir avec le véhicule, à condition que j'en abaisse encore le prix de deux cents dollars. »

Voilà encore un témoignage de lecteur illustrant l'influence du principe de contraste, associé à celui de l'intérêt primaire. En l'occurrence, une fois le prix de trois mille cinq cents dollars fixé, chaque rabais de deux cents dollars semble modeste, en comparaison.

7

La rareté

La perle rare

Pour aimer, il faut comprendre que l'on pourrait perdre l'objet de son amour.

G. K. CHESTERTON

La ville de Mesa, en Arizona, fait partie de la zone suburbaine de Phoenix, où j'habite. La particularité de Mesa est de compter une population mormone non négligeable, la plus importante au monde après celle de Salt Lake City, et un immense temple mormon situé dans un parc magnifiquement entretenu, en plein centre. J'avais pu apprécier de loin la beauté des jardins et l'architecture du bâtiment, mais je ne m'étais jamais intéressé suffisamment à ce temple pour entrer à l'intérieur, jusqu'au jour où je lus un article de journal. Cet article parlait d'une partie particulière des temples mormons où nul n'a accès s'il n'est un fidèle de l'Église mormone. Même les catéchumènes ne doivent pas la voir. Il y a cependant une exception à la règle. Pendant quelques jours, immédiatement après l'inauguration du temple, les non-membres de la secte sont autorisés à visiter tout le bâtiment, y compris la section normalement interdite.

L'article expliquait que le temple de Mesa venait d'être rénové et que les modifications étaient assez importantes pour que l'église soit considérée comme neuve par les mormons. Ainsi, pendant seulement quelques jours, les non-mormons pourraient visiter la partie du temple qui leur était normalement interdite. Je me souviens parfaitement de l'effet de l'article sur moi : je décidai immédiatement d'aller visiter le temple. Mais quand je téléphonai à un ami pour lui proposer de venir avec moi, je me rendis compte d'un fait qui me fit changer d'avis tout aussi rapidement.

Mon ami déclina l'offre et s'étonna que je me montre si désireux de visiter ce temple. Je dus reconnaître que non, je n'avais jamais éprouvé l'envie de faire cette visite auparavant, que je ne m'inquiétais pas spécialement des questions relatives à la religion mormone, que je ne m'intéressais pas particulièrement à l'architecture religieuse en général, et que je ne m'attendais à trouver quoi que ce soit de plus spectaculaire ou de plus émouvant que dans les divers temples, églises et cathédrales de la région. Tout en parlant, je me rendis compte que ma lubie n'avait pas d'autre cause que celle-ci : si je n'allais pas voir incessamment la partie interdite du temple, je n'en aurais plus jamais l'occasion. Une chose qui, par elle-même, ne m'attirait pas du tout devenait beaucoup plus attrayante simplement parce qu'elle ne serait bientôt plus disponible.

Ce fut ma première rencontre avec le principe de rareté, qui fait que les occasions nous paraissent plus intéressantes lorsqu'elles sont exceptionnelles. J'ai pu remarquer depuis son influence sur une grande partie de mes actions. Ainsi, il m'arrive tous les jours d'interrompre une conversation en tête à tête pour répondre à un appel téléphonique, dont je ne connais pas l'origine. Dans cette situation, le correspondant a une qualité que l'interlocuteur qui est en face de moi n'a pas : une prochaine indisponibilité. Si je ne décroche pas le téléphone, je risque de manquer pour de bon l'appel, et l'information qu'il m'apporte. Peu importe que la conversation en cours soit extrêmement importante ou intéressante, qu'elle m'apporte bien plus que je ne saurais attendre du coup de téléphone moyen. À chaque sonnerie, le temps qui me reste pour saisir l'occasion de parler à ce correspondant inconnu diminue. C'est pour cette raison qu'à ce moment précis, l'appel téléphonique m'est plus précieux que la conversation en cours.

L'idée de perte potentielle joue un rôle considérable dans la prise de décisions. En fait, nous semblons plus motivés par la crainte de perdre une chose que par la perspective d'en gagner une autre, de valeur égale. Par exemple, les propriétaires à qui on indique le coût d'une isolation inadéquate de leur maison sont plus susceptibles d'effectuer les travaux nécessaires que ceux qu'on informe des économies qu'ils pourraient en tirer.

Des recherches menées dans le domaine médical ont abouti à des résultats semblables : les prospectus incitant les femmes à s'auto-examiner dans le cadre de la prévention du cancer du sein s'avèrent beaucoup moins efficaces lorsqu'ils soulignent les bénéfices de cette précaution (« En consacrant juste cinq minutes par mois à l'auto-examen de vos seins, vous mettez plusieurs atouts de votre côté. ») que quand ils évoquent ce que les femmes ont à y perdre (« En négligeant ce simple examen, qui ne prend que cinq minutes par mois, vous risquez de vous priver de plusieurs atouts[1]. »).

Les collectionneurs en tout genre, que leur passion soit les cartes de base-ball ou d'antiquités, ont une conscience aiguë de l'influence du principe de rareté sur la valeur d'un article. En règle générale, si l'objet est rare ou se raréfie, il a plus de valeur. À cet égard, le phénomène de l'« erreur précieuse » sur le marché des collectionneurs est révélatrice. Les objets présentant un défaut, comme un timbre mal imprimé ou une pièce de monnaie mal frappée sont parfois les plus prisés. Ainsi, le timbre portant un portrait de George Washington avec trois yeux est anatomiquement erroné, esthétiquement peu réussi, et pourtant extrêmement recherché. Il y a là un paradoxe intéressant ; les imperfections qui semblent vouer un objet au rebut lui confèrent une grande valeur du simple fait qu'elles supposent la rareté.

Le principe de rareté agissant si vigoureusement sur la valeur que nous attribuons aux choses, il est naturel que les professionnels de la persuasion cherchent à l'appliquer à leur façon.

Sans doute l'usage le plus direct du principe de rareté se produit dans la tactique de la « quantité limitée », dans laquelle le consommateur est informé que l'approvisionnement futur d'un certain produit n'est pas garanti. À l'époque où je m'informais des stratégies de persuasion en infiltrant différents organismes, j'ai vu employer ce système dans toutes sortes de situations. « Il n'y a plus que cinq décapotables avec ce moteur dans l'État. Et quand elles seront vendues, c'est terminé ; nous ne faisons plus ce modèle. » « C'est l'un des deux seuls terrains qui nous restent dans tout le lotissement. Vous ne voudriez pas de l'autre, il est très mal exposé. » « Vous feriez bien d'en acheter une caisse supplémentaire aujourd'hui parce qu'il y a des problèmes à la production et on ne peut pas savoir quand nous serons livrés. »

Parfois l'information était vraie, parfois, c'était pure invention. Mais dans tous les cas, l'intention était de convaincre les clients de la rareté d'un article et par là d'augmenter sa valeur à leurs yeux. Je dois admettre, à contrecœur, une certaine admiration envers les praticiens qui appliquaient ce procédé simple avec une grande variété de formes et de styles. Je fus particulièrement impressionné, cependant, par une des versions de la méthode qui poussait le principe jusqu'à ses limites logiques, puisqu'elle consistait à vendre une marchandise à son point de rareté maximum, quand elle n'était prétendument plus disponible. La tactique était maîtrisée à la perfection dans un magasin d'électroménager où je menais mon enquête. Supposons qu'un couple semble, de loin, assez intéressé par un certain article. Il y a toutes sortes d'indices qui révèlent cet intérêt : ils examinent l'objet un peu plus attentivement que les autres clients, ils feuillettent le mode d'emploi, discutent devant l'appareil mais ne font pas appel aux vendeurs. Après avoir observé leur manège, un vendeur s'approche : « Je vois que vous êtes intéressés par ce modèle, et c'est bien naturel ; c'est une machine fabuleuse, à un prix exceptionnel. Mais malheureusement, je l'ai vendue à d'autres clients il y a tout juste vingt minutes. Et il me semble bien que c'était le dernier exemplaire que nous ayons en stock. »

Les clients, immanquablement, montrent leur désappointement. N'étant plus disponible, l'appareil devient subitement plus désirable. L'un des clients ne manque pas de demander s'il ne reste pas un appareil dans la réserve. « Eh bien, concède le vendeur, c'est possible et je veux bien vérifier. Mais dois-je comprendre que c'est le modèle que vous désirez et que si je peux vous l'avoir au même prix, vous le prenez ? » C'est là, la grande force de la technique. Les clients sont priés de s'engager à acheter l'appareil au moment où il semble non disponible, et donc, désirable. Beaucoup de clients acceptent d'acheter à cet instant de vulnérabilité maximum. Ensuite, quand le vendeur revient (invariablement) avec la nouvelle que l'appareil est disponible en réserve, il a déjà en main le contrat de vente et la plume. L'information que le modèle est disponible peut de nouveau rendre celui-ci moins intéressant aux yeux des clients[2]. Mais à ce moment-là, la transaction est engagée trop avant pour que, en général, ils puissent revenir sur leur parole. La décision d'achat, étant déjà acquise et annoncée publiquement, à un moment décisif, les engage. Ils achètent.

Apparentée à cette technique de rationnement, la technique du délai, elle, place des limites temporelles à la disponibilité de l'objet. Tout à fait comme dans mon expérience avec le temple mormon, les individus se trouvent alors amenés à faire quelque chose qui ne les intéresse pas particulièrement, simplement parce qu'il leur reste peu de temps pour le faire. Le bon commerçant annonce à grand renfort de publicité des délais limités pour l'achat, afin d'éveiller un intérêt jusque-là inexistant. Des exemples de cette technique se trouvent en abondance dans la publicité pour les films. J'ai même vu un théâtre dont l'affiche arrivait à évoquer le principe de rareté trois fois sans se répéter : « En exclusivité, représentations exceptionnelles, dernières soirées ! »

Il y a une variante particulièrement appréciée par

les adeptes de l'intimidation, parce qu'elle impose le délai dans sa forme la plus pure, en poussant à un achat immédiat. Les clients s'entendent dire qu'à moins de décider d'acheter immédiatement, ils devront payer plus cher ou même ne pourront pas acheter du tout. Le futur membre d'un club de loisirs, l'acheteur d'une automobile apprend que l'offre que lui fait le vendeur n'est valable qu'immédiatement ; une fois que le client a quitté le magasin, la proposition ne tient plus. Une société de photographie spécialisée dans les portraits d'enfants presse les parents de commander autant de poses et de copies qu'ils le peuvent car « des limitations de stock nous obligent à brûler dans les vingt-quatre heures les photos invendues ». Un démarcheur de magazine dira que ses collègues et lui ne passent dans le quartier que le jour même ; après cela, ils s'en iront, emportant avec eux la possibilité pour le client d'acheter leur produit. Une société d'aspirateurs que j'ai infiltrée recommandait à ses employés de prétendre qu'ils avaient tant de clients à visiter qu'ils ne visitaient chaque famille qu'une fois. « C'est la politique de ma société ; même si vous vous décidez après coup à acheter cet appareil, je ne peux pas revenir vous la vendre. » Cette affirmation est, bien sûr, absurde. L'objectif de la société et de ses représentants est de vendre, et on serait ravi qu'un client demande un deuxième passage du représentant. Comme le chef des ventes de la société l'expliquait aux apprentis vendeurs, cette impossibilité de revenir n'a en réalité rien à voir avec l'organisation du planning. Le but est de « ne pas laisser aux clients le temps de réfléchir, et de leur faire croire qu'ils ne pourront pas profiter de l'affaire plus tard, ce qui leur fait désirer de la conclure tout de suite ».

ESCROQUERIE
Peter Kerr, *The New York Times*

NEW YORK – Daniel Gulban ne comprend pas comment se sont volatilisées les économies de toute une vie.

Il se souvient de la voix persuasive d'un vendeur au téléphone. Il se souvient d'avoir rêvé d'une fortune en pétrole et en métal argent. Mais à ce jour, cet employé municipal à la retraite, âgé de quatre-vingt-un ans, ne comprend pas comment des escrocs l'ont persuadé de se séparer de dix-huit mille dollars.

« Je voulais seulement améliorer mes vieux jours, dit Gulban. Quand j'ai découvert la vérité, j'en ai perdu l'appétit et le sommeil. J'ai perdu quinze kilos. Encore maintenant, je n'arrive pas à croire que j'aie pu faire une chose pareille. »

Gulban a été victime de ce que la police appelle le « truc de la salle des machines », dans lequel des dizaines d'opérateurs pendus au téléphone sont rassemblés dans une petite pièce, où ils appellent chaque jour des milliers de clients. Ces sociétés extorqueraient des centaines de millions de dollars chaque année à des clients sans méfiance, selon une commission d'enquête du Sénat, qui a publié l'année dernière un rapport sur la question.

« Ils utilisent une adresse à Wall Street, pour impressionner, et toutes sortes d'allégations mensongères pour inciter les gens à mettre leur argent dans des placements aux noms ronflants », accuse Robert Abrams, le procureur de l'État de New York, qui depuis quatre ans, a engagé des poursuites dans plus d'une douzaine d'affaires de ce genre. « Les victimes se laissent parfois convaincre d'investir toutes leurs économies. »

Orestes J. Milhaly, responsable du Bureau des valeurs mobilières et de protection des investisseurs, affirme que ces sociétés opèrent souvent en trois temps. Il y a d'abord une prise de contact par téléphone. Le correspondant se présente comme venant d'une société dont le nom et l'adresse inspirent confiance. Il se contente de demander au client potentiel de bien vouloir recevoir la publicité de la société.

Dans un deuxième appel, toujours selon Milhaly, le représentant parle des grands profits qui peuvent être réalisés dans l'affaire, mais annonce au client qu'il n'est plus possible d'investir. Un troisième appel donne au client la possibilité de participer à l'affaire, s'il se décide sur-le-champ.

D'après Milhaly, « l'astuce consiste à agiter une carotte devant le nez de l'acheteur, puis à la lui enlever. L'objectif est de lui faire acheter au plus vite, sans réfléchir ». Parfois, nous dit Milhaly, le vendeur, au troisième appel, parle d'une voix essoufflée, et explique au client qu'il « était à l'instant à la corbeille ».

Ces tactiques ont amené Gulban à se séparer de toutes ses économies. En 1979, un inconnu l'a appelé par téléphone à plusieurs reprises, et l'a persuadé de faire un virement de mille sept cent cinquante-six dollars à New York pour acheter de l'argent. Après une autre série de coups de téléphone, le représentant lui a fait acheter six mille dollars de pétrole brut. Enfin, Gulban fit un troisième virement de neuf mille sept cent quarante dollars, mais il ne toucha jamais aucun bénéfice.

« Ça m'a serré le cœur. Je n'étais pas cupide, je voulais seulement adoucir mes vieux jours. »

Gulban n'a jamais revu son argent.

Remarquez comment le principe de rareté est employé dans le deuxième et le troisième appel pour que M. Gulban « achète au plus vite sans réfléchir ». Clic ***(Source : Peter Kerr,*** **The New York Times.*)***

La réactance psychologie

Les faits sont concluants. L'utilisation de la rareté en tant qu'arme d'influence est fréquente, systématique et diversifiée. S'il en est ainsi, nous pouvons être sûrs que le principe considéré a un grand pouvoir sur les comportements individuels. Dans le cas du principe de rareté, ce pouvoir s'appuie principalement sur deux phénomènes. Le premier nous est familier. Comme les autres armes d'influence, le principe de rareté repose sur notre manie des raccourcis. Cette manie est, nous l'avons vu, très *raisonnable*. En l'occurrence, sachant que les choses qu'il est difficile de se procurer sont normalement plus intéressantes que celles qu'on peut avoir facilement, nous pouvons dans bien des cas nous faire rapidement une assez bonne idée de la qualité d'un objet d'après sa disponibilité. Ainsi, une des raisons de la puissance du principe de rareté, c'est qu'il est en général de bon conseil[3].

De plus, le principe de rareté possède une autre force qui lui est propre : au fur et à mesure que l'objet devient moins disponible, nous perdons une partie de notre liberté. Or s'il y a une chose que nous avons *en horreur*, c'est de perdre une liberté qui nous était acquise. Ce désir de préserver nos privilèges est le fondement de la théorie de la réactance psychologique exposée par Jack Brehm, théorie qui explique la réponse donnée par un individu à une perte d'autonomie. D'après cette théorie, chaque fois que notre liberté de choix se trouve limitée ou menacée, nous y attachons soudain plus de prix, et nous estimons davantage les biens qui y sont liés. C'est pourquoi, lorsqu'un objet quelconque se raréfie, ou que quelque autre cause nous empêche de l'obtenir, nous réagissons contre ces forces contraires en désirant et en recherchant davantage cet objet[4].

Pour simple que paraisse cette théorie, elle n'en concerne pas moins une grande partie de l'environnement social. Depuis les émotions de l'enfance jusqu'aux combats révolutionnaires en passant par les tractations du marché, il y a bien des comportements qui s'expliquent par le ressort de la réactance psychologique. Avant de nous lancer dans cet examen, toutefois, il serait bon de savoir quand se manifeste chez un individu le désir de combattre les restrictions à sa liberté.

Les psychologues de l'enfance font remonter la première manifestation de ce désir à la troisième année de l'enfant, année redoutée des parents, car c'est celle de la classique « crise d'opposition ». La plupart des parents voient apparaître chez leur enfant, à cet âge, une humeur particulièrement contrariante. Les enfants de deux ans semblent particulièrement aptes à résister à toutes les pressions extérieures, et en particulier parentales. Vous leur dites de faire quelque chose, ils font le contraire ; prenez-les sur vos genoux contre leur gré, ils s'agitent jusqu'à ce que vous les reposiez par terre ; reposez-les par terre contre leur gré, et ils s'accrochent à vous et refusent de descendre.

Cette attitude a été très bien mise en évidence par une étude réalisée en Virginie sur des petits garçons âgés approximativement de vingt-quatre mois. Les enfants accompagnés de leur mère étaient conduits dans une pièce où se trouvaient deux jouets également attractifs. Les objets étaient invariablement disposés, l'un derrière une barrière de Plexiglas et l'autre devant. Pour certains enfants, la barrière de Plexiglas ne faisait que trente centimètres de haut ; ce n'était donc pas un véritable obstacle puisque l'enfant pouvait facilement passer la main par-dessus la barrière. Pour les autres, cependant, la barrière était haute de soixante centimètres, ce qui obligeait l'enfant, pour avoir accès à l'objet disposé derrière, à contourner l'obstacle. Les chercheurs voulaient savoir quel temps il faudrait aux enfants pour toucher les jouets dans ces conditions. Les résultats furent très clairs. Quand la paroi de Plexiglas était trop basse pour barrer l'accès à l'objet disposé derrière, les enfants ne montraient aucune préférence pour aucun des deux objets ; en moyenne, le jouet situé devant la barrière était manipulé aussi rapidement que l'autre. Mais quand la barrière était assez haute pour former un obstacle véritable, les enfants se dirigeaient tout de suite vers l'objet le moins accessible, qu'ils touchaient trois fois plus rapidement que l'autre. Dans l'ensemble, les sujets de l'expérience manifestèrent, devant une limitation de leur liberté, l'attitude classique des enfants de cette âge : une opposition ouverte[5].

Pourquoi la réactance psychologique apparaît-elle à l'âge de deux ans ? C'est sans doute que l'enfant franchit alors une étape décisive du développement de sa personnalité. Pour la première fois, il se perçoit en tant qu'individu. Il ne se considère plus comme une extension de son environnement social, mais bien comme un être singulier, possédant une identité distincte[6]. Cette idée naissante d'autonomie va de pair avec une conscience de sa liberté. Un être indépendant est un être qui choisit ; l'enfant qui vient de découvrir qu'il est un être indépendant cherche donc à explorer le champ du possible. Il ne faut pas être dérouté par l'esprit de contradiction déployé par notre enfant de deux ans. De nouvelles et exaltantes perspectives s'ouvrent à lui, qui vient de se découvrir en tant qu'être autonome. Des questions essentielles se posent à son esprit, sur la volonté, l'autorité et la dépendance. La tendance à lutter pour chacune de ses libertés et contre toutes les restrictions à sa liberté peut s'analyser comme une recherche d'information. En explorant les limites extrêmes de sa liberté (et du même coup, de la patience de ses parents), l'enfant découvre les limites de sa souveraineté et de sa dépendance. Comme nous le verrons plus tard, il vaut mieux que l'information donnée par les parents à cet égard soit parfaitement cohérente.

Si la troisième année de l'enfant est par excellence l'âge de la réactance psychologique, cette tendance à se rebeller contre toute atteinte à sa liberté d'action se manifeste tout au long de la vie. Il y a pourtant un âge où la tendance est plus marquée : l'adolescence. Les adolescents ressentent eux aussi l'émergence de leur individualité. Dans ce cas, il s'agit d'abandonner le rôle de l'enfant, avec toute la dépendance vis-à-vis des parents que celui-ci suppose, et d'assumer le rôle adulte, avec tous les droits et les devoirs correspondants. Comme on peut s'y attendre, les adolescents s'intéressent surtout aux droits qu'ils ont le sentiment d'acquérir en tant que jeunes adultes. Comme on peut également s'y attendre, il est complètement inefficace d'imposer à ce moment une autorité parentale traditionnelle. Que ce soit par la ruse ou par une opposition ouverte, l'adolescent échappera à toutes ces tentatives autoritaires.

Rien n'illustre mieux l'effet de boomerang produit par cette autorité imposée sur les adolescents que le phénomène dit de « Roméo et Juliette ». Comme on sait, Roméo Montaigu et Juliette Capulet sont des personnages de Shakespeare qui connaissent un destin tragique, leur amour étant rendu impossible par une querelle entre leurs deux familles. Déjouant tous les efforts déployés par leurs parents pour les séparer, les adolescents se réunissent dans une ultime assertion de leur libre arbitre, un double suicide.

L'intensité des sentiments du couple, qui l'amène à une solution extrême, a toujours fait l'étonnement des critiques de la pièce. Comment un amour si fort peut-il naître si rapidement chez deux êtres si jeunes ? Si on a l'âme romantique on peut parler d'un amour rare et absolu. Un psychologue pourrait cependant souligner le rôle de l'intervention des parents et la réactance psychologique qu'elle peut produire. Peut-être la passion de Roméo et Juliette n'était pas à l'origine dévorante au point de transcender les obstacles opposés par les familles. Peut-être, au contraire, était-elle nourrie par cette opposition. Ne pourrait-on penser que si les jeunes gens avaient été laissés à eux-mêmes, leur passion dévorante n'aurait été qu'une amourette juvénile ?

Comme il s'agit d'une histoire imaginaire, ce genre de question reste purement spéculatif, et les réponses ne peuvent être que des hypothèses. Cependant, on peut s'interroger avec plus de raison sur les modernes Roméo et Juliette. Les couples en butte à l'opposition de leurs familles y réagissent-ils en s'engageant plus avant dans la relation de couple et en éprouvant des sentiments peut-être plus profonds ? D'après une étude réalisée sur cent quarante couples du Colorado, c'est exactement ce qui se passe. De fait, les chercheurs ont montré que, bien que l'opposition parentale aille de pair avec certains problèmes dans le couple (les partenaires ont davantage tendance à se voir d'un œil critique et à signaler des comportements négatifs chez l'autre), elle contribue à conforter l'amour et le désir de mariage du couple. Pendant le courant de l'étude, au fur et à mesure que l'opposition parentale s'accentuait, le couple était plus soudé, et quand l'opposition faiblissait, les sentiments réciproques avaient tendance à refroidir[7].

Si l'effet « Roméo et Juliette », reproduit chez des jeunes de notre époque, peut sembler charmant – à des observateurs extérieurs –, d'autres manifestations de la réactance adolescente confinent au tragique. Pendant plus de dix ans, les publicités d'une marque américaine de cigarettes véhiculèrent l'idée selon laquelle les femmes avaient « parcouru un long chemin » depuis le temps où les normes sociales exigeaient qu'elles ne se départissent jamais d'une attitude convenable et réservée. De nos jours, sous-entendaient ces campagnes, une femme ne doit plus voir son indépendance entravée par des contraintes phallocrates qui la privent, notamment, de la liberté de fumer. Le message a-t-il réussi à inciter le public ciblé à se rebeller contre ces interdictions désormais dépassées ? Une étonnante statistique apporte une déplorable réponse à cette question : pendant la période couverte par cette campagne de longue durée, le pourcentage de fumeurs ne s'est élevé que parmi un seul groupe démographique, dans la population américaine : les adolescentes.

Pour les enfants de deux ans, pour les adolescents, la réactance psychologique traverse tout le champ de leur expérience comme un torrent. Pour la plupart d'entre nous, c'est plutôt une eau calme et souterraine, qui ne jaillit soudain à la lumière qu'occasionnellement. Cependant, ces éruptions se manifestent de différentes façons qui peuvent intéresser, non seulement le psychologue, mais le législateur et le politique.

Ainsi, on peut citer le cas de Kennesaw, en Géorgie, la ville où fut promulguée, le 1er juin 1982, une loi obligeant tous les adultes résidents à posséder une arme à feu et des munitions, sous peine de six mois de prison et d'une amende de deux cents dollars. Toutes les caractéristiques de cette loi sur les armes à feu faisaient de Kennesaw le terrain idéal pour un phénomène de réactance psychologique : la liberté que restreignait cette loi est une liberté fondamentale reconnue depuis toujours, à laquelle tous les Américains sont attachés. De plus, la loi fut édictée par le conseil municipal avec un minimum de concertation. La théorie de la réactance psychologique permettait de prévoir que dans ces conditions, il n'y aurait qu'une faible partie des cinq mille quatre cents habitants pour se conformer à la loi. Pourtant les journaux annoncèrent que trois ou quatre semaines après le vote de cette loi, les ventes d'armes à Kennesaw étaient, si l'on ose dire, en plein boom.

Comment peut-on expliquer ces faits en contradiction apparente avec le principe de réactance psychologique ? En examinant de plus près l'identité des acheteurs. Les marchands d'armes de Kennesaw, interrogés, révélèrent que les amateurs d'armes n'étaient pas des résidents de la ville, mais des visiteurs, pour la plupart attirés par la publicité pour l'achat d'une première arme à Kennesaw. Donna Green, propriétaire d'un magasin décrit par un journal comme un « supermarché des armes », en témoigne : « Les affaires marchent très bien. Mais il n'y a quasiment que des gens venus d'ailleurs qui achètent. Nous n'avons eu que deux ou trois personnes de la ville qui ont acheté une arme pour se conformer à la loi. » Après le vote de cette loi, la vente des armes était effectivement en plein essor à Kennesaw, mais les acheteurs n'étaient pas les individus visés par la loi, qui, eux, se montraient unanimement rétifs. Seuls les individus dont cette loi ne restreignait pas la liberté avaient eu envie de s'y conformer.

On avait pu observer une situation similaire dix ans auparavant, plusieurs centaines de kilomètres au sud de Kennesaw, lorsque le comté de Dade, où se trouve Miami, imposa une réglementation antiphosphates, interdisant l'utilisation, et même la possession de lessives contenant des phosphates. Une étude sur l'impact de la loi a montré deux réactions similaires de la part de résidents de Miami. D'abord, suivant en cela une tradition ancestrale, nombre d'habitants de Miami se lancèrent dans la contrebande. Parfois en compagnie de voisins et d'amis, constitués en « caravanes de lessives », ils allaient dans les comtés voisins charger leurs voitures de détergents aux phosphates. On se mit bientôt à accumuler des stocks, et dans la frénésie qui caractérise les périodes de pénurie, certaines familles se vantaient de posséder des réserves de lessive pour vingt ans.

La deuxième réaction provoquée par la loi fut moins visible, mais plus générale que l'expansion de la contrebande et l'accumulation de réserves. Poussés à désirer ce qu'ils ne pouvaient plus obtenir, la majorité des consommateurs de Miami se mirent à considérer les produits aux phosphates comme meilleurs qu'auparavant. Par comparaison avec les habitants de Tampa, qui n'étaient pas touchés par la réglementation du comté de Dade, les citoyens de Miami avaient une meilleure opinion des détergents aux phosphates, estimant qu'ils étaient plus doux, lavaient mieux en eau froide, donnaient un linge plus blanc et plus frais, et attaquaient mieux les taches. Après le vote de la loi, ils étaient même convaincus que les détergents aux phosphates étaient plus liquides que ne l'estimaient les consommateurs de Tampa[8].

Ce genre de réaction est typique des individus qui ont perdu une liberté acquise ; elle permet de mieux comprendre comment la réactance psychologique et la rareté agissent sur nous. Quand notre liberté se trouve limitée dans un certain domaine, nous ressentons un désir accru d'obtenir les objets qui nous sont devenus inaccessibles. Pourtant, nous n'avons pas conscience en général que c'est la réactance psychologique qui nous les fait désirer davantage ; nous avons seulement conscience de notre désir. Nous devons cependant justifier notre sentiment, et nous commençons alors à attribuer à l'objet toutes sortes de qualités. Il n'est d'ailleurs que naturel de supposer que si l'on se sent attiré par quelque chose, c'est en raison de ses mérites. Dans le cas de la loi antiphosphates du comté de Dade, comme dans d'autres cas de disponibilité limitée, la supposition est erronée. Les détergents aux phosphates ne lavent ni plus ni moins blanc une fois qu'on les a interdits. S'ils s'élèvent dans notre estime, c'est seulement parce que nous sentons que nous les désirons davantage.

La tendance à désirer ce qui est interdit et à lui attribuer par conséquent toutes sortes de vertus ne se limite pas au domaine des lessives. Elle ne se limite d'ailleurs pas au domaine de la consommation puisque le même phénomène se produit en cas de restrictions à l'information. À une époque où la faculté d'obtenir, d'emmagasiner et de gérer l'information est de plus en plus un facteur déterminant de richesse et de pouvoir, il est important de comprendre comment nous réagissons aux tentatives de censure, ou de restriction de l'information. On dispose de beaucoup de données sur nos réactions à ce qui fait ordinairement l'objet d'une censure, comme la violence médiatisée, la pornographie, les discours extrémistes, mais il y en a, curieusement, très peu sur notre réaction à l'acte de censure en lui-même. Heureusement, les résultats des quelques études réalisées sur ce sujet sont concordants. Presque invariablement, notre réaction devant une restriction de l'information est de désirer davantage obtenir cette information et de la voir de façon plus positive qu'auparavant[9].

Ce qui semble curieux, ce n'est pas que le public désire plus que jamais avoir accès à l'information ; ce sentiment semble assez naturel. C'est plutôt que la censure l'amène à croire davantage à cette information, même s'il n'en a pas eu connaissance. Ainsi, quand des étudiants de l'Université de Caroline du Nord apprirent qu'un discours contre la mixité des cités universitaires avait été interdit, ils devinrent plus opposés à l'idée de mixité. Ainsi, sans avoir seulement entendu le discours, ils étaient favorables à la thèse. Cela ouvre des perspectives inquiétantes : les tenants de positions insoutenables ou peu populaires peuvent habilement nous rallier à leurs positions en s'arrangeant pour que leur message soit censuré. Paradoxalement, pour de telles gens, par exemple, les membres de groupes politiques marginaux, la stratégie la plus efficace peut être, non pas de faire connaître leurs opinions controversées, mais de faire en sorte de subir une censure officielle, puis de faire connaître la censure. Peut-être les auteurs de la Constitution américaine agissaient-ils autant en sociopsychologues qu'en défenseurs des libertés civiles lorsqu'ils rédigèrent la très libérale disposition concernant la liberté de parole dans le Premier Amendement. En refusant de restreindre la liberté de parole, ils souhaitaient peut-être empêcher que de nouvelles théories politiques gagnent l'adhésion des citoyens par le truchement irrationnel de la réactance psychologique.

Les idées politiques ne sont pas les seules cibles de la censure. L'accès aux documents touchant à la sexualité est souvent prohibé ; d'où les descentes de police opérées occasionnellement sur les librairies et les salles de spectacles « pour adultes » ; ou, moins sensationnelles, les pressions exercées sans relâche par les parents et les groupes de citoyens pour expurger de tout contenu sexuel les documents proposés aux élèves, pressions visant aussi bien les manuels qui traitent d'hygiène ou d'éducation sexuelle que les livres disponibles dans les bibliothèques scolaires. Les deux partis qui s'opposent dans ces affaires sont également pleins de bonnes intentions, et la question n'est pas simple, car elle touche à des domaines aussi délicats que la moralité, l'art, le pouvoir des parents sur l'école, et les libertés définies dans le Premier Amendement. Mais d'un point de vue purement psychologique, les partisans d'une stricte censure devraient peut-être examiner de plus près les résultats d'une étude menée auprès d'étudiants de l'Université de Purdue[10]. On soumettait à ces étudiants des publicités pour un roman. Pour la moitié des étudiants, la version qu'ils avaient sous les yeux comportait la mention « livre destiné aux adultes exclusivement, interdit aux moins de vingt et un ans » ; pour les autres étudiants, la publicité ne comportait aucune restriction d'âge. Quand les chercheurs, par la suite, demandèrent aux étudiants de donner leur sentiment sur ce livre, ils constatèrent deux réactions identiques à celles que nous avons déjà vues plus haut : ceux qui avaient été informés de la restriction d'âge 1) désiraient davantage lire le livre, et 2) croyaient plus volontiers que le livre leur plairait.

On pourrait toujours soutenir que si ces résultats sont probants en ce qui concerne un petit échantillon d'étudiants déjà adultes, ils ne concernent pas les lycéens, qui sont le véritable enjeu de la bataille antisexe menée actuellement. D'abord, la psychologie nous enseigne qu'en tant qu'attitude permanente, la tendance à s'opposer à l'autorité adulte se manifeste très tôt chez l'adolescent, dès l'âge de douze-treize ans. Il n'est pas besoin d'observer les comportements de façon scientifique pour remarquer la naissance précoce des tendances rebelles. Shakespeare, disent les spécialistes, donnait à Roméo et Juliette quinze et treize ans, respectivement. Ensuite, les réactions observées chez les étudiants de Purdue n'ont rien d'unique, et ne peuvent être attribuées à quelque intérêt particulier pour les questions sexuelles qui serait spécifique aux étudiants. La réaction se produit quelle que soit la nature de la restriction imposée de l'extérieur. Limiter l'accès au livre avait le même effet qu'interdire les détergents aux phosphates en Floride ou censurer un discours en Caroline du Nord. Chaque fois, les personnes concernées désiraient davantage l'article en question, et par conséquent, le considéraient d'un œil plus favorable.

Les partisans d'une interdiction officielle de tout document traitant de questions sexuelles dans les programmes scolaires ont pour objectif de détourner la société, et particulièrement la jeunesse, de l'érotisme. À la lumière de l'étude de Purdue et d'autres recherches sur l'effet des restrictions autoritaires, on peut se demander si la censure officielle n'est pas en contradiction avec cet objectif. Si l'on tire les conséquences des résultats obtenus, la censure va augmenter chez les élèves le désir de livres à contenu sexuel, et les amener à se considérer eux-mêmes comme faisant partie du genre de personnes qui aiment ce genre de choses.

Le terme « censure officielle » fait penser aux interdictions d'ordre moral ou politique. Pourtant il y a une autre forme de censure officielle que nous ne considérons pas comme telle, sans doute parce qu'elle intervient après coup. Il arrive fréquemment que soient exposés devant un jury populaire des faits ou des témoignages, qui sont immédiatement déclarés irrecevables par le président du tribunal, qui par la suite recommande aux jurés de ne pas tenir compte de ces faits. En cela, le juge peut être considéré comme un censeur, bien que la forme que prend cette censure soit particulière. Ce n'est pas la divulgation de l'information qui est prohibée – il est déjà trop tard pour cela –, c'est l'utilisation de cette information par le jury. Quelle est l'efficacité de ces instructions du juge ? Est-il possible que, pour des jurés qui se sentent en droit d'utiliser toutes les informations disponibles, la déclaration d'irrecevabilité puisse provoquer une réactance psychologique, et les amener à utiliser davantage cette information ?

C'étaient là quelques-unes des questions posées dans

un ambitieux projet de recherches sur les jurys proposé par l'Université de Chicago (University of Chicago Law School). L'une des raisons pour lesquelles les résultats de cette expérience sont si intéressants est que les sujets étaient tous réellement membres d'un jury populaire au moment de l'étude et avaient accepté de participer aux « jurys expérimentaux » formés par les chercheurs. Ces jurys expérimentaux entendirent des enregistrements d'audience, pris d'après de véritables procès. Puis ils délibérèrent comme s'ils jugeaient réellement l'affaire. Dans la partie de l'étude qui se rapporte à notre propos, trente jurys entendirent exposer une affaire ; il s'agissait d'une femme qui avait été blessée par une voiture à la suite d'une imprudence du conducteur. Le premier résultat de l'expérience fut sans surprise. Quand le conducteur déclarait qu'il avait une assurance de responsabilité civile, les jurés, décidant du montant des dommages-intérêts, accordaient en moyenne quatre mille dollars de plus à la victime que s'il disait ne pas avoir d'assurance (trente-sept mille dollars dans un cas, trente-trois mille dollars dans l'autre). Ainsi, comme le soupçonnent depuis longtemps les compagnies d'assurances, les jurés accordent aux victimes des réparations plus généreuses si c'est une compagnie d'assurances qui sera amenée à payer. Mais c'est un deuxième résultat de l'expérience qui nous intéresse. Si, le conducteur déclarant être assuré, le juge déclarait cette information irrecevable, demandant au jury de ne pas en tenir compte, sa recommandation avait l'effet opposé, de sorte que les réparations s'élevaient en moyenne à la somme de quarante-six mille dollars. Ainsi quand certains jurys apprenaient que le conducteur était assuré, ils augmentaient les dommages-intérêts de quatre mille dollars. Mais quand d'autres jurés étaient priés officiellement de ne pas utiliser cette information, ils l'utilisaient encore plus, augmentant les dommages-intérêts de treize mille dollars. Il semble donc que même la censure la plus respectable, dans le cadre d'un tribunal, se retourne contre le censeur. Nous réagissons, là encore, à la restriction d'information en donnant plus de valeur à l'information interdite[11].

Le fait que l'information soit d'autant plus estimée qu'elle est limitée nous autorise à appliquer le principe de rareté dans des domaines non matériels. Le principe vaut pour les messages, les nouvelles, et toutes les formes de connaissance. Dans cette perspective, nous pouvons voir qu'il n'est pas nécessaire que l'information soit censurée pour que nous lui attachions plus de valeur ; il suffit qu'elle soit rare. Conformément au principe de rareté, par conséquent, nous trouverons une information plus persuasive si nous pensons ne pas pouvoir l'obtenir ailleurs. Cette idée que l'information exclusive est une information persuasive a été le point de départ des travaux de deux psychologues, Timothy Brock et Howard Fromkin, qui ont avancé une analyse du type offre-demande de la persuasion[12].

Pour moi, le meilleur argument en faveur de la thèse de Brock et Fromkin se trouve dans une petite expérience menée par un de mes étudiants. À l'époque, cet étudiant était aussi chef d'entreprise, propriétaire d'une société d'importation de viande de bœuf, en pleine prospérité ; il était revenu sur les bancs de l'Université afin d'acquérir une formation complémentaire de marketing. Après une conversation dans mon bureau au sujet de la rareté et de l'exclusivité de l'information, il décida d'étudier la question en utilisant son personnel. Les clients de la société, acheteurs pour des supermarchés ou d'autres détaillants de produits alimentaires, étaient appelés au téléphone de la façon habituelle par un vendeur. On leur proposait la marchandise de trois manières différentes. À un premier groupe de clients, on fit une présentation de vente ordinaire, avant de prendre simplement leur commande. Un deuxième groupe de clients entendit une présentation ordinaire, plus l'information que l'offre de viande de bœuf importée allait se réduire dans les mois à venir. Un troisième groupe eut droit à la présentation ordinaire ainsi qu'à l'information concernant la pénurie de bœuf ; mais ils apprirent par la même occasion que la nouvelle n'était pas publique ; elle provenait, leur disait-on, de certains contacts exclusifs de la société. Ainsi les clients de ce troisième groupe apprenaient que non seulement le produit n'était plus disponible de façon illimitée, mais il en était de même pour l'information à ce sujet ; la magie de l'objet rare s'exerçait doublement.

Les résultats de l'expérience devinrent rapidement visibles quand les vendeurs de la société se mirent à réclamer une augmentation de l'approvisionnement parce qu'il n'y avait plus assez de stocks pour exécuter toutes les commandes reçues. Comparés aux clients qui avaient reçu seulement la proposition ordinaire, les clients qui avaient été informés d'une diminution de l'offre achetaient deux fois plus. Mais les clients les plus survoltés étaient ceux qui apprenaient cette pénurie par la voie « confidentielle ». Ceux-là achetèrent six fois plus de viande que les premiers clients. Apparemment, le fait que la nouvelle que le produit allait se faire rare soit elle-même rare la rendait particulièrement persuasive[13].

Les conditions optimales

Tout comme les autres armes d'influence, le principe de rareté est plus efficace à certains moments qu'à d'autres. D'un point de vue pratique, il est important de savoir à quel moment nous sommes plus vulnérables à son influence. À cet égard, une expérience imaginée par le sociopsychologue Stephen Worchel apporte des éléments de réponse[14]. La procédure était simple : dans le cadre d'une étude sur la préférence des consommateurs, on proposait aux participants une boîte de biscuits au chocolat en leur demandant de goûter et donner leur avis. Pour la moitié des sujets, la boîte contenait dix biscuits ; pour l'autre moitié, elle n'en contenait que deux. Comme on peut s'y attendre en vertu du principe de rareté, quand les biscuits étaient au nombre de deux, ils étaient jugés plus favorablement que quand ils étaient au nombre de dix. Le biscuit offert avec parcimonie était jugé plus tentant, de meilleure qualité, et plus coûteux que le même biscuit offert en abondance.

Quoique ce résultat soit une confirmation frappante du principe de rareté, il ne nous apprend rien que nous ne sachions déjà. Une fois de plus, nous voyons qu'un article moins abondant est plus désiré et plus valorisé. La véritable valeur de l'étude sur les biscuits vient de deux résultats supplémentaires, dont chacun mérite un examen séparé.

Le premier de ces résultats notables concerne une petite variation dans le déroulement de l'expérience. Plutôt que d'évaluer les biscuits dans des conditions de rareté constante, certains participants recevaient d'abord une boîte de dix biscuits qui était ensuite remplacée par une boîte de deux biscuits. Ainsi, avant de pouvoir goûter, certains participants voyaient leur abondante ration de biscuits considérablement réduite. D'autres participants, cependant, ne connaissaient dès le début que la restriction, les biscuits disposés devant eux restant toujours au nombre de deux. De cette façon, les chercheurs entendaient étudier les différentes formes de rareté : attachons-nous plus de valeur aux choses qui deviennent soudain moins disponibles, ou aux choses qui ont toujours été rares ? En ce qui concerne les biscuits, la réponse fut claire. Le passage d'une situation d'abondance à une situation de rareté produisait une réaction nettement plus positive aux biscuits que la rareté constante. C'était vrai pour toutes les évaluations mais particulièrement visible dans l'évaluation du prix des biscuits (soixante et un cents contre cinquante et un cents).

L'idée que la rareté subite est la plus puissante s'applique à toutes sortes d'autres situations. Ainsi, les sociologues ont constaté que ce phénomène est une source importante de violence et de troubles politiques. Un tenant éminent de cette thèse est James C. Davies, qui affirme que les révolutions se produisent quand une période d'amélioration économique et sociale est suivie d'un revirement brutal de la conjoncture. Ce ne sont donc pas les classes opprimées de toute éternité qui se révoltent ; elles considèrent leur misère comme faisant partie de l'ordre naturel des choses. Les révolutionnaires, au contraire, sont ceux à qui l'on a fait goûter à une vie meilleure. Quand les conditions meilleures qu'ils ont connues et tenues pour acquises disparaissent subitement, ils en éprouvent un désir renforcé et, souvent, se soulèvent pour les reconquérir[15].

Davies a rassemblé à l'appui de sa thèse, des faits convaincants, puisés dans l'histoire des révolutions, des révoltes et des guerres civiles ; il cite entre autres la révolution française, la révolution russe, la révolution égyptienne, ainsi que des soulèvements survenus aux États-Unis tels que la Rébellion de Dorr à Rhode Island au XIXe siècle, la guerre de Sécession, et les émeutes raciales des années 1960. Chaque fois, une période de bien-être était suivie d'un recul, qui déchaînait la violence.

Les conflits raciaux qui ont enflammé certaines villes américaines, dans les années 1960, en ont été une illustration frappante. À l'époque, tout le monde se posait la question : « pourquoi maintenant ? » Il semblait incompréhensible qu'en trois siècles, passés pour la plus grande partie dans la servitude, et pour le reste dans la misère, les Noirs américains choisissent la période progressiste des années 1960 pour se révolter. De fait, comme le souligne Davies, les deux décennies suivant la Deuxième Guerre mondiale avaient vu la situation économique et les droits politiques des Noirs s'améliorer considérablement. En 1940, la population noire était soumise à des lois discriminatoires concernant le logement, les transports, et l'éducation ; de plus, même à qualification égale, le foyer noir ne gagnait en moyenne qu'un peu plus de la moitié de ce que gagnait le foyer blanc. Quinze ans après, les choses avaient bien changé. La législation fédérale avait déclaré inacceptables toutes les tentatives, ouvertes ou détournées, de ségrégation dans les écoles, les lieux publics, le logement, et l'emploi. De grandes avancées avaient eu lieu dans le domaine économique ; le revenu d'une famille noire était passé de cinquante-six pour cent à quatre-vingts pour cent de celui d'une famille blanche, à niveau d'études égal.

Mais c'est alors, suivant l'analyse que fait Davies des conditions sociales, que ce progrès rapide fut arrêté par des événements qui assombrissaient le bel optimisme des années précédentes. D'abord, il s'avéra qu'il était plus facile de réformer la loi que de réformer les mœurs. En dépit de toute la législation progressiste des années 1940-1950, les Noirs voyaient que la plupart des lieux de résidence, des emplois et des écoles leur restaient interdits. Les victoires remportées à Washington avaient sur le terrain un air de défaite. Ainsi, dans les quatre années qui suivirent la décision de la Cour suprême de réaliser la mixité dans toutes les écoles publiques, en 1954, les Noirs furent les victimes de cinq cent trente actes de violence (intimidations d'enfants noirs et de leurs parents, attentats à la bombe, incendies) destinés à empêcher l'intégration scolaire. Cette violence donnait aux Noirs le sentiment que leur cause connaissait un recul. Pour la première fois depuis bien avant la Deuxième Guerre mondiale, depuis l'époque où on enregistrait soixante-dix-huit lynchages en un an, les Noirs devaient se préoccuper de la sécurité physique de leurs familles. La nouvelle violence ne se limitait pas au domaine de l'éducation. Les manifestations pacifiques qui se déroulaient au même moment devaient souvent affronter les foules hostiles – et la police.

Il y eut également un renversement de la tendance en termes économiques. En 1962, le revenu d'une famille noire était retombé à soixante-quatorze pour cent de celui d'une famille blanche à niveau d'études égal. Pour Davies, l'aspect le plus important de ce chiffre de soixante-quatorze pour cent n'est pas qu'il représentait sur le long terme une amélioration par rapport à la situation d'avant-guerre, mais que sur le court terme c'était un recul par rapport aux niveaux atteints dans les années 1950. L'année suivante, il y eut les émeutes de Birmingham et, après une succession de manifestations violentes, on en arriva aux soulèvements de Watts, Newark, et Detroit.

Suivant en cela le schéma caractéristique des révolutions, les Noirs américains sont devenus plus rebelles au moment où ils se trouvèrent arrêtés dans leur constante progression, et même ramenés à une situation antérieure. Il y a là une leçon à tirer pour les chefs politiques : quand il s'agit de liberté, il est plus dangereux d'en avoir donné pendant un temps que de n'avoir jamais rien accordé. Le problème d'un gouvernement qui souhaite améliorer le statut politique et social d'un groupe opprimé depuis longtemps, c'est que ce faisant, il crée de nouvelles libertés sur le groupe, là où il n'y en avait aucune. Et si ces libertés *acquises* reculent, le prix à payer sera particulièrement lourd.

Cette règle de base s'est vérifiée lors d'événements survenus beaucoup plus récemment, dans l'ex-Union soviétique. Après des décennies de répression, Mikhaïl Gorbatchev commença à accorder à son peuple de nouvelles libertés et de nouveaux droits, via deux politiques menées de pair, la *glasnost* et la *perestroïka*. Inquiets de la direction dans laquelle s'orientait le pays, quelques membres du gouvernement, de l'état-major et du KGB se soulevèrent. Plaçant Gorbatchev en résidence surveillée, ils annoncèrent, le 19 août 1991, qu'ils prenaient le pouvoir et allaient faire en sorte de restaurer l'ordre ancien. Dans le reste du monde, la plupart des observateurs crurent que le peuple soviétique, connu pour sa traditionnelle tendance à se soumettre et à adhérer à l'autorité, accepterait passivement la nouvelle situation, comme toujours. Lance Morrow, rédacteur en chef du magazine *Time*, se souvient d'avoir réagi dans ce sens : « Au début, les effets du putsch parurent conformes à la coutume. La nouvelle fut vécue comme un coup d'assommoir, immédiatement suivi par une triste résignation. Il était évident que les Russes, fidèles à leur histoire, allaient revenir à leur véritable manière d'être. Gorbatchev et sa glasnost étaient une aberration ; maintenant, nous assistions à un fatal retour à la normale. »

FIGURE 9 – Arrêtez ces chars

Révoltés d'apprendre que leur président, Mikhaïl Gorbatchev, venait d'être destitué par une conjuration de putschistes décidés à supprimer les libertés qu'il venait d'institutionnaliser, les Moscovites s'opposèrent à l'avancée des chars et au coup d'État, avec succès.

(*BORIS YURCHENKO,* ASSOCIATED PRESS)

Mais les temps n'étaient pas à la norme. Tout d'abord, Gorbatchev n'avait pas gouverné dans la ligne des tsars ni dans celle de Staline et autres oppresseurs qui, depuis la guerre, avaient privé les masses de leurs moindres libertés. Il leur avait accordé des prérogatives, des possibilités de choix. Voyant que ses libertés nouvellement acquises étaient menacées, la population se débattit comme un chien auquel on aurait tenté de prendre un os. Dans les heures qui suivirent l'annonce du coup d'État, des milliers de gens envahissaient les rues, levaient des barricades, affrontaient les forces armées, encerclaient les tanks et violaient le couvre-feu. Le soulèvement fut si rapide, si massif et si unitaire face à toute limitation des acquis de la glasnost, qu'après seulement trois jours d'émeutes, les responsables du putsch cédèrent, stupéfaits, à la pression et rendirent le pouvoir en implorant la miséricorde du président Gorbatchev. S'ils avaient été étudiants en histoire – ou en psychologie –, ils auraient été moins surpris par le raz-de-marée populaire qui avait submergé leur entreprise. L'une ou l'autre de ces deux disciplines leur aurait appris une immuable leçon : on ne renonce pas à des libertés fraîchement gagnées sans en découdre.

Cette observation s'applique aussi bien à la vie familiale qu'à la vie politique. Les parents qui, de façon incohérente, accordent des droits ou font respecter certaines règles invitent leurs enfants à la rébellion, car ils établissent inconsidérément des libertés nouvelles. L'adulte qui tantôt interdit et tantôt permet à l'enfant de manger entre les repas établit cette liberté pour l'enfant. À partir de ce moment, il lui est difficile de faire respecter la règle, et la situation devient explosive, car l'enfant n'est pas simplement privé d'un droit qu'il n'a jamais eu, il perd un droit acquis. Comme nous l'avons vu dans le cas des libertés politiques et (ce qui est ici plus pertinent) des biscuits au chocolat, on désire davantage quelque chose qui est devenu inaccessible que quelque chose qui a toujours été en quantité limitée. Nous ne devons donc pas nous étonner que les parents qui font respecter la discipline de manière erratique doivent affronter des enfants rebelles[16].

Revenons à l'expérience sur les biscuits pour signaler une autre réaction stimulée par la rareté. Nous avons déjà vu que les biscuits distribués en quantité limitée étaient jugés plus favorablement que les biscuits distribués en abondance, et que les biscuits dont la quantité était devenue soudain limitée étaient jugés plus favorablement encore. Pour en rester à ce dernier cas de figure, il y avait un certain biscuit qui avait une faveur particulière : celui qui devenait rare à cause d'une demande plus grande.

Rappelez-vous que dans l'expérience, pour placer les participants dans une situation de pénurie subite, on leur avait donné une boîte de dix biscuits qui fut ensuite remplacée par une boîte de deux biscuits. Plus précisément, les chercheurs procédèrent de deux façons différentes. À certains participants, on expliqua qu'on avait besoin de ces biscuits pour répondre à la demande des participants. À un deuxième groupe de participants, on expliqua qu'on réduisait le nombre de biscuits parce que l'expérimentateur s'était trompé et ne leur avait pas donné la boîte prévue. Les résultats montrèrent que ceux dont les biscuits étaient devenus rares du fait d'une demande accrue les aimaient davantage que ceux dont les biscuits s'étaient faits rares à la suite d'une erreur. Les biscuits rendus rares par la demande du groupe étaient même les plus appréciés dans le cadre de cette étude.

Cette observation met en évidence l'importance de

la compétition dans la recherche de ressources limitées. Non seulement nous désirons davantage un article quand il est rare, mais nous le désirons particulièrement quand nous sommes en situation de compétition. Les publicitaires essaient souvent d'exploiter en nous cette tendance. Dans leurs annonces, nous apprenons que la demande est si forte pour un certain article, que nous devons courir l'acheter, ou bien nous voyons une foule se presser aux portes d'un magasin avant des soldes, ou encore s'arracher certains produits. Le message n'est pas simplement que le produit est bon parce que d'autres personnes l'estiment tel, mais aussi que, pour obtenir ce produit, nous sommes en compétition directe avec ces personnes.

Le sentiment d'être en compétition pour des ressources rares est une importante source de motivation. L'ardeur d'un amoureux tiède resurgit dès qu'apparaît un rival. C'est souvent pour des raisons de stratégie, par conséquent, que l'un des partenaires révèle à l'autre les attentions dont il fait l'objet, ou les invente au besoin. Les vendeurs apprennent à jouer le même jeu avec les clients indécis. Par exemple, un agent immobilier qui tente de vendre une maison à un client potentiel a vu la maison, est intéressé, et doit revenir le lendemain pour en discuter. S'il est inventé pour la circonstance, le nouveau client est étranger à la région et dispose de moyens élevés ; les personnages favoris sont « un investisseur d'un autre État qui achète pour des raisons fiscales » et « un médecin et sa femme qui viennent s'installer dans la ville ». La tactique est imparable. L'idée de se faire « doubler » par un rival rend l'acheteur beaucoup plus empressé.

Il y a un élément physique dans le désir d'obtenir un article disputé. Lors des grands soldes saisonniers ou autres, les clients se laissent, de leur propre aveu, emporter dans le feu de l'action. Affolés par la foule grouillante de tous les compétiteurs qui se bousculent, ils se battent pour des articles qu'ils auraient, dans d'autres circonstances, dédaignés. Ce comportement rappelle la frénésie de nourriture qui s'empare de certains groupes d'animaux. Les pêcheurs exploitent le phénomène en jetant une grande quantité d'appât à de grands bancs de poissons. Bientôt l'eau grouille de nageoires et de gueules ouvertes lancées dans la compétition pour la nourriture. À ce moment-là, les pêcheurs peuvent épargner leur temps et leur argent en jetant des lignes non amorcées, car les poissons frénétiques mordront à tout ce qu'ils rencontrent, même un hameçon nu.

Il y a un parallèle évident entre la façon dont les pêcheurs et les grands magasins produisent une fureur compétitive entre tous ceux qu'ils souhaitent prendre à l'hameçon. Pour attirer la proie, les pêcheurs répandent de la nourriture dans l'eau. Pour des raisons similaires, les grands magasins au moment des soldes proposent un certain nombre d'articles à des prix très intéressants, des « prix d'appel ». Si l'appât, quelle que soit sa forme, a fait son œuvre, un troupeau immense et avide se rassemble pour l'avaler. Très vite, dans la presse générale, le groupe devient agité, presque aveuglé, par le caractère compétitif de la situation. Les hommes comme les poissons perdent la notion de ce qu'ils veulent et se mettent à happer tout ce qu'on se dispute. On peut se demander si le thon atterrissant sur le pont du navire avec dans la gueule un hameçon nu partage la stupeur incrédule du client des grands magasins de retour chez lui, les bras chargés d'achats inutiles.

Ne croyons pas que la fièvre de la compétition pour des ressources limitées ne touche que des organismes primitifs tels que les bancs de thons et la clientèle des soldes. Voyez plutôt l'histoire d'une décision d'achat remarquable prise en 1973 par Barry Diller, qui était alors président des nouvelles programmations à la chaîne de télévision ABC. Il accepta de payer 3,3 millions de dollars les droits d'une seule diffusion du film *L'aventure du Poséidon*. Le chiffre mérite d'être cité, car il dépasse de loin le prix le plus haut jamais payé pour une seule diffusion : deux millions de dollars pour *Patton*.

FIGURE 10 – Une concurrence contagieuse

Cette vendeuse foule avec dégoût le champ de bataille laissé lors de soldes monstres dans ce magasin de chaussures par les clients devenus « complètement enragés, s'empoignant les uns les autres et s'arrachant des articles dont ils ne connaissaient même pas forcément la pointure ».

(UPI)

De fait, le prix était si excessif qu'on estime que la chaîne ABC perdit un million de dollars dans l'affaire. Comme le vice-président des programmations spéciales de NBC, Bill Storke, le déclara à l'époque : « Ils n'arriveront jamais à rentrer dans leur argent, jamais. »

Comment expliquer qu'un homme d'affaires aussi avisé et expérimenté que Diller ait accepté une affaire qui devait se solder selon toute probabilité par une perte d'un million de dollars ? La réponse est peut-être à chercher dans un deuxième aspect de la vente : c'était la première fois qu'un film était proposé aux grands réseaux par la voie d'une vente aux enchères. Jusqu'alors, les trois grands réseaux de télévision commerciale n'avaient jamais eu à combattre pour une ressource rare tout à fait de cette façon. Ce furent le producteur du film, Irwin Allen, et le vice-président de la 20 th Century Fox, William Self, qui eurent l'idée géniale de procéder à cette vente aux enchères, et le résultat dépassa leurs espérances. Mais comment être sûr que ce prix faramineux s'explique par les conditions d'enchères, et non par la qualité commerciale du film lui-même ?

Certains commentaires faits par les participants à la vente confirment totalement notre thèse. Citons d'abord, une déclaration amère du vainqueur, Barry Diller, sur la politique qu'adopterait à l'avenir son réseau : « ABC s'est fixé comme politique désormais de ne plus jamais opérer dans le cadre d'une vente aux enchères. » Plus révélateur encore le commentaire du rival, Robert Wood, alors président de la chaîne CBS, qui avait failli se laisser entraîner par la surenchère.

« Au début, nous étions très raisonnables. Nous avions évalué la valeur du film, en termes de rentabilité, et prévu une petite marge pour l'exploitation.
Mais alors, il y eut les enchères. ABC attaqua avec deux millions, je renchéris avec deux millions quatre. ABC alla jusqu'à deux millions huit. Et la fièvre nous saisit tous. Comme si j'avais perdu l'esprit, j'ai continué à surenchérir. À la fin j'ai offert trois millions deux ; et là, je me suis dit : " Mon Dieu, si je décroche le film, qu'est-ce que je vais bien pouvoir en faire ?" Quand ABC surenchérit finalement, j'ai surtout éprouvé un grand soulagement.
Tout cela a été très instructif[17]. »

D'après le journaliste qui l'interrogeait, Bob MacKenzie, en prononçant cette dernière phrase, Wood souriait. Nous pouvons être sûrs que Diller, d'ABC, ne faisait pas de même en articulant son « plus jamais ». Les deux hommes avaient, sans l'ombre d'un doute, appris quelque chose lors de la mémorable vente du *Poséidon*. Mais l'un des deux avait dû payer cet enseignement un million de dollars. Fort heureusement, nous pouvons profiter de la leçon sans débourser un centime. Il faut remarquer que l'homme qui avait le sourire aux lèvres était celui qui avait perdu l'objet si ardemment convoité. En règle générale, chaque fois que, une fois la fièvre retombée, nous voyons aux vaincus un air vainqueur (et vice versa), nous devons nous intéresser aux conditions qui ont d'abord fait monter la fièvre. En l'occurrence, il s'agit d'une situation de compétition pour une ressource limitée. Comme les responsables des chaînes de télévision le savent désormais, la plus grande prudence est à observer devant cette diabolique combinaison de rareté et de rivalité.

Comment dire non

C'est une chose d'être dûment averti de la pression qui peut résulter de la rareté ; c'en est une autre d'agir en homme averti. Le problème vient en partie du fait que notre réaction face à une situation de rareté obscurcit nos facultés de réflexion. Quand nous voyons un objet désiré devenir moins disponible, nous sommes en proie à une agitation physique. Surtout dans les cas où la compétition directe entre en jeu, le sang afflue, le champ de vision se rétrécit, et les émotions affleurent. Dans cette réaction viscérale, la raison recule. Dans la tempête d'émotions qui nous submerge, il est difficile de rester calme et posé dans son approche. Comme le disait Robert Wood, président de CBS, au lendemain de son aventure du *Poséidon* : « On se laisse prendre par la folie ambiante, emporter par la course. La logique passe par la fenêtre. »

C'est là le hic : il n'est pas forcément suffisant de connaître les causes et le fonctionnement de la pression de la rareté pour nous en protéger, car cette connaissance est purement intellectuelle, et les recours intellectuels disparaissent devant notre réaction émotionnelle à la rareté. C'est même peut-être là la grande force des tactiques de rareté. Quand elles sont employées correctement, notre première ligne de défense contre les comportements irrationnels, à savoir une analyse réfléchie de la situation, devient inopérante.

Si, nos esprits étant obscurcis par la passion, nous ne pouvons nous reposer sur notre connaissance du principe de rareté pour assurer un comportement suffisamment prudent, que pouvons-nous utiliser ? Peut-être, suivant le principe de jiu-jitsu, pouvons-nous retourner l'arme contre l'adversaire. Au lieu de compter sur une analyse réfléchie, intellectuelle de la situation, il faut être attentif au bouleversement intérieur qui nous servira de signal d'alarme. Nous pouvons ainsi nous rendre compte qu'il est possible que soient employées des tactiques de persuasion reposant sur la rareté, et nous montrer circonspects.

Mais supposons que nous sachions utiliser le flot montant des émotions comme un signal d'alarme, qui nous avertit qu'il est temps de nous calmer et de procéder avec prudence. Que faire ? Y a-t-il une autre information que nous pouvons utiliser pour nous aider à prendre la bonne décision dans un contexte de rareté ? Car reconnaître simplement que la prudence est de mise ne nous dit pas dans quelle direction il faut bouger ; cela nous donne seulement une bonne base de départ.

Fort heureusement, nous disposons d'une information précieuse sur les critères d'un choix concernant des articles rares. Il s'agit, une fois de plus, de l'étude sur les biscuits, où les chercheurs ont fait une découverte, certes curieuse, mais qui a toutes les apparences de la vérité : même si les biscuits qui étaient rares étaient jugés plus désirables, ils n'étaient pas considérés comme meilleurs que ceux qui étaient offerts en abondance. Ainsi, cet attrait supplémentaire dû à la rareté (les sujets déclaraient qu'ils voulaient en avoir d'autres à l'avenir et accepteraient de les payer plus cher), n'améliorait en rien le goût de ces biscuits. Il y a là un élément important à retenir. Le plaisir ne consiste pas à *jouir* d'un bien rare mais à le *posséder*. Il est essentiel de ne pas confondre les deux choses.

Chaque fois que nous sommes en présence de pressions occasionnées par la rareté d'un bien, nous devons aussi nous demander ce que nous voulons de cet article. Si la réponse est que nous désirons l'objet pour les avantages économiques ou psychologiques que nous pouvons retirer de la possession d'une chose rare, c'est parfait ; l'effet de rareté nous sera une bonne indication du prix que nous sommes prêts à payer pour l'obtenir : moins l'article est disponible, plus il sera précieux pour nous. Mais très souvent nous ne désirons pas les objets pour le simple plaisir de les posséder. Ce qui compte au contraire, c'est leur utilité ; nous voulons les manger, les boire, les toucher, les entendre, les conduire, ou d'une façon quelconque les *utiliser*. Dans ce cas, il est essentiel de se rappeler que les choses rares ne sont pas plus agréables au goût, au toucher, à l'oreille, ou à la main du simple fait qu'elles sont moins disponibles.

Bien qu'il puisse paraître assez évident, le fait peut souvent nous échapper quand nous ressentons l'attraction naturelle de la rareté. Je peux citer un exemple familial. Mon frère Richard s'est payé ses études grâce à un procédé de persuasion qui rentabilisait la méconnaissance générale de ce simple fait. Et même, cette tactique était si efficace qu'il lui suffisait de travailler pendant quelques heures chaque week-end pour gagner sa vie, ce qui lui laissait le reste du temps pour ses études.

Richard vendait des voitures, mais non pas dans un garage ou chez un revendeur. Il achetait le week-end quelques voitures d'occasion par l'intermédiaire des petites annonces, et, sans fournir personnellement autre chose que de l'eau et du savon, les vendait avec un profit notable grâce aux petites annonces du week-end suivant. Pour cela, il lui fallait connaître trois choses. D'abord, il lui fallait s'y connaître suffisamment en voitures pour pouvoir acheter celles qui lui étaient proposées au prix le plus bas mais qui pouvaient légitimement être revendues à un prix plus élevé. Ensuite, une fois qu'il avait acquis la voiture, il devait savoir rédiger une annonce qui sache éveiller l'intérêt des acheteurs éventuels. Enfin, une fois l'acheteur arrivé, il devait savoir comment utiliser le principe de rareté pour susciter chez l'acheteur un désir de cette voiture, un désir peut-être excessif par rapport aux qualités de la voiture. Richard était expert dans ces trois domaines. Pour notre propos, cependant, nous devons examiner son savoir-faire sous ce dernier aspect. Pour une voiture qu'il avait achetée le week-end précédent, il mettait une annonce dans le journal du dimanche. Comme il savait comment fabriquer une bonne annonce, il recevait habituellement un certain nombre d'appels le dimanche matin. À chaque personne assez intéressée par l'annonce pour désirer voir la voiture, il donnait rendez-vous, *à la même heure*. Ainsi, s'il convoquait six personnes, toutes les six devaient venir, par exemple, à quatorze heures le même jour. Cette petite astuce des rendez-vous simultanés préparait le terrain pour la persuasion ultérieure, car elle créait une atmosphère de compétition autour d'un article à la disponibilité limitée.

Généralement, le premier client arrivé commençait à examiner la voiture et se comportait de la façon habituelle dans ces circonstances : il relevait les moindres défauts ou inconvénients du véhicule, demandait si le prix était négociable. La situation psychologique changeait radicalement à l'arrivée du deuxième acheteur. La disponibilité de la voiture se trouvait, pour chaque acheteur, limitée par la présence de l'autre. Très souvent le premier acheteur, contribuant inconsciemment à créer un climat de rivalité, affirmait son droit de premier arrivé. « Un instant, s'il vous plaît ; j'étais là avant vous. » S'il n'affirmait pas ce droit, Richard le faisait pour lui. S'adressant au deuxième client, il disait : « Excusez-moi, mais ce monsieur était là avant vous. Puis-je vous demander d'attendre quelques minutes de l'autre côté, jusqu'à ce qu'il ait fini de regarder la voiture ? Ensuite, s'il préfère ne pas la prendre, ou ne pas se décider tout de suite, je vous la montre. »

Richard prétend qu'on voyait à vue d'œil augmenter l'agitation sur le visage du premier client. Lui qui pensait examiner à loisir les avantages et les inconvénients de la voiture, voilà qu'il devait tout à coup faire un choix immédiat, sur un objet qui lui était disputé. S'il ne se décidait pas en faveur de la voiture – au prix que Richard en demandait – dans les quelques minutes qui suivaient, il risquait de se la faire souffler par ce… cet individu là-bas. Pour sa part, le deuxième acheteur était également en proie aux affres de la rivalité combinée à une limitation de disponibilité. Il faisait les cent pas, à l'écart, bouillant d'impatience à l'idée d'avoir accès à cette structure de métal qui se faisait désirer. Si le premier client de quatorze heures n'achetait pas, ou ne se décidait pas assez vite, le deuxième client de quatorze heures était prêt à sauter sur l'occasion.

Si ces conditions à elles seules ne suffisaient pas à assurer une décision d'achat immédiate, le piège se refermait sans faute au moment où le troisième client de quatorze heures arrivait sur les lieux. D'après Richard, le trop-plein d'acheteurs venait généralement à bout de la résistance du premier client. Celui-ci mettait rapidement fin à la pression, soit en acceptant le prix de Richard, soit en s'en allant brusquement. Dans ce dernier cas, le deuxième client saisissait au vol cette occasion d'acheter la voiture, stimulé à la fois par une sensation de soulagement et par sa conscience d'une rivalité avec ce… cet individu là-bas.

Tous les acheteurs qui financèrent ainsi les études de mon frère ne surent pas voir un élément fondamental de leur achat : leur désir irrésistible d'acquérir la voiture n'avait rien à voir avec les qualités propres du véhicule. Leur aveuglement avait deux causes. D'abord, la situation que Richard avait créée suscitait une réaction émotionnelle qui leur interdisait toute pensée cohérente. Ensuite, ils oubliaient que s'ils voulaient cette voiture, au départ, c'était pour s'en servir, et non pas simplement pour la posséder. Or les pressions exercées par Richard grâce à la compétition et à la limitation n'affectaient que leur désir de posséder la voiture. Ces pressions n'avaient aucun effet sur la valeur de la voiture si on mesurait celle-ci en fonction de son utilité réelle, qui était pourtant ce qui les intéressait au départ…

Si nous devions nous trouver acculés à consentir à une proposition par des pressions reposant sur la rareté, la marche à suivre comporte deux étapes. Dès que nous nous sentons submergés par l'émotion suscitée par la situation de pénurie, nous devons considérer cette émotion comme un signal d'arrêt d'urgence. La fièvre, les réactions de panique, n'ont aucune place dans des décisions raisonnables. Nous devons nous calmer et retrouver une perspective rationnelle. Une fois cela fait, nous pouvons passer à la seconde phase et nous demander pourquoi nous voulons obtenir l'article en question. Si la réponse est que nous le désirons avant tout pour le posséder, nous pouvons utiliser la disponibilité de l'article comme mesure de ce que nous voulons payer. Cependant, si la réponse est que nous le désirons avant tout dans un but fonctionnel (c'est-à-dire pour le conduire, le manger, le boire, etc.), il faut nous rappeler que la possession en question accomplira aussi bien sa fonction, quelles que soient sa rareté ou son abondance. Bref, nous devons nous rappeler que les biscuits rares n'avaient pas meilleur goût.

TÉMOIGNAGE
d'une habitante de Virginie

« À Noël dernier, j'ai rencontré un homme âgé de vingt-sept ans. Moi, j'en avais dix-neuf. Ce n'était pas mon type et, pourtant, je suis sortie avec lui – sans doute parce que ça me valorisait de fréquenter quelqu'un de plus âgé que moi. Je ne lui ai vraiment trouvé d'intérêt que lorsque mes parents ont commencé à émettre des réserves au sujet de notre différence d'âge. Plus ils m'en rebattaient les oreilles, plus j'étais amoureuse de lui. Cette histoire n'a duré que cinq mois. Mais elle se serait terminée quatre mois plus tôt si mes parents n'avaient rien eu à redire sur la question. »

Bien que les héros de Shakespeare aient disparu depuis longtemps, l'effet « Roméo et Juliette », toujours vivace, est encore fréquent aujourd'hui, y compris dans une petite ville des États-Unis.

Épilogue

L'influence instantanée

Un consentement primitif à l'ère de l'automatique

Chaque jour et à tous points de vue, je vais de mieux en mieux.

Émile COUÉ

Chaque jour et à tous points de vue, je me démène de plus en plus.

Robert CIALDINI

Dans les années 1960, un nommé Joe Pine réalisait en Californie une émission de télévision très personnelle. L'émission se distinguait par le ton caustique et accusateur avec lequel Pine s'adressait à ses invités – pour la plupart, des artistes en mal de publicité, des vedettes en herbe et les porte-parole de groupes politiques marginaux. L'attitude décapante du journaliste était destinée à provoquer ses invités, les acculer à des aveux embarrassants, et de façon générale les ridiculiser. Il n'était pas rare que Pine, immédiatement après avoir présenté son invité, lançât une attaque frontale contre ses opinions, son talent ou son apparence. Certains prétendaient que ce style acide était dû en partie au fait que Pine avait dû subir une amputation de la jambe qui avait assombri sa vie ; pour d'autres, Pine était simplement une nature atrabilaire.

Un soir, le musicien rock Frank Zappa passa dans l'émission. C'était encore l'époque où les cheveux longs étaient inhabituels et mal acceptés. Dès que Zappa eut été présenté et se fut assis, on entendit le dialogue suivant :

PINE : Si j'en juge d'après vos cheveux longs, vous êtes une fille.

ZAPPA : Si j'en juge d'après votre jambe de bois, vous êtes une table.

Outre que c'est un mot que j'aime à citer, cette repartie illustre un des thèmes directeurs du présent ouvrage : très souvent, quand nous prenons une décision sur quelque chose ou quelqu'un, nous n'utilisons pas toute l'information disponible ; nous n'utilisons, au contraire, qu'un seul élément d'information, considéré comme représentatif de l'ensemble. Or cet élément isolé, qui normalement représente une indication fiable, peut nous amener à commettre des erreurs grossières, des erreurs susceptibles d'être exploitées judicieusement par certains, à nos dépens.

Mais en même temps, tout au long de notre analyse, nous avons rencontré un deuxième thème qui vient compliquer les choses. Malgré le risque d'erreur que représente l'utilisation d'un seul des éléments d'information disponibles, le rythme de la vie moderne exige que nous empruntions fréquemment ce raccourci. Rappelez-vous qu'au premier chapitre, l'emploi de raccourcis était assimilé aux réactions automatiques des animaux inférieurs, dont les comportements parfois très complexes pouvaient être déclenchés par la présence d'un seul stimulus – un « tchip-tchip », une certaine nuance de rouge, ou une certaine séquence de signaux lumineux. Ces animaux doivent compter sur des stimulus isolés en raison de leur capacité mentale limitée. Leurs petits cerveaux ne peuvent pas enregistrer et analyser toutes les informations présentes dans leur environnement. C'est pourquoi ces espèces ont développé une certaine sensibilité envers certains aspects de l'information. Comme ces aspects choisis suffisent normalement à déclencher le bon comportement, le système est très efficace. Chaque fois qu'une dinde entend « tchip-tchip », *clic*, se déroule aussitôt le comportement maternel d'une façon mécanique, ce qui laisse à ses facultés mentales limitées suffisamment de ressources pour faire face à toutes les situations rencontrées dans la journée.

Notre machine mentale est, sans aucun doute, considérablement plus puissante que celle des dindes, ou de n'importe quel animal. Nous disposons d'une incomparable capacité de tenir compte d'une multitude de faits, et par conséquent, de prendre des décisions judicieuses. C'est même cette supériorité dans le traitement de l'information qui a fait de l'espèce humaine l'espèce dominante sur la planète.

Nous avons pourtant nos limites, nous aussi ; et, pour des raisons d'efficacité, nous devons parfois abandonner la méthode du choix après analyse de tous les éléments, trop longue, trop compliquée, et recourir à un type de réaction automatique, primitive, à un élément singulier.

Ainsi, devant décider si nous répondons oui ou non à une requête, il est évident que nous ne prêtons souvent attention qu'à une partie de l'information disponible. Les éléments d'information les plus couramment utilisés de cette façon ont été examinés tout au long de notre étude. Ce sont les indices les plus souvent utilisés précisément parce qu'ils sont les plus fiables, ceux qui normalement nous orientent dans la bonne direction. C'est pourquoi nous utilisons des facteurs comme la réciprocité, la cohérence, la preuve sociale, la sympathie, l'autorité et la rareté, si souvent, et si machinalement, chaque fois que nous devons prendre une décision. Chacun de ces facteurs, par lui-même, nous donne une indication sûre sur la position qui servira au mieux nos intérêts.

Nous utiliserons volontiers ces indices isolés quand nous n'avons pas le temps, l'envie, l'énergie ou les moyens d'entreprendre une analyse complète de la situation. Quand nous sommes pressés, fatigués, indifférents, distraits, ou nerveux, nous avons tendance à ne regarder qu'une partie de l'information disponible. Devant prendre une décision dans ces circonstances, nous revenons à la méthode primitive, mais utile, du signal unique[1]. Tout cela impose une conclusion fâcheuse : avec l'appareil mental perfectionné qui nous a servi à établir notre supériorité sur les autres espèces animales, nous avons créé un environnement si complexe, si changeant, si chargé d'information que nous sommes de plus en plus amenés à nous y comporter à la façon des animaux que nous avons dépassés depuis si longtemps.

John Stuart Mill, économiste, penseur politique, philosophe des sciences, est mort en 1873. Il s'agit là d'une date marquante, en ce que Mill fut, dit-on, le dernier homme qui savait tout ce qu'il était possible de savoir au monde. De nos jours, l'idée que l'un de nous puisse connaître tous les faits connus est risible. Après des millénaires de lente accumulation, les connaissances humaines connaissent une expansion folle, sans cesse accélérée, monstrueuse. Nous vivons dans un monde où la plupart des connaissances sont vieilles de moins de quinze ans. Dans certains domaines scientifiques, la physique, par exemple, la masse des connaissances doublerait tous les huit ans. L'explosion des connaissances scientifiques ne se limite d'ailleurs pas aux régions mystérieuses de la chimie moléculaire ou de la physique quantique ; elle s'étend à des domaines de connaissance qui nous sont familiers, dans lesquels nous nous efforçons tous de nous tenir au courant : la santé, l'éducation des enfants, la nutrition, etc. Plus encore, cette croissance rapide va selon toute probabilité continuer, puisque travaillent aujourd'hui quatre-vingt-dix pour cent des savants ayant existé dans l'histoire.

En dehors de l'avancée fulgurante de la science, les changements se produisent plus près de nous. Dans son livre *Le choc du futur*, Alvin Toffler montrait déjà la vitesse, sans cesse croissante, qu'atteint désormais la vie moderne : nous voyageons plus et plus vite ; nous déménageons plus souvent, dans des logements qui sont construits et démolis plus rapidement ; nous rencontrons davantage de personnes, et nos relations avec elles sont plus éphémères ; au supermarché, au centre commercial, dans un hall d'exposition d'automobiles, nous faisons notre choix parmi des produits qui étaient inconnus l'année précédente et seront peut-être dépassés l'année suivante. La nouveauté, l'éphémère, la diversité, et l'accélération de toute chose sont les premières caractéristiques de notre civilisation.

Cette avalanche d'informations et de choix est rendue possible par l'explosion du progrès technique. En tout premier lieu, on peut citer notre faculté de rassembler, conserver, retrouver et diffuser l'information. Au départ, le bénéfice de ces avancées techniques était limité aux organismes importants, aux services de l'État ou aux grandes sociétés. C'est ainsi que, parlant en tant que président de Citicorp, Walter Wriston disait de sa société : « Nous avons élaboré une base de données capable de donner à presque toute personne, partout dans le monde, presque n'importe quelle information, immédiatement[2]. » Mais de nos jours, grâce aux derniers progrès des télécommunications et de l'informatique, l'accès à des quantités vertigineuses d'informations est ouvert au simple citoyen. Les systèmes de télévision par câble et par satellite sont une des voies qui font pénétrer cette information dans le foyer ordinaire.

L'autre voie essentielle est le micro-ordinateur. En 1972, Norman Macrae, collaborateur du journal *The Economist*, parlait prophétiquement d'une époque à venir :

> « La perspective est celle de notre entrée dans une ère où n'importe qui, assis à son terminal, dans son laboratoire, dans son bureau, dans la bibliothèque de son quartier, ou chez lui, aura accès à une masse inimaginable d'informations, dans des banques de données destinées à la consommation de masse, possédant une puissance mécanique de concentration et de calcul qui sera supérieure d'un facteur de dizaines de milliers à ce qui était accessible au cerveau d'un Einstein. »

Quelques années plus tard, le magazine *Time* annonçait l'avènement de l'ère du futur décrite par Macrae en désignant une machine, le micro-ordinateur, comme son « homme de l'année ». Les rédacteurs de *Time* défendirent leur décision en invoquant la ruée des consommateurs vers les micro-ordinateurs et déclarèrent : « L'Amérique, et dans une perspective plus large, le monde, ne seront plus jamais les mêmes. » Les prévisions de Macrae se réalisent. Des millions de gens ordinaires sont assis devant ces machines et disposent du pouvoir de rassembler et d'analyser une masse de données sous laquelle on ensevelirait Einstein.

Parce que la technique évolue beaucoup plus rapidement que nous, notre capacité naturelle à traiter l'information ne suffira plus par rapport aux changements, aux problèmes, aux défis du monde moderne. De plus en plus fréquemment, nous nous trouverons dans la position des animaux inférieurs, c'est-à-dire munis d'un équipement mental incapable de maîtriser la complexité et la richesse de l'environnement. Contrairement aux animaux, dont les facultés cognitives ont toujours été insuffisantes, nous avons créé notre propre insuffisance en construisant un monde de plus en plus complexe. Mais les conséquences en sont les mêmes. Lorsque nous prenons une décision, nous pouvons rarement nous offrir le luxe d'une analyse approfondie de la situation dans son ensemble ; nous nous contentons, de plus en plus souvent, de nous laisser guider par un élément isolé, supposé fiable.

Quand ces éléments isolés sont effectivement fiables, il n'y a rien à redire à la méthode du raccourci, de la réponse automatique à un signal particulier. Le problème commence quand, pour une raison ou pour une autre, les indications deviennent douteuses, et nous conduisent à des décisions mal fondées et à des actions mal à propos. Comme nous l'avons vu, l'erreur est souvent provoquée par certains professionnels de la persuasion qui cherchent à profiter de la nature machinale de la réaction conditionnée. Si, comme cela semble le cas, la fréquence de ce type de réactions augmente avec la cadence de la vie moderne, il est très probable que la fréquence des erreurs provoquées augmentera de même.

Que peut-on faire pour parer les attaques à prévoir sur notre système de raccourcis ? Plutôt que la fuite, je recommanderais un assaut en force. En n'oubliant pas une chose : les professionnels qui jouent honnêtement le jeu des réactions automatiques ne doivent pas être considérés comme des ennemis. Au contraire, ce sont nos alliés, dans un système d'échange souple et efficace. Les véritables cibles de notre contre-attaque sont les individus qui falsifient, contrefont ou déforment les signaux qui provoquent naturellement nos réactions automatiques.

Prenons un exemple dans ce qui est peut-être notre raccourci le plus fréquent. Conformément au principe de preuve sociale, nous décidons souvent de faire ce que font d'autres personnes semblables à nous. Cette attitude est raisonnable à tous égards car, la plupart du temps, un comportement qui est adopté par tous, dans une situation donnée, est également fonctionnel et approprié. Ainsi, un publicitaire qui, sans utiliser des statistiques truquées, nous informe qu'un certain dentifrice est le plus vendu, ou connaît la plus grande progression de ses ventes, nous donne des indications valables sur la qualité du produit et la probabilité qu'il nous conviendra. Si nous sommes à la recherche d'un bon dentifrice, nous nous appuierons peut-être sur ce seul élément d'information, à savoir le succès du produit, pour décider de l'essayer à notre tour. Cela nous aidera sans doute, ne peut pas nous nuire véritablement, et nous permettra de consacrer notre énergie intellectuelle au reste de notre environnement où l'information est surabondante et où les décisions à prendre se multiplient. Le publicitaire qui nous permet d'utiliser à bon escient cette stratégie économique n'est pas un adversaire, mais plutôt un partenaire.

Les choses se présentent bien différemment cependant lorsqu'un praticien de la persuasion essaie de déclencher une réponse automatique en nous donnant un signal trompeur. Notre ennemi, c'est le publicitaire qui cherche à créer une image de succès autour de son dentifrice, en élaborant une série de fausses « enquêtes », dans lesquelles des acteurs jouent de simples consommateurs vantant le produit. Dans ce cas, où les indices destinés à prouver le succès du dentifrice sont fabriqués de toutes pièces, le publicitaire abuse à la fois du principe de preuve sociale et de notre système de réaction automatique. J'ai recommandé dans un chapitre précédent de refuser d'acheter tout produit dont la promotion est assurée par ces fausses « enquêtes », et d'envoyer au producteur des lettres expliquant les motifs de notre décision et lui demandant de changer d'agence de publicité. Je conseillerais d'adopter cette attitude agressive dans toutes les situations où un professionnel détourne ainsi le principe de preuve sociale, ou tout autre principe d'influence. Nous devrions refuser de regarder des émissions de télévision comprenant des rires préenregistrés. Si nous voyons un barman amorcer la soucoupe à pourboire d'un ou deux billets de sa poche, nous devrions nous refuser à lui accorder toute gratification. Si, après avoir fait la queue devant une boîte de nuit nous découvrons, au vu de l'espace disponible, que l'attente servait simplement à impressionner le passant par de fausses preuves de succès, nous devrions quitter immédiatement les lieux et expliquer nos raisons à ceux qui attendent encore devant la porte. En un mot, nous devons être prêts à utiliser le boycott, la menace, l'accusation, la censure, la harangue, bref tous les moyens possibles, par mesure de rétorsion.

Sans être très pugnace de nature, je plaide en faveur d'une action énergique, car je considère que je suis, en un sens, en guerre avec les exploiteurs ; nous le sommes tous. Il est important de garder en mémoire, cependant, que les hostilités ne sont pas provoquées par leur recherche du profit. Cette recherche nous est d'ailleurs commune à tous, dans une certaine mesure. La véritable malhonnêteté, que nous ne saurions tolérer, consiste à essayer de réaliser un profit d'une façon qui rend nos méthodes de raccourci incertaines. Le tourbillon que représente la vie moderne exige que nous disposions de raccourcis sûrs, de règles empiriques qui nous permettront de maîtriser notre environnement. Il ne s'agit plus d'un luxe ; c'est une nécessité absolue, dans la frénésie croissante de notre vie quotidienne. C'est pourquoi nous devons contre-attaquer chaque fois que nous voyons nos règles empiriques trahies par des profiteurs. Nous voulons que ces règles restent aussi efficaces que possibles. Mais dans la mesure où leur aptitude à nous guider est constamment sapée par les manœuvres des profiteurs, nous les utiliserons de moins en moins et nous ne serons plus capables de faire face à toutes les décisions du jour. Les enjeux sont désormais trop élevés pour que nous nous rendions sans combattre.

Notes

Chapitre 1

1. Voir la monographie de Fox (1974) pour une description complète de l'expérience de la dinde et du putois.

2. Les sources en ce qui concerne le rouge-gorge et le gorge-bleue sont Lack (1943) et Periponen (1960), respectivement.

3. Bien qu'il existe des similitudes importantes entre ce type de réaction automatique chez les hommes et chez les animaux inférieurs, on peut noter quelques différences fondamentales. Les séquences de comportement automatiques chez l'homme sont plutôt de l'ordre de l'acquis que de l'inné. Elles sont aussi moins rigides que les schémas figés des animaux inférieurs et répondent à un plus grand nombre de stimuli.

4. Peut-être faut-il voir dans la réponse enfantine : « Parce que », donnée en guise d'explication, une façon d'exploiter la puissance qu'a sur les adultes ce simple mot. Le lecteur intéressé par le compte rendu complet de l'expérience de la photocopieuse et son analyse théorique peut se reporter à Langer (1989).

5. Mes sources en ce qui concerne le *Photuris* et la blennie sont Lloyd (1965) et Eibl-Eibesfeld (1958), respectivement.

Ces animaux sont d'ailleurs dépassés dans l'art de l'exploitation par un coléoptère, le staphylin. En utilisant différents déclencheurs tactiles et olfactifs, les staphylins arrivent à se faire protéger et nourrir, à l'état de larves, par deux espèces de fourmis, et, une fois adultes, à se faire héberger en hiver. Réagissant mécaniquement aux stimuli factices des coléoptères, les fourmis les traitent comme des congénères. Admis dans les nids des fourmis, les commensaux répondent à cette hospitalité en mangeant les œufs et les larves, et pourtant, les fourmis ne leur font jamais aucun mal (Hölldobler, 1971).

6. Ces expériences sont rapportées par Kenrich et Gutierres (1980), qui signalent que les personnes extrêmement séduisantes dont on voit les portraits dans les magazines populaires (acteurs, actrices, mannequins) risquent de nous faire paraître moins intéressants les éventuels partenaires disponibles dans notre entourage. Les derniers travaux de ces auteurs vont encore plus loin, en montrant que les images de corps nus d'une beauté exceptionnelle (dans des magazines tels que *Playboy*) amènent les lecteurs à trouver leur propre partenaire moins désirable (Kenrich, Gutierres, et Goldberg, 1989).

Chapitre 2

1. Un compte rendu détaillé de l'expérience de la carte de vœux se trouve chez Kung et Woolcott (1976).

2. Certaines sociétés ont fait de ce système un rituel. Voyez par exemple le *Vartan Bhanji*, coutume institutionnalisée existant dans certaines régions de l'Inde et du Pakistan, et qui consiste en un échange de cadeaux. Dans son analyse du *Vartan Bhanji*, Gouldner (1960) remarque :

« Il est à noter que le système est fait pour que soit évitée à tout prix la liquidation totale des dettes. Ainsi, à l'occasion d'un mariage, les invités reçoivent, au moment de leur départ, des confiseries. En en distribuant une part, l'hôtesse dit : "Ces cinq-là sont les vôtres", dans le sens : "Voilà une compensation pour ce que vous m'avez donné", puis en ajoute une poignée, en disant : "Ceux-là sont les miens." À la prochaine occasion, elle recevra cette deuxième portion, avec un supplément qu'elle devra rendre par la suite, et ainsi de suite. »

3. La citation est de Leakey et Lewin (1978).

4. Pour une discussion plus complète, voir Tiger et Fox (1971).

5. L'expérience est décrite par Regan (1971).

6. La formule est de Mauss (1954).

7. La surprise peut en elle-même forcer le contentement. Des personnes à qui l'on présente une requête par surprise y accéderont plus facilement dans la mesure où elles se trouvent momentanément décontenancées, et de ce fait même plus influençables. Ainsi, les sociopsychologues Stanley Milgram et John Sabini (1975) ont

montré que les passagers du métro de New York étaient deux fois plus enclins à céder leur siège à une personne qui leur demandait de but en blanc : « Excusez-moi. Puis-je avoir votre place ? » qu'à quelqu'un qui les avait avertis en annonçant à une tierce personne qu'il allait demander à un passager de lui céder son siège (56 % d'acceptations dans le premier cas contre 28 % dans le second).

8. Chose remarquable, une étude portant sur différentes populations a montré que ceux qui enfreignent la règle de réciprocité dans l'autre sens – en donnant sans permettre au bénéficiaire de rendre – sont également mal vus. Ce fait a été démontré pour les trois populations étudiées (Américains, Suédois et Japonais). Voir Gergen *et al.* (1975) pour cette étude.

9. L'étude sur Pittsburg est due à Greenberg et Shapiro. Les données relatives aux obligations sexuelles féminines ont été réunies par George, Gournic et McAfee (1988).

10. Pour nous convaincre de la réalité de ces résultats, nous avons procédé à deux autres expériences pour tester l'efficacité du système rejet-retrait. Ces deux expériences ont abouti au même résultat. Voir Cialdini *et al.* (1975) pour les détails des trois expériences.

11. L'étude israélienne a été faite en 1979 par Schwartzwald, Raz et Zvibel.

12. L'article en question a paru dans *TV Guide* en décembre 1978.

13. Les passages cités se trouvent dans Magruder (1974).

14. *Consumer Reports*, janvier 1975, p. 62.

15. Un autre moyen de mesurer l'efficacité d'une technique de sollicitation est de déterminer la proportion d'individus qui, sollicités, acceptent de faire ce qu'on leur demande. Suivant ce procédé de mesure, la technique du rejet-retrait était quatre fois plus efficace que la requête directe. Voir Miller *et al.* (1976) pour le compte rendu complet de ces expériences.

16. L'expérience sur le don du sang est rapportée par Cialdini et Ascani (1976).

17. L'étude réalisée à l'UCLA est de Benton, Kelley, et Liebling (1972).

18. Un certain nombre de sociétés commerciales ont recours à l'offre d'information gratuite. Les sociétés de désinsectisation, par exemple, savent que la plupart de ceux qui ont accepté un examen gratuit de leur appartement confient les travaux de désinsectisation à la société qui leur a offert cet examen, à condition qu'ils soient convaincus de la nécessité de ces travaux. Ces personnes se sentent

apparemment obligées de s'adresser à la société qui leur a offert un service gratuit. Sachant que les clients, avec ce sentiment d'obligation, ne vont pas comparer les prix, certaines sociétés profiteront de la situation en pratiquant des prix abusifs.

Chapitre 3

1. L'expérience du champ de courses a été faite à deux reprises, avec les mêmes résultats, par Knox et Inkster (1968). Voir Rosenfeld, Kennedy et Giacalone (1986) sur l'existence, chez les joueurs aux loteries, d'une tendance similaire à croire plus fortement en leur choix, une fois celui-ci effectué.

2. Il faut souligner que la collaboration n'était pas toujours intentionnelle. Les enquêteurs américains ont défini la collaboration comme « toute attitude ayant aidé l'ennemi ». Cette définition regroupe des actes très divers, consistant par exemple à signer des pétitions particulières, faire de prétendus aveux, donner des informations sur les autres prisonniers, ou divulguer des secrets militaires.

3. La citation de Schein est tirée de son article de 1956 : « The Chinese Indoctrination Program for Prisoners of War : A Study of Attempted Brain washing. »

4. Voir Greene (1965).

5. Freedman et Fraser ont publié ces résultats dans le *Journal of Personality and Social Psychology*, en 1966.

6. La citation est tirée de Freedman et Fraser (1966).

7. Voir Segal (1954), d'où cette citation est tirée.

8. Voir Jones et Harris (1967).

9. Il faut noter que les sujets d'expérience, dans cette étude (Kraut, 1973) avaient appris qu'on les considérait comme charitables au moins une semaine avant d'être sollicités par l'Association contre la Sclérose en plaques.

10. Cf. « How to begin retailing », Amway Corporation.

11. Voir Deutsch et Gerard (1955), Kerr et Mac Couh (1985).

12. Whiting, Kluckhohn et Anthony (1958).

13. Gordon et Gordon (1963).

14. L'étude a été réalisée par Walker (1967).

15. L'expérience sur les électrochocs a été publiée sept ans après l'étude d'Aronson et Mills (1959), par Gerard et Mathewson (1966).

16. Enquête réalisée par Young (1965).

17. L'expérience du robot est rapportée en détail par Freedman (1965).

18. Le lecteur qui souhaite disposer, au sujet de l'effet d'appât, de données plus scientifiques que mes observations subjectives de vendeur de voitures, peut se reporter à deux articles qui démontrent l'efficacité de la technique dans des conditions d'expérience scientifique : Cialdini *et al.* (1978), Burger et Petty (1981), Browsiein et Katzev (1985), et Joule (1987).

19. On peut trouver un compte rendu de l'expérience sur les économies d'énergie dans Pallak *et al.* (1980).

20. Il n'est pas inhabituel que certaines des citations les plus courantes se trouvent avec le temps tronquées de façon que le sens en soit totalement changé. Par exemple, ce n'est pas *l'argent* qui d'après la Bible est à la racine de tout mal, mais *l'amour de l'argent*. Pour ne pas commettre moi-même la même erreur, je dois signaler que la phrase originelle d'Emerson est un peu plus longue, et surtout plus mordante, que ce que j'en ai gardé. La voici en entier : « La cohérence malavisée est le démon des petits esprits, adoré par les partis politiques, les petits philosophes, et les petits théologiens. »

21. Voir Zajonc (1980) pour un résumé de ces données.

22. Cela ne signifie pas que nos émotions et notre jugement se contredisent dans tous les cas, ni qu'il faille attacher systématiquement une valeur supérieure à nos réactions affectives. Cependant, il est clair que dans bien des cas, ce que nous ressentons ne s'accorde pas à ce que nous croyons. C'est pourquoi, lorsque notre jugement est susceptible d'être influencé par une première décision, qui nous a engagés dans une certaine voie, ce sont peut-être nos sentiments qu'il faut écouter. Ce serait tout particulièrement vrai lorsque, comme dans le cas de Sara, le problème posé est lui-même une question de sentiments.

Chapitre 4

1. Les données concernant l'influence des rires préenregistrés sur le jugement du public se trouvent dans les études de Smyth et Fuller (1972), Fuller et Sheehy-Skeffington (1974), et Nosanchuk et Lightstone (1974), cette dernière étude montrant notamment que le rire préenregistré est d'autant plus efficace que la matière première est de mauvaise qualité.

2. Les chercheurs qui ont infiltré la Croisade de Billy Graham, de qui je tire mes sources, sont Altheide et Johnson (1977).

3. Voir Bandura, Grusec et Menlove (1967) ainsi que Bandura et Menlove (1968) pour une description complète du traitement de la phobie des chiens.

Si le lecteur n'est pas convaincu que la valeur attribuée à un comportement dépend dans une certaine mesure du nombre de personnes qui l'adoptent, qu'il fasse lui-même une petite expérience. Il suffit de s'arrêter au milieu du trottoir, dans une rue animée, et de fixer pendant au moins une minute, un point quelconque dans le ciel, ou au sommet d'un grand immeuble. Rien ne se produira ; la plupart des passants continuent à aller et venir sans lever les yeux vers le ciel, et personne ne s'arrêtera. Le lendemain, répétez l'expérience en compagnie de quatre amis ; regardez le ciel tous ensemble. En l'espace de 60 secondes, une foule de badauds se seront arrêtés pour scruter le ciel de concert. Et les piétons qui ne se joindront pas à l'attroupement ressentiront le besoin presque irrésistible de regarder en l'air au moins brièvement. Si votre expérience produit les mêmes résultats que celle réalisée par trois sociopsychologues new-yorkais, votre groupe fera lever les yeux vers le ciel à 80 % des passants (Milgram, Bickman, Berkowitz, 1967).

4. À part cette étude publiée par O'Connor's en 1972, d'autres recherches se sont intéressées à l'effet de preuve sociale produit par les films, en montrant le revers de la médaille. L'idée que des scènes montrées dans un film peuvent avoir une forte influence sur le jugement de l'enfant a grandement inquiété les adversaires de la violence à la télévision. Bien que les effets de la violence vue à la télévision sur l'agressivité des enfants soient complexes, les résultats obtenus lors d'une expérience rigoureuse menée par les psychologues Robert Liebert et Robert Baron (1972) sont préoccupants. L'expérience consistait à montrer à certains enfants des extraits d'une émission télévisée comportant des scènes de violence. Par la suite, ces enfants se montraient plus agressifs que les enfants qui avaient regardé une émission « sans violence » (une course de chevaux). Ce phénomène de contagion de l'agressivité et de la violence a ainsi été démontré sur deux groupes d'âge différents (cinq-six ans et huit-neuf ans) et jouait pour les filles comme pour les garçons.

5. Un récit passionnant de leurs découvertes est fait dans l'ouvrage de Festinger, Riecken et Schachter, *When Prophecy Fails* (1956).

6. Peut-être à cause de l'énergie désespérée qu'ils apportaient à leur tâche, l'échec fut total : les adeptes de la secte ne réussirent pas à gagner un seul nouveau membre. Dès lors, voyant l'inanité de

la preuve sociale comme de la preuve physique, la secte se désintégra. Moins de trois semaines après la date prévue pour le déluge, les membres du groupe s'étaient éparpillés et n'entretenaient plus que des relations sporadiques. Paradoxalement, c'est la secte qui avait sombré au moment du déluge.

Les groupes de type millénariste n'ont pas toujours connu ce sort. Lorsque ces groupes ont su édifier une preuve sociale pour appuyer leurs croyances en recrutant de nouveaux adeptes, ils se sont développés et ont gagné en importance. Ainsi, quand les anabaptistes de Hollande ont vu passer l'année 1533 sans que se produise l'Apocalypse annoncée par une prophétie, ils devinrent des prosélytes enragés, se consacrant plus que jamais à rechercher de nouveaux adeptes. Un missionnaire particulièrement éloquent, Jakob Von Kampen, aurait ainsi baptisé cent personnes en un seul jour. L'accumulation de preuve sociale était si puissante qu'elle devait rapidement supplanter la preuve physique en sens contraire, et deux tiers de la population des grandes villes hollandaises adhéra à la secte.

7. Rosenthal, *Thirty-eight Witnesses*, 1964.

8. La citation est tirée de Latané et Darley, dans leur livre de 1968, où ils introduisent la notion d'ignorance collective. Les conséquences tragiques que peuvent avoir les manifestations d'ignorance collective sont illustrées, de façon sinistre, par ce fait divers qui s'est produit à Chicago :

Une étudiante a été battue et étranglée en plein jour, à proximité de l'un des sites les plus passants de la ville, d'après une information communiquée par la police samedi.

Le corps nu de Lee Alexis Wilson, vingt-trois ans, a été trouvé vendredi dans un massif, le long du mur de l'Institut des Beaux-Arts, par un garçon de douze ans qui jouait dans les buissons. La police pense que la jeune femme a été attaquée près d'une fontaine dans la cour sud de l'Institut.

L'agresseur l'aurait ensuite entraînée dans les buissons. D'après la police, elle aurait subi des violences sexuelles. La police estime que des milliers de personnes ont dû passer sur les lieux. Un témoin a indiqué qu'il avait entendu des cris, vers deux heures de l'après-midi, mais qu'il ne s'en était pas préoccupé, parce que *personne ne semblait y prêter attention.*

9. Les expériences sur les situations de l'« attaque » et de la « fumée » sont rapportées dans Darley et Latané (1968) et Latané et Darley (1968), respectivement. L'expérience de Toronto a été menée

par Ross (1971). Les études de Floride ont été publiées par Clark et Word en 1972 et 1974.

10. Cf. une étude de Latané et Rodin (1969), qui montre qu'un rassemblement d'inconnus porte moins facilement assistance qu'un groupe de gens qui se connaissent.

11. L'expérience du portefeuille est de Hornstein *et al.* (1968). L'étude sur la lutte anti-tabac est de Murray *et al.* (1984) et celle sur les soins dentaires de Melamed *et al.* (1978).

12. Ces statistiques se trouvent dans des articles publiés par Phillips en 1979 et 1980.

13. Les statistiques relatives aux taux de suicides à la suite de publications dans la presse écrite ont été fournies par Phillips (1974). Les données observées après des émissions télévisées sont dues à Bollen et Phillips (1982), Gould et Schaffer (1986), Phillips et Carstensen (1986), et Schmidtke et Hafner (1998).

14. Citation de *The International Cyclopedia of Music and Musicians*, 1964, ouvrage publié par Sabin.

15. Hornaday (1887).

Chapitre 5

1. L'enquête sur les élections canadiennes est rapportée par Efran et Patterson (1976). Ce genre de résultat donne quelque crédit aux affirmations de certains partisans de Nixon pour qui, si Nixon est sorti perdant du débat télévisé avec Kennedy pendant la campagne électorale de 1960 – et par suite, des élections –, c'est principalement à cause de l'incompétence de son maquilleur.

2. Voir Mack et Rainey (1990).

3. Cette découverte – que les accusés physiquement séduisants, même s'ils sont jugés coupables, sont moins souvent envoyés en prison – éclaire l'une des expériences les plus passionnantes dont j'ai entendu parler dans le domaine de la criminologie (Kurtzburg *et al.*, 1968).

L'expérience consistait à faire bénéficier d'opérations de chirurgie esthétique des détenus d'une prison de New York qui étaient défigurés ; un autre groupe de détenus ne bénéficiait d'aucune opération. En outre, certains, dans chacun de ces deux groupes, bénéficiaient de services, de conseil et de formation destinés à assurer leur réinsertion. Un an après leur libération, l'analyse des résultats montrait que (si l'on ne tient pas compte des héroïnomanes) ceux qui avaient bénéficié de chirurgie esthétique étaient moins nombreux à être retournés en prison. Le fait le plus révélateur était que cela était aussi vrai pour ceux qui n'avaient reçu aucun service de réhabilitation que pour les autres. Certains n'ont pas hésité à affirmer alors qu'en ce qui concerne les détenus les plus laids, il serait judicieux de remplacer les programmes de réhabilitation par des opérations de chirurgie plastique, qui se révéleraient en fait au moins aussi efficaces, et bien moins coûteuses.

L'intérêt de l'étude, plus récente, de Stewart (1980), réalisée en Pennsylvanie, est de montrer la faiblesse de ce point de vue. Rendre séduisant un criminel qui était laid ne lui évitera pas forcément de récidiver, mais peut-être seulement de se faire envoyer en prison.

4. L'étude sur les dommages-intérêts en responsabilité civile a été faite par Kulka et Kessler (1978), celle sur l'assistance par Benson *et al.* (1976), et celle sur la persuasion par Chaiken (1979).

5. Cette étude a fait l'objet d'un excellent rapport, par Eagly *et al.* (1991).

6. L'expérience de la quête a été faite par Emswiller *et al.* (1971) et l'expérience de la pétition a été faite par Suedfeld *et al.* (1971).

7. Les données concernant les ventes d'assurances sont fournies par Evans (1963). Les données relatives à l'effet de similarité sont fournies par LaFrance (1985), Locke et Horowitz (1990) et Woodside et Davenport (1974). Des travaux plus récents donnent une autre raison de se montrer prudents devant ce type de requêtes : on a toujours tendance à sous-estimer combien la similarité peut influencer le jugement et la sympathie (Gonzales *et al.*, 1983).

8. Voir Drachman *et al.* (1978) pour un compte rendu plus détaillé.

9. Voir Bornstein (1989).

10. L'étude sur l'image du miroir a été effectuée par Mita *et al.* (1977).

11. Au sujet de la séduction provenant de la familiarité, voir Zajonc (1968). Pour cet « effet-familiarité » appliqué à la politique, voir les études de Joseph Grush, qui donnent à réfléchir (Grush *et al.*, 1978, Grush, 1980). Elles montrent le lien entre la présence d'un individu dans les médias et ses chances de gagner les élections.

12. Voir Bornstein, Léone et Galley (1987).

13. Pour une analyse particulièrement détaillée de cette question, voir Stephan (1978).

14. La tendance des différents groupes ethniques à se tenir à l'écart les uns des autres à l'école a été mise en évidence par Gerard et Miller (1975). Le fait que les choses qui se sont présentées à

plusieurs reprises dans des conditions déplaisantes paraissent désagréables est montré notamment par Burgess et Sales (1971), Zajonc *et al.* (1974) et Swap (1977).

15. Voir Aronson (1975).

16. Le compte rendu, fascinant, de cette expérience du camp de vacances, baptisée « expérience de la caverne des voleurs », se trouve dans Sherif *et al.* (1961).

17. L'exemple de Carlos est également tiré du compte rendu d'Aronson dans son article de 1975. Cependant, des articles ultérieurs d'Aronson et d'autres ont montré des résultats également encourageants. Pour être plus complets, nous citerons Johnson et Johnson (1983), Devries et Slavin (1978), Cook (1990), et Aronson, Bridgeman et Geffner (1978 a, b).

18. Pour une analyse approfondie des pièges de l'apprentissage par coopération, voir Rosenfield et Stephan (1981).

19. En réalité, dans ce genre de circonstances, le vendeur qui entre dans le bureau du patron ne va pas négocier un prix. Souvent, comme le vendeur connaît exactement le prix plancher à ne pas dépasser, il n'a même pas besoin de parler. Dans l'une des sociétés que j'ai infiltrées à l'occasion de mes recherches, le vendeur se contentait de boire un verre ou de fumer une cigarette en silence pendant que son patron continuait à travailler. Ayant laissé s'écouler un délai raisonnable, le vendeur desserrait son nœud de cravate et retournait à son client, l'air épuisé, avec les conditions qu'il avait soi-disant réussies à obtenir de son patron – en fait, les conditions qu'il avait déterminées avant même d'entrer dans le bureau du patron.

20. Sur les données expérimentales qui confirment l'observation de Shakespeare, voir Manis *et al.* (1974).

21. Une étude des recherches effectuées à ce sujet a été faite par Lott et Lott (1965).

22. Voir l'étude de Miller *et al.* (1966).

23. L'étude est de Smith et Engel (1968).

24. Le coût de telles associations est loin d'être négligeable. Les entreprises déboursent des sommes astronomiques pour sponsoriser les Jeux olympiques, auxquelles s'ajoutent des millions en dépenses de publicité destinée à informer les consommateurs de leur soutien à l'événement. Le « Jeu » en vaut pourtant la chandelle. Lors d'une étude menée par le magazine *Advertising Age*, un tiers des personnes interrogées déclaraient qu'elles seraient plus disposées à acheter un produit présentant un rapport avec les Jeux olympiques.

25. L'étude de Géorgie a été faite par Rosen et Tesser (1970).

26. Asimov (1975).

27. Les deux expériences (celle du sweat-shirt et celle du pronom) sont décrites plus complètement dans Cialdini *et al.* (1976).

Chapitre 6

1. La citation est tirée de l'article de Milgram paru en 1963 dans le *Journal of Abnormal and Social Psychology.*

2. Toutes ces variations sur l'expérience de base, de même que plusieurs autres, sont présentées dans le remarquable ouvrage de Milgram, *Obedience to Authority*, 1974. Les recherches ultérieures sur l'obéissance sont, dans une large mesure, retracées dans Blass (1991).

3. En fait, l'objectif de Milgram au moment où il a commencé ses expériences était de comprendre comment la population allemande avait pu collaborer, sous le nazisme, au massacre de millions d'innocents dans les camps de concentration. Après avoir mis au point son expérience aux États-Unis, il pensait être en mesure d'étudier en Allemagne, où il devait être particulièrement remarquable, le phénomène de l'obéissance. Or cette première expérience, menée à New Haven, dans le Connecticut, lui ouvrit les yeux : il pouvait tout aussi bien étudier le phénomène à domicile. Selon ses propres paroles : « Je découvris une telle capacité d'obéissance que je n'avais plus aucune raison d'aller poursuivre l'expérience en Allemagne. »

La disposition du citoyen américain à se soumettre aux ordres des autorités en place est illustrée de façon peut-être plus directe, par une enquête d'opinion effectuée après le procès du lieutenant William Calley, qui avait ordonné à ses soldats de tuer tous les habitants de My Lai, au Vietnam – enfants, adultes et vieillards (Kelman et Hamilton, 1989). D'après cette enquête, une majorité d'Américains (51 %) aurait, dans des circonstances semblables, exécuté les ordres et abattu tous les habitants du village. Mais les Américains ne détiennent pas le monopole de l'obéissance. Reproduite en Allemagne, en Australie, en Espagne, en Italie, en Jordanie et aux Pays-bas, l'expérience de base de Milgram a donné des résultats semblables. À ce sujet, voir Meeus et Raaijmakers.

4. Notre espèce n'est pas la seule à montrer un respect parfois hors de propos aux individus jouissant d'une position d'autorité. Dans les colonies de singes, où existent de strictes hiérarchies de dominance, les innovations utiles (par exemple : comment amener de la nourriture dans la cage à l'aide d'un bâton) ne se répandent rapidement dans

le groupe que si elles sont d'abord enseignées à un animal dominant. Si c'est un animal dominé qui apprend la nouvelle technique, le reste du groupe ne s'y intéressera pas. Une étude citée par Ardry (1970) sur l'introduction de nouvelles saveurs dans l'alimentation de singes japonais en donne une illustration frappante. Dans un des groupes de singes, le goût du caramel était introduit par de jeunes marginaux, ayant un statut social peu élevé. Le goût du caramel se répandait lentement : un an et demi plus tard, 51 % seulement des membres de la colonie s'étaient mis à consommer du caramel, et parmi eux, il n'y avait aucun chef. Comparez avec ce qui s'est passé dans une seconde colonie où le blé avait été introduit par l'intermédiaire du chef de groupe : la consommation de blé, jusqu'alors inconnue des singes, s'était répandue, en l'espace de quatre heures, dans la colonie entière.

5. L'expérience a été faite par Wilson (1968).

6. L'étude sur l'estimation des pièces de monnaie par les enfants est de Bruner et Goodman (1947). L'étude sur les étudiants est de Dukes et Bevan (1952). Non seulement la taille attribuée à une personne varie suivant son statut social, mais il semble même que l'importance qu'elle s'attribue à elle-même se reflète dans ce symbole de l'identité qu'est la signature. Le psychologue Richard Zweigenhaft (1970) a montré que la taille d'une signature pouvait être une indication de l'idée qu'on se fait de son statut social. Cette découverte nous donne un moyen détourné de savoir quelle place se donne un individu dans la société : il suffit de comparer la taille de la signature à celle de l'écriture normale.

7. Le phénomène ne joue pas que chez les animaux. Ainsi, depuis 1900, les élections présidentielles aux États-Unis ont été, dans 18 cas sur 21, gagnées par le plus grand des deux candidats principaux.

8. Hofling *et al.* (1966).

9. D'autres éléments rassemblés dans cette même étude indiquent que les infirmières ne se rendent pas compte de l'effet que peut avoir ce titre de « Docteur ». Il a été demandé à 33 infirmières et élèves-infirmières ce qu'elles auraient fait dans le même contexte. Deux personnes interrogées seulement ont répondu qu'elles auraient exécuté l'ordonnance.

10. Voir Bickman (1974) pour un compte rendu détaillé de cette recherche. Lorsque la personne qui sollicite les passants est une femme, on obtient des résultats comparables (Bushman, 1988).

11. Cette expérience a été réalisée par Lefkowitz, Blake et Mouton (1955).

12. L'étude sur le délai d'actionnement de l'avertisseur sonore a été publiée en 1968 par Anthony Doob et Alan Gross.

13. Pour plus de précisions, voir Choo (1964), ainsi que McGuinnies et Ward (1980).

14. Voir Settle et Gorden (1974), Smith et Hunt (1978), et Hunt, Domzal et Kernan (1981).

Chapitre 7

1. L'enquête sur les travaux d'isolation a été effectuée par Gonzales, Costanzo et Aronson en Californie du Nord (1988), et celle sur la prévention du cancer du sein par Meyerwitz et Challen à New York (1987).

2. Voir Schwartz (1980).

3. Voir Lynn (1989). Il n'est pas dans mon intention de minimiser les avantages de ce type de raccourci, ou ses dangers. Je dirai simplement que les avantages sur les dangers dans ce cas sont essentiellement ceux que nous avons vus dans les chapitres précédents. C'est pourquoi je ne m'étendrai pas davantage sur ce thème dans le présent chapitre. Je soulignerai seulement que le meilleur moyen de ne pas se tromper est de bien distinguer la rareté « honnête », qui se produit naturellement, de la rareté fabriquée par des praticiens de la persuasion.

4. La formulation originale de la théorie apparaît dans Brehm (1966) ; on en trouve une version mise à jour dans Brehm et Brehm (1981).

5. L'expérience de la barrière est de Brehm et Weintraub (1977). Il convient que les petites filles de deux ans ne montraient pas la même réaction devant la grande barrière. Ce n'est pas, semble-t-il, que les filles n'aient pas tendance à manifester leur opposition quand leur liberté se trouve limitée. Mais elles réagissent plutôt aux restrictions qui leur sont imposées par des personnes qu'aux barrières naturelles (Brehm, 1983).

6. Pour les descriptions de l'évolution de l'image de soi chez les enfants de deux ans, voir Mahler *et al.* (1975), Lewis et Brooks Gunn (1979), Brooks-Gunn et Lewis (1982), et Levine (1983).

7. L'« effet Roméo et Juliette » ne doit pas empêcher les parents de se préoccuper des amours de leurs enfants adolescents. Les nouveaux participants aux jeux de l'amour et du hasard sont souvent sujets à l'erreur, et peuvent donc parfois tirer profit des conseils éclairés d'un adulte. Cependant, les parents doivent comprendre que les adolescents, qui se

considèrent comme de jeunes adultes, ne réagissent pas positivement si ces conseils leur sont donnés de façon typiquement « parentale ». Particulièrement dans le domaine amoureux, qui est le domaine des adultes par excellence, les moyens d'influence utilisés doivent être des moyens pour adultes (persuasion), qui seront plus efficaces que les armes parentales traditionnelles (interdiction et sanctions). Quoique l'histoire des Montaigu et des Capulet en soit un exemple extrême, les restrictions imposées brutalement sur une jeune relation amoureuse risquent d'en faire une passion malheureuse et clandestine.

Une description complète de l'étude sur les couples réalisée au Colorado peut être trouvée dans Driscoll *et al.* (1972).

8. Voir Mazis (1975) et Mazis *et al.* (1973) pour le compte rendu scientifique de l'étude sur l'interdiction des phosphates.

9. Voir Ashmore *et al.* (1971), Wicklund et Brehm (1974), Worchel et Arnold (1973), Worchel *et al.* (1975), et Worchel (1991).

10. L'expérience de Purdue a été faite par Zellinger *et al.* (1974).

11. L'expérience du jury réalisée à l'University de Chicago est rapportée par Broeder (1959).

12. La première formulation de cette théorie de l'offre et de la demande se trouve dans Brock (1968) et Fromkin et Brock (1971). Elle a été réactualisée par Brock et Bannon (1992).

13. Pour des raisons éthiques, l'information donnée aux clients était toujours vraie. Il allait réellement y avoir une pénuric de viande de bœuf, et la nouvelle avait réellement été communiquée à la société par des sources d'information privilégiées. Voir Knishinsky (1982) pour un compte rendu complet de l'expérience.

14. Worchel *et al.* (1975).

15. Voir Davies (1962, 1969).

16. Voir Lytton (1979) et Rosenthal et Robertson (1959).

17. Le passage cité est tiré de MacKenzie (1974).

Épilogue

1. Sur ce rétrécissement de la perception et du jugement, voir Berkowitz (1967), Bodenhausen (1990), Cohen (1978), Easterbrook (1959), Milgram (1970), Tversky et Kahnemann (1974).

2. Cité dans le documentaire de PBS-TV *The Information Society*.

Index

Table des matières

Cet ouvrage a été composé et mis en page par Nord Compo

Imprimé en France par CPI
en novembre 2020
N° d'impression : 3041016

Pocket – 92 avenue de France, 75013 PARIS

Dépôt légal : avril 2014
Suite du premier tirage : novembre 2020
S22792/12